U0476434

本书为教育部人文社会科学研究一般项目最终成果,批准号为:12YJA751066

中国少数民族审美文化丛书
彭修银 主编

中国创世神话形态研究

向柏松 著

ZHONGGUO CHUANGSHI SHENHUA
XINGTAI YANJIU

中国社会科学出版社

图书在版编目（CIP）数据

中国创世神话形态研究/向柏松著.—北京：中国社会科学出版社，2017.12
ISBN 978-7-5203-0800-7

Ⅰ.①中… Ⅱ.①向… Ⅲ.①神话—研究—中国 Ⅳ.①B932.2

中国版本图书馆CIP数据核字（2017）第189367号

出 版 人	赵剑英	
责任编辑	郭晓鸿	
特约编辑	席建海	
责任校对	石春梅	
责任印制	戴　宽	

出　　版	中国社会科学出版社	
社　　址	北京鼓楼西大街甲158号	
邮　　编	100720	
网　　址	http://www.csspw.cn	
发 行 部	010－84083685	
门 市 部	010－84029450	
经　　销	新华书店及其他书店	
印　　刷	北京明恒达印务有限公司	
装　　订	廊坊市广阳区广增装订厂	
版　　次	2017年12月第1版	
印　　次	2017年12月第1次印刷	
开　　本	710×1000　1/16	
印　　张	17.75	
插　　页	2	
字　　数	245千字	
定　　价	78.00元	

凡购买中国社会科学出版社图书，如有质量问题请与本社营销中心联系调换
电话：010－84083683
版权所有　侵权必究

总　序

彭修银

2006年农历丙戌年伊始，我有幸被中南民族大学聘为该校的第一位首席教授。我到中南民族大学以后，根据民族院校的特点和学科建设的需要，在学校领导的支持下，成立了"中南民族大学中南少数民族审美文化研究中心"。中心成立不久就被湖北省教育厅批准为湖北省人文社会科学重点研究基地。中心的主要任务：一是对中国少数民族的美学思想资源进行挖掘和整理；二是在中国少数民族审美文化整体研究的基础上，侧重于对中国南方少数民族美学和艺术理论的系统梳理和文化阐释；三是研究中国少数民族审美文化与当代审美文化建设的关系，探究适合中国南方少数民族地区审美文化事业的发展模式和对策。为了有效地反映中心的研究成果，我们创办了《民族美学》（以书代刊），拟定了《中国少数民族审美文化丛书》（20种）的编写方案。

审美文化是介于人类感性的、物质的文化活动和理性的、精神的文化活动之间的所有审美化活动、审美化事象。具体包括以下四个层面：（1）理论性、思辨性、概念性话语层面。这一层面主要以美学思想的形式表现出来；（2）体验性、文本性、形式性创造层面。这一层面主要以艺术活动、艺术作品表现出来，以绘画、音乐、舞蹈等艺术门类为主体；（3）时尚性、习俗性、风情性层面。这一层面主要以社会性、公众性、主流性文化趣尚表现出来。以言语行为、交际往来、服饰装扮等方面的好尚为重心；（4）工艺性、器物性、设计性层面。这一层面主要以物质的形式呈现出来，如住室设计、民间工艺设计、日常生活实用品设计等。根据审美文化的四个层面以及中国少数民族审美文化的特点，本丛书将采用两种体例进行编写：一种是从挖掘中国少数民族门类艺术文化的审美意蕴来编写，即"中国少数民族服饰文化审美论""中国少数民族建筑文化审美论""中国少数民族舞蹈文化审美论""中国少数民族音乐文化审美论""中国少数民族戏剧文化审美论"等。一种根据对中国南方各个少数民族审美意识外化的理性形态美学思想的挖掘和感性形态艺术作品的整理来编写，即"土家族审美文化""瑶族审美文化""苗族审美文化""壮族审美文化""彝族审美文化""侗族审美文化""高山族审美文化""傣族审美文化""纳西族审美文化""白族审美文化""羌族审美文化""黎族审美文化"等。

中国少数民族审美文化和美学思想是在各个民族独立自存的文化背景中形成的，其历史悠久、蕴涵丰富、形态鲜活，具有"现代性"价值和东方文化特征。在全球文化不断趋向交流融合的今天，它正以深刻的思想智慧、特殊的理论形态和广泛的艺术实践，为西方美学和艺术的发展提供了丰富的思想资源和实践力量。越来越多的世界级的学者和艺术家把向往的目光投向了中国少数民族审美文化和艺术。本丛书的编写、出版，一方面向国人提供一套专门性的中国少数民族审美文化文本，另一方面向世界审美文化提供丰富的思想资源。

有关中国少数民族审美文化和美学思想的研究在我国还刚刚起步，本丛书诸多未备，甚至谬误百出，尚祈学术界同人和广大读者不吝批评指教，不胜感幸！

目　录

第一章　绪论 ··· 1

　一　本课题国内外研究现状 ·· 1

　二　神话与创世神话 ··· 18

第二章　中国创世神话演变历程 ·································· 36

　一　创世神话演变研究 ·· 36

　二　单一释源时期 ·· 38

　三　综合释源时期 ·· 45

　四　系统释源时期 ·· 50

第三章　中国创世神话演变内在动因 ···························· 56

　一　人与自然二元对立结构 ······································· 57

　二　生与死二元对立结构 ··· 59

三　乱伦与禁忌二元对立结构 …………………………………… 69

　　四　阴阳二元对立结构 …………………………………………… 77

　　五　中国创世神话形态发展与二元对立结构 …………………… 83

第四章　原生态创世神话 …………………………………………… 92

　　一　自然形成型 …………………………………………………… 93

　　二　制造型 ………………………………………………………… 111

　　三　女子生人型 …………………………………………………… 119

　　四　婚配型 ………………………………………………………… 120

　　五　小结 …………………………………………………………… 130

第五章　原生态创世神话对后世文化的影响 ……………………… 132

　　一　自然生人创世神话对后世文化的影响 ……………………… 133

　　二　兄妹婚神话传承的心理机制与社会功能 …………………… 162

第六章　衍生形态创世神话 ………………………………………… 168

　　一　串联型 ………………………………………………………… 168

　　二　化合型 ………………………………………………………… 171

　　三　箭垛型 ………………………………………………………… 183

　　四　派生型 ………………………………………………………… 184

　　五　化生型 ………………………………………………………… 192

六　采借型 ………………………………………………… 195

　　七　变异型 ………………………………………………… 205

第七章　中国创世神话系统形态分析 ……………………… 207

　　一　中国创世神话系统形态的构成 ……………………… 207

　　二　系统形态创世神话子系统构成要求 ………………… 213

　　三　创世神话系统形态与非系统形态的区别 …………… 222

第八章　系列型创世神话系统 ……………………………… 225

　　一　女娲系列型创世神话系统 …………………………… 225

　　二　傣族"英叭"系列型创世神话系统 ………………… 228

　　三　布依族布灵系列型创世神话系统 …………………… 230

　　四　彝族梅葛系列型创世神话系统 ……………………… 232

　　五　壮族布洛陀系列型创世神话系统 …………………… 237

第九章　复合型创世神话系统 ……………………………… 242

　　一　布依族创世史诗《造万物》 ………………………… 212

　　二　彝族创世史诗《阿细的先基》 ……………………… 245

　　三　傣族创世史诗《巴塔麻嘎捧尚罗》 ………………… 248

　　四　哈尼族创世史诗《十二奴局》 ……………………… 251

　　五　纳西族创世史诗《创世纪》 ………………………… 261

第十章 谱系型创世神话系统 …………………………………………… 267

　一 汉族创世史诗《黑暗传》 …………………………………… 267

　二 景颇族《勒包斋娃》 ………………………………………… 269

结　论 ………………………………………………………………… 273

后　记 ………………………………………………………………… 275

第一章 绪论

在中国各民族为数众多的创世神话中,人们不难发现,既有篇幅短小、情节单纯的言说,也有篇幅较长、情节复杂的叙事,特别是韵文形式的创世神话、创世史诗,内容更为复杂,篇幅更为宏大。同时,人们也不难发现,这些短篇叙事和长篇叙事之间,又不是毫无关系的,它们之间往往存在千丝万缕的联系。长篇创世神话往往是短篇创世神话的聚集与融合形式。这就使人不得不思考这样一个问题,中国的创世神话是一种经历了千变万化发展过程的故事形态,对这样一种对象的研究,不能做静止的分析,必须做动态的考察,即从其流变过程去考察其间产生的各种形态及其最终形成的形态——系统形态。这就构成了本书的研究对象。

为了便于展开本课题的研究,有必要对中外神话研究做一个大致梳理,以便于了解本课题研究的特点,同时,为了便于展开本课题的讨论,我们有必要对神话与创世神话的概念做必要的界定。

一 本课题国内外研究现状

本课题涉及国内外有关神话概念、创世神话、神话研究方法等研究。下面分别述评国内外研究现状及研究意义。

（一）国外研究现状

1. 神话概念研究

神话的研究，首先是对神话的界定。关于神话的界定，一直是神话学界悬而未决的疑难问题。汉语中的神话一词，系由日语转译而来。该词源出古希腊语 mythos，原意为关于神与英雄的传说与故事。英语中的神话一词来自古希腊语，词为 myth，意为想象和虚构的故事。18世纪，意大利学者维柯开始将神话作为学术概念来使用[①]。迄今为止，关于神话的概念一直存在争议。日本神话学家大林太良曾经说过："我们可以毫不夸张地说，有多少学者研究这个问题，就有多少个神话定义。"这是因为一方面神话本身的内容十分复杂，不易把握；另一方面神话研究者的文化背景、研究视角存在诸多差异，所以对神话产生不同的认识。卡西尔在《人论·神话与宗教》中说："神话思想的题材、主体、主旨乃是无边无际的。"他用密尔顿的诗句来说明这个问题："一个深不可测的海洋，无边无际，苍苍茫茫。在这里长度，宽度和时间，都消逝不见。"[②] 神话的概念，众说纷纭。马克思关于神话的见解对神话概念的解读产生了深远的影响。他说：神话是早期人类"用想象和借助想象以征服自然力，支配自然力，把自然力加以形象化；因而，随着这些自然力实际上被支配，神话也就消失了"。又说：神话是"通过人民的幻想用一种不自觉的艺术方式加工过的自然和社会形式本身"。[③] 马克思的论断揭示了神话产生及创作的基本规律，至今对于我们进一步探讨神话的概念仍具有指导意义。1916年，路易斯·赫伯特·格雷从神话与生活、科学和宗教的关系入手，对神话加以说明：

[①] ［意］维柯：《新科学》，朱光潜译，商务印书馆1989年版，第454页。
[②] ［德］恩斯特·卡西尔：《人论·神话与宗教》，甘阳译，上海译文出版社1986年版，第93页。
[③] ［德］马克思：《〈政治经济学批判〉导言》，《马克思恩格斯选集》第2卷，人民出版社1995年版，第29页。

第一章 绪论

"神话是一个经久不衰的有趣的话题。不仅如此，它具有十分现实的价值。它是人类思想和人类不断获得真正幸福的文献和记录。它不仅存在于渺茫的过去，也存在于活生生的现在"；"神话就是人类童年时代的科学。地质学家探讨地球如何来的，高山、湖泊如何形成的。天文学家写文章论述星体和它的性质。动物学家和植物学家努力阐述为什么动植物是现在这个样子。而神话创造者做的也是这些工作。今天的科学家是古代神话创造者的直系后裔，这样说对双方都是光荣的"；"神话与宗教的关系是显而易见的。不过要提醒一句，神话与宗教并非同义词。神话只是宗教的一部分。宗教至少由三部分组成：灵魂和对灵魂的态度，这是宗教的典型部分；崇拜的外部行为，这就是仪式和对仪式的解释，崇高意义上的神话。这三部分——我们可以称为灵魂、肉体、思想——结合在一起就构成了宗教"。[①] 路易斯·赫伯特·格雷关于神话的描述虽然理论性不强，但涉及神话研究的多维视觉，为后来的研究奠定了基础。英国著名人类学家、功能神话学派的创始人马林诺夫斯基（原籍波兰）基于他对太平洋一个群岛上的原始民族所做的实地调查，从神话与原始宗教关系的角度精辟地阐述了神话的含义："我坚持认为存在着这样一类特殊故事它们被视为是神圣的，存在于仪式、道德、与社会组织中，同时又是原始文化的不可分割的积极地组成部分。这类故事不是靠无聊的兴趣而存在，不是人们的奇想虚构，而是被看成是真实的叙事；对土著来说，它是比当今更现实更重大、与人类关系更密切的远古现实。现代人类的生活、命运及种种活动都是由它决定的。它为人们提供了仪式和道德行为的动机，还告诉了人们如何去进行这些活动。"[②] 在马林诺夫斯基看来，神话就是为解释信仰的形成、发展和神圣性服务的。神话的神圣性为许多学者所认同。英国学者 K. W. 博勒也认为，神话不是普通的故事。他在《神话和神话学》一文中说："神话是一种具有隐含而

[①] Luis Herbert Gray, *The Mythology of All Races of the World* 1, Mashall Jones Company, 1916, pp. 9—11.

[②] ［英］马林诺夫斯基：《神话在生活中的作用》，［美］阿兰·邓迪斯编《西方神话学读本》，朝戈金等译，广西师范大学出版社2006年版，第250页。

非明言的绝对权威的记叙文。它们叙述超越尘世但基于尘世的事件或事态;所述发生的事件完全不同于人所经历的普通历史年代(并且多数发生在不可想象的很久以前);这种记叙文中的主人公通常是神或别的非凡之物(比如动物、植物、最初的人或者改变人的状况的特有的伟大人物)。"美国民俗学家阿兰·邓迪斯则旗帜鲜明地指出了神话神圣性的特征:"神话是关于世界和人怎样产生并成为今天这个样子的神圣的叙事性解释。"① 邓迪斯的定义符合很多学者的认识,在学术界有着深广的影响。但在神话神圣性的具体表现方面存在不同的理解,引起了一些学者的质疑。

2. 主要神话学派

神话研究涉及多种学科、多种研究方法。世界不同国家不同学科的学者,积极投身神话研究领域,形成了神话学领域的各种学派。下面评述一些主要的神话学派:

语言学派。语言学派是从语言的角度解释神话起源的神话学流派。其代表人物是麦克斯·缪勒(Max Muller,1823—1900),他关于神话起源的理论为"语言疾病说"。他认为:人类的语言经历了几个大的发展时期,最早的时期为神话时期,而神话时期的语言与越是后来时期的语言存在巨大差异,以至于后来的人们对神话时期的语言无法正确理解,从而将早期的一般性叙述当作了神话。缪勒指出:"在创造神话的那个时代,每个词语,无论是名词,还是动词,都有充分的原生功用,所以,我们对于神话语言中的千奇百怪,只能理解为会话的自然成长过程。在我们的谈话里是东方欲晓,朝阳升起,而古代的诗人却这样想和这样说:太阳爱着黎明,拥抱着黎明。在我们看来是日落,而在古人看来却是太阳老了,衰竭或死了。"② 原始时代的语言不具备抽象性,总是和具体可感的事物紧密联系在一起。随着时间的推移、语言向抽象化方向的发

---

① [英]阿兰·邓迪斯编著:《西方神话学读本·导言》,朝戈金等译,广西师范大学出版社2006年版,第1页。
② [英]麦克斯·缪勒:《比较神话学》,金泽译,上海文艺出版社1989年版,第68页。

展，原始时代具象特征很鲜明的词语变得难以理解，以至于被人误作了神话。缪勒说："太阳神因其具有金属色的光芒而被说成是'有金手'，于是手也用和光芒同样的词来表达。当同样的称号用于阿波罗或因陀罗时，神话就产生了，正如我们在德语和梵语神话中发现的那样，神话告诉我们因陀罗失去了他的手，而换上了金手。"[①] 正是由于后来时代的人们对于古老语言的误读、误解，才产生了神话。换句话说，对于后来时代的人而言，古老语言的表达是有毛病的，而神话就是这种毛病的衍生物，正如珍珠产生于蚌的疾病一样。从语言疾病的视角来研究神话，"神话学方面的迷雾将逐渐消退，使人们看到思想和语言黎明时期的浮云背后，长期隐而不露的神话学的真谛"[②]。缪勒《比较神话学》（1858）甚至提出一个极端的观点：神话的核心和神祇本身大多是太阳的象征。所以语言疾病神话说又被称为太阳神话说。语言疾病说，将神话看成语言的隔阂所致，并不符合大多数神话的实际，遭到后人猛烈抨击。但语言疾病说并不是一无是处。诚然，古今语言的确有很大差异，这种差异又的确会导致后人对古人语言的误解，把一些正常的表达当作神话。明乎此点，确实能拨开某些神话研究中的迷雾。例如，关于中国神话中羿的身份，从字面上，他是射太阳的英雄，但如果从语言疾病说角度进行分析，则会得出他是太阳神后裔的结论，因为射手就包含太阳的寓意，在原始神话中，太阳神往往就是射手英雄。古希腊神话中的太阳神，就以弓箭为其象征。在原始人那里，太阳发出的光被说成是射出的万道金箭，从而太阳神被看作射神。合理运用语言疾病说，则有益于新的探讨，但是将其当作神话研究领域中的一种普遍可行的真理，则就陷入简单化的泥沼了。所以，语言疾病说在一片批评声中逐渐湮没。人类学派的代表人物安德鲁·兰（英国，1844—1912）对以麦克斯·缪勒为首的语言疾病说进行了激烈而持久的批评。认为，缪勒的错误有三：（1）语言疾病学派的研究需要以音韵对应规律为研究前提，而在19世纪，还不完全具备这个条件。（2）完全依赖于语言的论证，忽略了其他方面的文化证据。（3）一元论地

---

① [英]麦克斯·缪勒：《比较神话学》，金泽译，上海文艺出版社1989年版，第77页。
② 同上书，第58页。

看待神话的主题，认为神话就是自然现象的反映，无视其他人文神话的存在，十分偏颇。特别是抽取一种自然现象如太阳，将他看作一切神话的主题，就更为偏狭了。（以上三点为日本学者松村武雄的概括。）

仪式学派。神话仪式学派将神话看作对仪式的阐释或说明，认为先有仪式，然后才产生解释仪式的神话。该学派由20世纪之初的人类学者和宗教学者所倡导，被称为"神话仪式学派"。一般认为，英国人类学家詹姆士·弗雷泽（James George Frazer，1854—1941）是"神话仪式学派"的奠基人。弗雷泽一生著述甚丰，其中《金枝》一书最负盛名，出版至今，在全球已发行百万多册。弗雷泽从进化论与遗留物说开始他的研究，这使得人们常常将他与泰勒与兰联系在一起，当作"人类学派"的代表人物。由于他所揭示的神话遗留物多为宗教仪式之类，引起人们极大兴趣，以至于逐渐形成了以弗雷泽为代表的神话仪式学派。弗雷泽在《金枝》中揭示了许多仪式，尤其是与时序相关的仪式在神话中的反映，从而揭示出神话的真正意蕴。例如，巴比伦神话中的阿多尼斯，又称塔姆兹，是大母女神伊西塔的配偶或情人。他每年要死去一次，从人世去到阴间，其女配偶神便会走遍黄泉，到处寻找他。当大母女神不在人间的时候，一切生命都受到威胁，动物也无法进行交配。于是，大神伊亚就派人去援救女神。后来，阴间的王后勉强允许女神和她的情人回到阳间。在他们即将回来之前，自然界的一切就开始复苏。这则神话与巴比伦人每年举行的祭祀塔姆兹的活动是相配套的。每年仲夏，有"塔姆兹月"活动。男男女女都要在笛子声中向他致哀。人们用清水洗净他的雕像，涂上香膏，裹上红袍，并对着雕像唱挽歌，似乎要将他从死亡的长眠中唤醒回来。这类神话与祭祀仪式相结合的现象在埃及、西亚等地都存在。在弗雷泽看来，这些神话与祭祀仪式，都具有交感巫术的性质，其意义都在于讲述、模仿神的婚配、死亡与复活的行为，以"确保春天植物再生，动物繁殖"。受弗雷泽影响而形成的剑桥学派，着力探讨神话与仪式的对应，坚持仪式先于神话的观点，并对其进一步发展，不仅将仪式看作神话的源头，而且看作古代宗教、哲学、艺术等的源头。剑桥学派的代表人物有简·艾伦·哈利森（英国，1850—1928）、胡克（英国，

1874—1968)、杰尔伯特·穆雷（英国，1866—1957）等。神话仪式学派的影响至今未绝。当代美国学者格雷戈里·纳吉主张从表演视角研究神话："一旦我们将神话视为表演，我们便能看出神话本身即是仪式的一种形式，不用将神话与仪式加以分别并对照起来加以考虑，我们能看到神话和仪式是一个统一体，其中神话是仪式的口头层面，而仪式是神话的表意层面。"神话仪式学派的影响是深远的，它涉及宗教、哲学、民歌、民间故事、传说、舞蹈、戏剧等，甚至还涉及历史、法律和科学等领域。神话仪式学派不仅为我们提供了认识神话的一种视角，也为我们提供了研究其他文化现象的一种方法。神话—仪式被组成一个统一体，拥有自己的内在关系和逻辑，许多文化现象之间也存在类似的联系，这一点已经为许多学者所注意。神话仪式学派也遭到了猛烈的抨击。许多学者在民族学考察中发现，神话与仪式的关系，并不完全像神话仪式学派所说的那样，仪式在前，神话在后；相反，神话往往是仪式产生的基础。两者之间更像是相互依赖的关系。另外，人们还发现，并不是所有的仪式都有神话，也并不是所有的神话都有仪式。

功能神话学派。功能神话学派是英国社会人类学派的一个分支。英国社会人类学派产生于20世纪20年代，50年代后走向衰落。主要代表人物是B. K.马林诺夫斯基（英国，Malinowski, Bronislaw Kaspa, 1884—1942）和A. R.拉德克利夫-布朗。功能学派认为，一切文化现象和社会现象都具有存在的现实意义和实际作用，即都有一定的功能；任何一个社会或一种文化都是一个整合的系统，在这个系统中，每个要素都有着与整体相联系的确定功能。社会人类学研究的目的之一，就是要揭示特定社会的结构和功能。功能学派反对进化学派探讨文化现象及社会组织的起源和发展的做法，强调通过对现存民族社会制度的调查与研究来为政府部门制定有关政策服务。这就使其学术地位的消长同殖民政策的兴衰紧密联系在一起。功能学派的主要代表作有马林诺夫斯基《西太平洋的探险队》《科学的文化理论》，拉德克利夫-布朗《安达曼岛人》《原始社会的结构与功能》等。马林诺夫斯基运用功能学派的观点来分析神话，认为：神话不仅仅是人们口头讲说的故事，而且是具有实际意义和实际作用的实体。他的功能神话观的主要论点见于《原始心理与神话》一文。他说:"通过探讨典型的美拉尼西亚文化并考察这些土著的观点、传统及行为,我试图说明神圣的传统,即神话,是多么深地渗入到人类生活中,是多么有力地控制着人类的道德和社会行为。换句话说,本文的论题是:部落的言语,即神话、神的故事与其成员的仪式活动、道德行为、社会组织,甚至日常生活之间存在的密切联系。"神话即是原始部落社会生活的重要组成部分。"存在于野蛮社会的神话,仍然保持着原始的形式,并不尽是人们讲述的故事,而是活生生的现实。从性质上看,它不是我们今天小说里读到的那种虚构,它就是活生生的现实。人们相信,它曾在原始时代发生过,并且从那时候起就一直影响着世界和人类的命运。神话对野蛮人来说,就是虔诚的基督教徒所相信的记有神之创世、人之堕落、基督殉难于十字架等故事的《圣经》。正如这些神圣的故事存在于我们的仪式和道德中并约束着我们的信仰和行为,神话之于原始人也是如此。"马林诺夫斯基用特洛布里恩群岛土著讲故事的情景来论证他的见解。他将土著的故事分为三类:第一类故事是被土著称为"库克瓦乃布"的故事。这类故事在农闲时节讲述。"11月下旬,雨季开始了,田园里无事可做,捕鱼盛季还没有到来,出海扬帆还在将来。这时节正是丰收舞蹈和丰收盛宴之后,人们余兴未尽,充满着交往和谐的气氛。他们多有闲暇,坏天气却常使他们留在家里。我们只需要在黄昏时分,走进他们的村落,坐在篝火旁。随着夜幕的降临,那闪烁的火光就会吸引越来越多的人。交谈变得轻松愉快,用不了多久,就会有人应邀讲故事。这正是讲童话的时节,要是他讲得有趣,就会很快引起人们的阵阵笑声,有人会提问题,有人会插话,于是他的故事最终会变成常规表演。"[1]这类故事属于趣味性的休闲时讲述的故事。第二类故事是传奇故事。土著称为"里布沃格沃"。"这类故事没有特别的季节性,没有绘声绘色的讲述方法,讲述不具备表演的特点,也无任何巫术效果。可这类故事比前面那一类更为重要。因为,它们被相信是真实的,它们所包含的信息不仅比'库克瓦乃

---

[1] [英]马林诺夫斯基:《神话在生活中的作用》,[美]阿兰·邓迪斯编著《西方神话学读本》,朝戈金等译,广西师范大学出版社2006年版,第144—245页。

布'更有意义,而且与人们的关系更为密切。"① 讲述这些故事是为了增加某些个人及其后代乃至整个社团的荣誉,或是为了说明某些自然风光。第三类故事称呼"利利呜(liliu)",是最重要的一类故事,即神圣故事或神话。马林诺夫斯基说:"这第三类故事不仅被认为是真实的,而且是可敬的、神圣的,起着十分重要的文化作用。……当仪式、礼节、社会准则和道德规范需要被证明其正当合理时,需要被赋予古老性、现实性和神圣性时,神话就应运而生了。"② 他用土著讲述的神话来加以说明。每一年度亡灵归来的盛宴开始时,就要讲述亡灵如何开始惩罚活着的人及永葆青春的力量是怎样消失的故事,亡灵为何要离开村庄,为何不能在篝火旁停留,最后还要讲述他们为何每年要回来一次的故事。在为出海远航做准备的季节,检修旧独木舟和建造新独木舟的工作,也是在实行某种特殊的巫术后惊醒的。巫术中的咒语与神话中提到的事情有关,而且他们仪式中的内容,只有在讲述相关的故事时才能理解。与讲究礼仪有关的规则、巫术,甚至地理路线,都有与之相应的神话。马氏反复强调神话在生活中的实际功能:"我坚持认为存在着这样一类特殊的故事,他们被视为是神圣的,存在于仪式、道德与社会组织中,同时又是原始文化的不可分割的、积极的组成部分。这类故事不是靠无聊的兴趣而存在,不是人们的奇想虚构,而是被看成是真实的叙事;对土著来说,它是比当今现实更重大、与人类关系更密切的远古现实。现代人类的生活、命运及种种活动都是由它决定的。它为人们提供了仪式和道德行为的动机,还告诉了人们如何去进行这些活动。"③ 功能神话学派与仪式神话学派有着密切的联系,可以说前者是对后者的发展与扩大。仪式神话学派只是将神话与现实生活中的仪式联系起来,功能神话学派则发展了神话与现实生活的联系,将二者的关系从仪式的狭小范围扩张到原始部落生活的各个方面。功能神话学派

---

① [英]马林诺夫斯基:《神话在生活中的作用》,[美]阿兰·邓迪斯编著《西方神话学读本》,朝戈金等译,广西师范大学出版社2006年版,第247页。
② 同上书,第249页。
③ 同上书,第250页。

的理论在神话学界产生了极大的影响。马氏关于神话与原始部落现实生活关系的考证,至今仍显示出合理之处。马氏理论被人们批评最多的是其非历史的倾向。功能神话学派着力考察神话与信仰、仪式、道德、社会组织等的关系,共时性的考察是其核心,由此却忽略了历史的维度。

心理学派。心理学派神话研究的代表人物是西格蒙德·弗洛伊德(奥地利,Sigmund Freud,1856—1939)和卡尔·荣格(瑞士,Carl Gustav Jung,1875—1961)。弗洛伊德的精神分析学说将人的心理分为意识与潜意识两个部分。意识是可见可感的部分,而潜意识则是不可见的部分,深藏于心灵深处,仿佛海中冰山埋在水下的那一部分。潜意识是包括人的本能在内的被压抑的意识,平时不发生作用,但在特殊的时间、环境中则冲破压抑,上升为人的意识,在瞬间支配人的行为。弗洛伊德认为,神话就是人类被压抑的本能的象征性释放。比如,女孩的恋父情结,男孩的恋母情结,都是人的本能,这种本能通过神话可以得到释放。希腊神话中俄狄浦斯杀父娶母故事,就是人性中恋母情结的象征性释放,弗洛伊德将恋母情结称为俄狄浦斯情结。另一则神话讲述阿伽门农的女儿帮助弟弟杀母为父报仇的故事,则反映了人性中的恋父情结,称为伊莱克特拉情结。弗洛伊德认为,被压抑、被禁锢的欲望在潜意识中郁积,然后通过多种渠道得到释放和升华,神话就是其中的一种渠道。弗洛伊德的研究为人们从心理角度探讨神话的内在意蕴提供了借鉴,但是显然他的探讨带有很大的主观性,特别是他到处用俄狄浦斯情结去分析神话与诸多事物的起源,则显得过于牵强附会,因此,他的研究往往受到人们的冷嘲热讽。

荣格发展了弗洛伊德的潜意识理论,提出了集体无意识的观念。集体无意识可以理解为一个民族的整体的潜意识。集体无意识是人类积存着的原始的祖先的经验,它是先于文化和人生经验的。也就是说,人一生下来,就不是白板一块,而是先天遗存一种种族记忆,这种种族记忆也被称为文化的原型。荣格与神话有关的研究,即是探讨神话中的原型或集体无意识。心理学派的学者若海姆的《梦幻之门》,堪称心理学派神话研究的典范之作。该书解释世界各民族洪水神话的起因,认为洪水神话是出于人体排尿欲望的梦。由于人体排尿欲望是人类普遍存在的,所以洪水神话普遍存在于世界各地。洪水神话的原型就是人类的排尿欲望。心理学派十分看重神话与梦的关系,认为神话就是人类的白日梦。显然荣格的理论也存在先天的缺陷,但他从人类共同心理的角度考察神话,为神话研究提供了重要的途径,只是他的结论往往令人匪夷所思。

历史地理学派。历史地理学派是民间文艺研究领域中盛行于19世纪末的影响很大的一个流派。由芬兰学者创立,有尤里乌斯·科隆(芬兰,1835—1888)、卡尔·科隆(芬兰,1863—1933)、安蒂·阿尔涅(芬兰,Antti Aarne,1867—1925)等。该派基本观点是:每一种文化事象都是由一个地方传到另一个地方,并由简单的形式向繁细的方向发展。其中母题研究对神话研究影响较大。后文有详述。

结构主义。结构主义盛行于20世纪50年代,70年代中后期逐渐衰落。代表人物是法国的人类学家列维-斯特劳斯(法国,Claude Levi-Strauss,1908—2009)。结构主义试图探讨神话的普遍结构,认为神话中深藏着普遍的结构规则和创造模式,即神话的深层结构。列维-斯特劳斯特别注重揭示神话中的二元对立结构。他认为,二元对立是神话深层结构的基本构成之一。其相对立的两方之所以有意义,完全是由它与它的对立面的相互关系所引起的,一旦离开其对立面,也就失去了自身的意义。列维-斯特劳斯《神话的结构研究》一文运用结构主义理论对俄狄浦斯神话进行了全新的解释。他认为,俄狄浦斯的绰号"肿脚的"隐藏着深层的含义为:人与土地的关系。整个故事的深层意蕴是:调节人是由土地所生和不是由土地所生这两种对立的观念。这一别出心裁的解释让很多学者感到意外。列维-斯特劳斯认为,人类虽然有生态环境、文化状况的不同,但却面临共同的一些无法回避的矛盾难题,神话就是调解这些二元对立难题的产物。如:人有生命,但又不得不走向死亡;人是大自然的一部分,却又是异于自然的文化产物;人们要追溯所崇拜的始祖,结果却发现自己是乱伦始祖的后裔,等等。神话针对这些难题，进行理性的调解，其基本功能在于化解这些永恒对立的矛盾，超越由此造成的精神困惑和焦虑，以恢复心理的平衡。二元对立的分析方法是结构主义的核心方法，列维－斯特劳斯认为这种方法反映了人类思维的普遍特征。结构主义开拓了神话研究的新领域，它对文本深层结构和思维法则的关注，便于探讨人类共同的本质。该方法也使神话研究进入更为抽象的理论层面。结构主义也遭到了不少人的批评。人们指出结构主义解释出来的所谓深层结构，是思辨性的，是出于直觉而不是出于实证，似乎也无法进行实证。此外，结构主义只注重所谓普遍存在的深层结构，而忽略了研究对象具体丰富的内容，不免流于形式主义。

创世神话是神话中的一大类型，有学者认为它"构成神话的主体"。国外学者对创世神话进行了多方面的探讨。美国学者米尔西·伊利亚德《宇宙创生神话和"神圣的历史"》从宗教学的角度考察了创世神话所反映的神圣的历史，并在此基础上阐述了创世神话的意义、功能、特性、类型等，有助于人们认识创世神话的宗教性特质。安娜·伯吉特·露丝《北美洲印第安人的创始神话》，运用类型学的方法将北美印第安人的300个创世神话分成8种类型，对其所属地理位置进行了细致分析。是较早的创世神话类型研究。斯哥特·里欧纳德与迈克·马克科勒《神话与认知：世界神话学导论》，阐释了西方神话学者对宇宙起源神话的分类。类型研究可以使人通过分类来认识创世神话的内容，并且还可以弄清楚一种类型的神话传播情况。日本学者沼泽喜市《天地分离神话的文化历史背景》，则具体分析了天地分离神话的历史地理分布区域，将类型研究更为细致化了。阿兰·邓迪斯《潜水捞泥者——神话中的男性创世说》，采用心理神话学派方法，分析世界广泛存在的潜水捞泥创世神话，认为该类神话产生的心理原因是人类排便梦幻与男性对女性怀孕的嫉妒以及肛门产生的幻想。[①] 结论不无偏颇，但却为人们从心理学角度研究创世神话提供了新的范式。珍妮·佳利与汉森·沙米合编的《民间传说和文学中的原型和母题》对创

---

① ［美］阿兰·邓迪斯：《潜水捞泥者：神话中的男性创世说》，［美］阿兰·邓迪斯编著《西方神话学读本》，朝戈金等译，广西师范大学出版社2006年版，第328—350页。

世神话作了明确说明:"作为一种最初的原型,创世神话解释宇宙的起源,描述世界及其有生命和无生命是如何被创造的,有形无形的力量是如何出现的。它还解释整个宇宙,包括天地原初的状态,天地间的一切存在物,人类和神的起源和等级制度的来源。"这一论断比较全面地概括了创世神话的内容。此外,还有赛多尔·加斯特关于混沌母题和泥土造人母题的分析,利普·弗里德关于宇宙卵母题的分析,也多有建树,给人以深刻的启迪。

(二) 国内研究现状

1. 中国百年神话研究概述

20世纪的中国神话学在融汇中、西两种学术传统的基础上得以确立。一般认为蒋观云1903年在《新民丛报》上发表的《神话历史养成之人物》一文,最早在中国学界引入了"神话"概念。紧接着,夏曾佑《中国历史教科书》(1905)、王国维《屈子文学之精神》(1906)、鲁迅《破恶声论》(1908)等都借鉴了西方神话学的观点,从不同方面对于中国神话有所涉及,提出了一些新的见解。与此同时,周作人、茅盾等对西方人类学派神话学理论、方法做了翻译和介绍。周作人翻译有《希腊神话》《希腊的神与英雄》等,并自己写有《神话与传说》《神话的辩护》《习俗与神话》等系列文章。茅盾将中国神话放置于世界神话范围内,试图揭示它们的共同性,主要有《中国神话研究》《中国神话研究ABC》等著作。顾颉刚采用历史学的研究方法在其《古史辨》中对于上古神话资料和神话人物都进行了仔细的发掘。另外谢六逸《神话学ABC》、林惠祥《神话论》、黄石《神话研究》也都是这一时期的重要著作。经过十多年的推介和实践,神话学作为一门新兴独立的学科开始形成并日益壮大发展起来。也由此形成了中国神话研究的第一个高峰期,相关研究成果大都完成于20世纪20年代到40年代,除了以上提到的关于神话理论框架建构的相关著作外,具体神话作品的研究也有了初步的发展,取得了一些重要研究成果，如赵景深《太阳神话研究》，卫聚贤《三皇五帝的产生及纠纷》《穆天子研究》，闻一多《伏羲考》《高唐神话传说之分析》，马长寿《苗族之起源神话》，黄石《月的神话与传说》《中国关于植物的神话传说》，郑振铎《汤祷篇》，陈梦家《商代的神话与巫术》等都丰富了中国神话学初创时期的研究。这一时期神话研究并未停留在古籍文献之上，芮逸夫、吴泽霖、岑家梧等知名学者将理论研究与田野调查相结合，拓展了神话研究的范围，涌现出了一批新的代表成果。

新中国成立后到20世纪70年代后期这段时期，神话学研究处于比较低迷的状态，但也产生了一些学术成果：丁山《中国古代宗教与神话考》、何满子《神话试论》、袁珂《中国古代神话》等，还有胡小石《屈原与古神话》、杨明照《四川治水神话中的夏禹》、孙作云《楚辞九歌之结构及其祀神时神巫之配置方式》、胡厚宣《甲骨文商周鸟图腾的遗迹》等为数不多的论文。袁珂这位在中国神话学发展中有着重要地位和特殊贡献的人物，在此时期对于神话研究倾注了极大的热情。我国港台地区在这一时期成果显著，出现了一批重要论著，如芮逸夫《中国民族及其文化论稿》、卫聚贤《封神榜故事探源》、杜而未《山海经的神话系统》，影响较大的像印顺法师《中国古代民族神话与文化之研究》和王孝廉《中国神话与传说》等。

20世纪70年代末，特别是80年代后，中国神话研究获得了前所未有的发展。研究向深度和广度推进，学术思维和学术视野更加宽广。

20世纪90年代至21世纪，神话研究进入稳步发展阶段，朝戈金、杨利慧等学者分别引入口头诗学与表演理论来研究神话，给中国神话研究带来了新的活力。叶舒宪主编的神话研究丛书，从多维视野展现了神话研究的丰硕成果。

2. 神话母题研究

母题概念由英文译成中文并在学术界最初使用，大约是在20世纪三四十年代。胡适、闻一多、钟敬文等曾介绍或使用过母题的概念。此后，母题便成为民间文学特别是神话学研究中经常使用的概念。20世纪90年代以后，在神话母题研究中取得突出成绩的学者有陈建宪、刘魁立、吕微、王宪昭等。

刘魁立《世界各国民间故事类型索引述评》认为："母题是民间故事、神话、叙事诗等叙事体裁的民间文学作品内容叙述的最小单位。"显然是赞成将母题看作是一种叙事单位的。

陈建宪《神祇与英雄：中国古代神话中的母题》《神话解读：母题分析方法探索》对汤普逊神话母题作出了融会贯通的解释："母题就是民间叙事作品（包括神话、传说、民间故事、叙事诗歌）中最小的情节元素。这种情节元素具有鲜明的特征，能够从一个叙事作品中游离出来，又组合到另外一个作品中去。它在民间叙事中反复出现，在历史传承中具有独立存在能力和顽强的继承性。它们本身的数量是有限的，但通过不同的组合，可以变换出无数的故事。"陈建宪还运用母题分析方法，对我国神话中的重大母题进行了深入的研究，产生了较大的影响，以至于使母题研究方法成为国内神话研究经常采用的方法。

但是，汤普逊母题概念中的所谓"最小单位"的模糊性并没有得到很好解决。吕微试图解决这一问题，在《神话何为》（2001）中提出了将"功能母题"与"类型化原型"相结合的分析方法，认为"在一个故事中提取和确认某个功能性母题时，就不必将叙事文本无限制分割以求得'最小单位'，而是以获得能够说明故事类型之原型意义的母题结构为止"。应该说这是一种可贵的探索。

王宪昭《中国民族神话母题研究》（2006）针对中国神话这一特殊对象提出了母题的概念："母题是叙事过程中最自然的基本元素，可以作为一个特定的单位或标准对神话故事进行定量或定性分析，在文学乃至文化关系方面，能在多种渠道的传承中独立存在，能在后世其他文体中重复或复制，能在不同的叙事结构中流动并可以通过不同的排列组合构成新的链条，表达出一定的主题或其他意义。"诚如作者所说这一定义是综合了众说之长，而其中将母题看成是"最自然的基本元素"，却是作者的独创，能在一定程度上弥补"最小单位"之说的不足。王宪昭《中国神话母题 W 编目》皇皇巨著，堪称中国神话母题分类汇编集大成之作。

3. 创世神话研究

国内创世神话研究肇始于20世纪20年代。早期的研究者都十分关注创世神话的界定。鲁迅《神话与传说》："昔者初民，见天地万物，变异不常，其诸现象，又出于人力所能以上，则自造众说以解释之。凡此解释，今谓之神话。"鲁迅所说解释性神话即为创世神话。茅盾对于创世神话进行了较多的研究。他的一系列论文如《神话的意义与类别》《各民族的开辟神话》《自然的神话》《中国神话的保存与修改》等，都对创世神话的内容作了详细的阐述。他的《希腊神话与北欧神话》《中国神话初探》等文则从比较的角度对创世神话进行了研究，开创了中国创世神话比较研究的先河。黄石的专著《神话研究》在介绍西方学者的神话分类的基础上，系统阐述了国内外的创世神话，为后来的学者全面认识创世神话奠定了基础。谢六逸的专著《神话学ABC》也有关于创世神话的介绍与研究，其中关于盘古神话的两种母题的划分——"尸体化生"与"天地分离"，不仅有助于盘古神话的深入研究，而且开创了中国创世神话母题研究的先例，对后世的研究启发颇大。十年的创世神话研究，奠定了良好的基础，从而迎来了中国创世神话研究的第一个繁荣时期。20世纪30年代至40年代末，出现了更多创世神话研究成果。其代表性成果有：顾颉刚《洪水之传说及治水等之传说》、黄石《月的神话与传说》、钟敬文《种族起源神话》《关于中国的植物起源神话》《槃瓠神话之考察》《关于植物起源神话》、杨宽《盘古传说试探》、卫聚贤《天地开辟与盘古传说的探源》、李则刚《始祖的诞生与图腾》（专著）、郑振铎《玄鸟篇（一名感生篇）》、聚贤《盘古的神话》、刘紫萍《中华民族起源之神话及学说》、芮逸夫《苗族的洪水故事与伏羲女娲的传说》、楚图南《中国西南民族神话之研究》、吴泽霖《苗族中祖先来历的传说》《苗族中的神话传说》、岑家梧《槃瓠传说与瑶畲的图腾崇拜》、孙作云《东北亚细亚民族诞生传说之研究》、闻一多《伏羲考》（专著）。这一时期创世神话研究特点主要表现为，在前十年的理论译介的基础上，出现了较多微观的多角度的深入研究，特别是少数民族创世神话的研究，成果颇丰。

20世纪60年代至70年代，在为数寥寥的创世神话研究中，袁珂的研究特别引人注目。他的专著《中国古代神话研究》对创世神话进行了分类研究，分成6种人类起源神话和7种宇宙开辟神话，为中国创世神话的分类研究奠定了基础。20世纪80年代至今，中国创世神话研究进入第2个高峰期。1989年陶阳、钟秀合著《中国创世神话》，在充分吸收已有研究成果的基础上，对中国创世神话做了全面论述。该著对创世神话的含义、特点、分类以及与中国文化关系的论述，都做了合理的论述。该著丰富的资料、对各种创世神话类型的探讨，都为后来的研究打下了坚实的基础。这一时期的研究也向深度和广度推进，学术思维和学术视野更加宽广。农学冠《盘瓠神话新探》试图运用列维－斯特劳斯的结构主义方法探讨盘瓠神话，虽然结论有艰涩、难解之嫌，但毕竟在运用新方法研究创世神话上做了有益的尝试。袁珂《中国神话通论》、武世珍《神话学论纲》、叶舒宪《中国神话哲学》、邓启耀《中国神话的思维结构》、萧兵《中国文化的精英——太阳英雄神话比较研究》等专著对于创世神话的理论做了深入研究，受到了学界的关注。袁珂《中国神话史》《中国神话传说词典》《中国神话大词典》等著作的出版，无疑完成了中国创世神话研究的巨大的基础工程。何新《诸神的起源》、叶舒宪《英雄与太阳》、陈建宪《神祇与英雄》、杨利慧《女娲神话与信仰》《女娲考——论中国古代的女性崇拜与图腾》、吕微《中国洪水神话结构分析》、徐华龙《太阳神话的民俗学价值》、宋兆麟《洪水神话与葫芦崇拜》、王宪昭《中国各民族神话母题研究》等众多代表性论著将创世神话研究推向了深层，体现了此时期创世神话研究的多维度性、多方法性的特点。

回顾中外神话与创世神话研究，可以发现，中外学者在神话与创世神话的基本理论、特点、母题、类型以及资料的整理方面，已经做了大量工作，这为我们今后的研究提供了多方面的借鉴；特别是，人们始终在不断更新方法、理论、视角，这既为我们提供了可贵的研究思路，也为我们提供了多方面的教训，对其合理吸收，有助于今后神话与创世神话研究的思维空间的拓展。本书也将合理吸收国内外已有的研究成果。综观中外创世神话的研究，还可以发现，对于中国创世神话特色的研究还比较缺乏，其中对中国创世神话的系统在不断地传承过程逐渐形成这一特点，还缺乏从宏观到微观、从理论到实际的研究，本课题研究试图弥补此方面的不足，并通过对中国创世神话流变系统的研究来构建中国创世神话流变系统的理论。

二　神话与创世神话

从民间信仰的视角考察神话，在神话学界由来已久，比如神话仪式学派关于巫术与神话的关系的研究等。但迄今为止此类研究只停留在局部或粗略的层面，对神话缺乏整体深入的民间信仰视觉研究，因而没能从根本上领悟民间信仰在神话中的核心地位。笔者试图在已有研究基础上，对此课题做系统深入的探讨，以期接近神话的真相。神话一词源出古希腊语 mythos，原意为关于神与英雄的传说与故事。英语中的神话一词来自古希腊语，词为 myth，意为想象和虚构的故事。神话的概念在 20 世纪之初被引进我国。随着神话在世界上逐渐成为一门引人瞩目的学科，关于神话一词的解释也就越来越复杂多样。

（一）狭义与广义神话概念

狭义神话概念将神话产生的时间限定于原始社会，是长期以来左右神话学界的概念。

我国近百年来的神话研究，受西方进化人类学的影响，长期以来将神话看作人类童年时代的产物。早期研究神话的学者，差不多都持这种观点。鲁迅在《神话与传说》中说："昔者初民，见天地万物，变异不常，其诸现象，又出于人力所能以上，则自造众说以解释之。凡此解释，今谓之神话。"① 鲁迅认为，神话是初民解释超出人力之上的自然现象的产物。茅盾在《中国神话的保存与修改》中说："原始人因有强烈的好奇与原始迷信，发动了创造神话的冲动……神话既创造后，就依附着原始信仰的宗教仪式而保存下来，且时时有自然的修改和增饰。"② 茅盾认为：神话产生后在流传中虽然不断地被加工和增饰，但其雏形却产生于原始社会，是原始信仰的产物。此后，持此类观点的学者络绎不绝。其间，虽有顾颉刚提出上古历史累积说对神话的概念有所冲击，但未能从根本上改变人们的观念。直到 20 世纪 80 年代，这种将神话看作人类童年时代产物的狭义神话概念仍在学界占据主导地位。

1983 年 3 月，袁珂先生在《民间文学论坛》上撰文《从狭义神话到广义神话》，明确提出了广义神话的概念。广义神话概念打破了狭义神话的界限。在广义神话概念中，神话产生的时段不再被限定于原始社会，而是延伸到了整个人类社会。广义神话概念一经提出，立刻得到了一部分学者的赞同。广义神话概念得到人们支持的原因主要有两点：其一，神话既然是生产力水平低下、人类不能支配和战胜自然力的产物，那么，进入文明社会后，人类在支配和战胜自然力方面虽然有所发展，但这种支配和战胜对特定阶段的人们来说总是有限的，因此，产生神话的基础仍然存在，人们仍然会出于支配和战胜自然的愿望而制造神话；其二，广义神话将中国历史上出现的所有带神话色彩的故事都纳入了神话范围，不仅包括原始神话，还包括幻想色彩浓郁的历代传说、仙话、鬼话、奇闻逸事等，这就彻底否定了过去一直成为国内外共识的中国神话贫乏的定论，深受一部分学者追捧，并认为这些庞杂的对象就是"具有中国特色的中国神话"。

---

① 鲁迅：《神话与传说》，苑利主编《二十世纪民俗学经典》，社会科学文献出版社 2002 年版，第 17 页。

② 茅盾：《神话的保存与修改》，苑利主编《二十世纪民俗学经典》，社会科学文献出版社 2002 年版，第 35 页。

广义神话与狭义神话概念都存在明显的局限性。狭义神话概念将神话的产生限定于原始社会，显然不符合神话的实际情况，尤其是不符合中国神话的实际情况，因为进入文明时代后产生的相当多的一部分神灵故事，与原始社会的神话并无本质的区别，其产生的基础都与不能战胜和支配自然有关，其故事都是人们以不自觉的艺术加工形式创造出来的产物，都包含原始思维的万物有灵和相似规律的观念。中国汉代产生的大量感生故事就是明证，它们都体现了原始思维的特征，表现了人们对远古帝王和后世帝王神圣出身的信仰。特别是中国的神话有其自身的特点：中国产生于原始社会的神话，相当一部分最初只是只言片语的故事雏形，进入文明社会后才逐渐发展、重组为完整曲折的故事。如再生型洪水神话，就是由原始的洪水神话、水生神话、兄妹婚神话、葫芦生人神话等叠合发展而成的，远非原始时代的产物。又如水生型创世神话，原本为水生天地万物和人类的原始故事，后来发展为女子水中沐浴或饮水怀孕生子的神话，后者显然已不是原始时代的产物，直到明代《西游记》中的女儿国故事还在传承这一发展了的神话。总之，狭义神话的概念已经不能承载神话尤其是中国神话的实体。

广义神话概念的提出，拓展了人们考察神话的视域，为人们认识中国神话的全貌提供了新思路。但是，广义神话将神话的领域任意扩大，混淆了神话与传说、民间故事、幻想小说等的界限，不仅取消了与之混杂的文学体裁，也取消了神话自身。广义神话所赖以存在的依据，也有其偏颇之处。其一，将自然力永未完全被支配当作神话不断产生的基础，没能分清原始社会与文明社会的界限。在原始社会，人类普遍信奉万物有灵论，认为种种自然的背后都有超自然的神力存在。进入文明社会后，逐渐形成了有神论者和无神论者，两者对于尚未被征服的自然力的态度是截然不同的。有学者指出："把人类直至现在尚未穷尽的自然奥秘和尚未支配的自然力作为神话产生的基础，这是有神论者、宗教信仰者所持的态度……但作为无神论者并不认为这些尚未穷尽的自然奥秘和尚未绝对支配的自然力是由神控制的，不过把它们视为尚未认识的事物并一方面对其进行科学假想、推理和探究，另一方面对其进行艺术的想象和幻想。因此，对于无神论者来说，尚未穷尽的自然奥秘和尚未绝对支配的自然力，并不是神话产生的基础，只是科幻小说产生的基础。"① 广义神话的偏颇在于以自然力尚未完全被支配为依据，将所有带有神话色彩的故事都算作了神话，忽视了有神论者和无神论者的性质完全不同的创造的区别。其二，广义神话所圈定的庞杂的对象不仅不能有助于否定中国神话贫乏论，相反起到了彻底解构中国神话的作用。所谓中国特色的神话，是一堆各种故事的集合体，完全失去了神话的科学范畴，对这样的所谓神话的研究也就失去了与国际神话学比较与对话的基础。

尽管广义神话概念存在致命弱点，但我们不能据此而否定其对神话视野的拓展，更不能据此而回到狭义神话的原点。近年来，借助于广义神话的广阔视野，人们试图从新的视角来重新审视神话，比如从神圣叙事的角度来界定神话，或从民间信仰的角度来界定神话等，这些研究在揭示神话真相上，都获得了有效的进展。

（二）神话与民间信仰

从民间信仰的角度来界定神话，是比较接近神话真相的视角。民间信仰是在广大民众中自发产生并自然传播的神灵崇拜，包含信仰对象、观念、仪式三个基本要素。神话是人们不能完全支配自然力的产物，必然包含对不可战胜的自然力的崇拜，即神灵崇拜，可见神话是建立在民间信仰基础上的，是民间信仰的载体。据此，可以对神话做如下界定：神话主要产生于人类童年时代，部分产生于文明时代，是人类从神灵信仰出发，借助于原始思维，以不自觉的艺术加工形式创造出的超自然神灵的幻想故事。换言之，神话是以民间信仰的对象、观念和仪式为基本原型，借助于民间信仰活动而传承的神圣的叙事。

---

① 姚周辉、金克建：《当代神话论质疑》，《云南师范大学学报》1999年第5期。

1. 民间信仰的崇拜对象、观念与神话的深层内核

民间信仰的对象和观念是神话的核心，是神话产生的动因。远古和后来的人们正是出于对种种神灵的虔诚崇拜而创造出了一个又一个以某种具体的神灵为中心的故事，并通过这些故事传达了人们对特定神灵超自然神力、超人神力的崇信。这在中国几大神话系统中都可以得到证明。

中国神话系统之一是远古帝王神话，其中最著名的是三皇五帝神话。一般将伏羲、女娲、神农称为"三皇"，把黄帝、颛顼、帝喾、尧、舜称为"五帝"，显然，"三皇五帝"大都是象征性的人物，是古代信仰中的氏族部落或部落联盟的领袖。作为早期氏族、部落的始祖神，他们往往与原始的自然崇拜密切相关。或者说，这些氏族、部落的始祖崇拜，是由自然崇拜演化而来的。有关三皇五帝的神话，就蕴含自然崇拜的原型。三皇中的伏羲既包含龙蛇神崇拜，又包含木神崇拜。唐·司马贞《史记·补三皇本纪》称伏羲"蛇身人首，有圣德"。这是以伏羲为龙蛇之神。高诱注《淮南子·时则训》："太皞，伏羲氏，东方木德之帝也；句芒，木神。"伏羲又为木神。女娲，是生殖大神，女娲形象包含蛇神崇拜。王逸注《楚辞·天问》："传言女娲人头蛇身，一日七十化。"汉画像砖上的伏羲女娲交尾图，女娲与伏羲都是蛇身。蛇是与女性生殖崇拜相关的事物。蛇又作虵，《广韵》："虵，蛇俗字。""虵"字由"虫"与"也"组合而成。"也"字本义见《说文》："也，女阴也，象形。""虵"取"也"做偏旁，说明蛇与女性生殖崇拜有一定联系。女娲的原型为蛇，也说明女娲神话起源于女性生殖崇拜。所以女娲在历代民众生活中都是人们祈求生殖的对象。神农，即炎帝，是开创原始农业的大神。《管子·形势》："神农教耕生谷，以致民利。"神农神话既包含与刀耕火种有关的火崇拜，又包含与牛耕相关的牛神崇拜。《淮南子·氾祀训》："炎帝作火，死而为社。"高诱注："炎帝，神农，以火德王天下，死祀于灶神。"这表明炎帝神农的原型之一为火神，其代代相传的余绪便是今日的灶神。《史记·补三皇本纪》称神农"人身牛首"。这表明神农的原型之二是牛神。神农与

牛神发生联系与农耕生产密切相关，也表明牛神神农时代的农业已进入原始牛耕阶段。神农的多种原型也反映出神农并非具体的部落首领，甚至不是一个时代的部落首领，而是数代教人稼穑的部落首领的通称。五帝神话也多以自然崇拜为底蕴。黄帝，起源于雷神崇拜，《河图帝纪通》："黄帝以雷精起。"《春秋会诚图》："轩辕，主雷雨之神也。"黄帝本为司雨水之大神雷神，所以与蚩尤作战，首先派水神应龙出阵。颛顼，黄帝后裔。颛顼，即高阳，从高阳这一名称上看，颛顼应该与太阳崇拜有关。颛顼作为太阳神，具有掌管星辰、太阳的神职。《国语·周语下》："星与日辰之位皆在北维，颛顼之所建也。"帝喾，黄帝后裔。其原型也为太阳神。晋王嘉《拾遗记》："帝喾之妃，邹屠氏之女也……常梦吞日，则生一子，凡经八梦，则生八子，世为八神。"尧，作为神话中的人物，既与龙崇拜有关，又与土地神崇拜有关。其龙神原型见诸感生神话：《绎史》卷九引《春秋合诚图》："尧母庆都……无夫，出观三河，奄然阴风，赤龙与庆都合，有娠而生尧。"尧古字为三个土字组合而成，结合他治理洪水、开辟土地的事迹，学界认为他有土地神的身份。舜，在神话中既蕴含虹信仰，又蕴含花信仰。其虹信仰者，见于《史记·五帝本纪》所载："瞽叟……妻曰握登，见大虹，意感而生舜于姚墟。"说明舜的原型为虹。花信仰者可证之于舜的取名。舜字本义为木槿。《说文》："舜，木槿，朝花暮落者。从草，舜声。"可见，舜的原型还可以是朝开夕落的木槿花。

中国神话系统之二是感生神话。感生神话，或称贞洁受孕神话，是女子（通常为处女）身体接触某物或者意念涉及某物而受孕生子的神话，所生之子多为远古部落首领或历史上的帝王。在感生神话中，女子所感之物通常为民间信仰中的神灵，包括神人与神物。这类神话中的一部分也属于远古帝王神话。感生神话表现了对所感对象——自然物、动物、植物或神灵的超自然神力的崇拜，诸如雷神、电神、虹神、风神、龙神、长人等。在远古部落首领感生神话的影响下，又产生了后世朝代的帝王感生神话。其感生对象多是由原始感生神话的对象传承衍生而来。如汉高祖刘邦感生神话，十六国前秦开国皇帝苻坚感生神话，元代、清代开国皇帝或皇帝祖先感生神话等，都表现了对某种传统神灵或神物的信仰。此外，我国很多少数民族在汉族感生神话的影响下也形成了民族始祖感生神话。这些感生神话的感生对象，除了一部分来自汉族外，更多的是带有民族特色的民间信仰中的神灵或神物，如虎、盘瓠、蛙、象、喜鹊、竹、荞麦、桃、椰子、风、光等。

中国神话系统之三是南方各民族的洪水神话。南方各民族洪水神话虽然各有其异，但又有大致相同的情节：由于自然或人为的多种原因造成洪水滔天，人类基本灭绝，只剩下一对兄妹，他们事先受天神的警示，在大洪水降临后，靠某种救生工具逃脱，众多洪水神话有多种救生工具，但绝大多数救生工具为葫芦。兄妹受天神启示，经过重重曲折结为夫妻繁衍人类。洪水神话的结构显示，该神话已非原型神话，而是融合了多种原型神话的复合型神话。这一复合型神话至少包括了原型洪水神话、水生型创世神话、葫芦生人神话、兄妹婚神话等，由此而成为多种信仰观念的集合体。其中有水生信仰观念、葫芦创世观念、兄妹繁衍人类观念等。显然，这些各异的信仰观念都共同表现了对生命诞生现象的崇拜，从而共同融合成洪水神话生命再生的主题。

中国神话系统之四是抗灾英雄神话，主要包括抗击水灾和抗击旱灾英雄神话。两种英雄神话中的英雄人物都具有水神性质，两种神话大都表现了对于水神的信仰。抗击水灾英雄神话以鲧、禹神话最为著名。鲧的原型有黄熊、黄龙、玄鱼等。《国语·晋语八》："昔者鲧违帝命，殛于羽山，化为黄熊。"《归藏·启筮》："鲧殛死，三岁不腐，剖之吴刀，化为黄龙也。"《拾遗记》卷二："尧命夏鲧治水，九载无绩，鲧自沉于羽渊，化为玄鱼。时扬波振鳞，横修波之上，见者谓之河精。"黄龙、玄鱼均系水物。黄熊其实也是水神，鲧之子禹就是以熊的原型来治水的。构成鲧的原型的三种神灵都是水神，鲧实为水神。禹的出生有两种说法，两种说法都表明了禹的水神身份。一说禹为鲧腹所生。《山海经·海内经》："帝令祝融杀鲧于羽郊。鲧复生禹。"禹既为鲧生，应与其父一样同属水神。一说为女狄所生："女狄暮及石纽山下泉，水中得月精如鸡子，爱而含之，不觉而吞，遂有娠，十四月，生夏禹。"禹母感生对象为水中月精，实为水精之类，也表明禹的水神身份。禹作为治水英雄，也作为水神，其庙宇遍布中华大地。如忠州禹庙、三门峡禹庙、开封禹庙、桐柏县禹庙、会稽禹庙等。人们祭祀大禹，就是将他当作水神来看待的，即是向他祈求风调雨顺、消除水患；当然，随着社会的发展，后来的祭祀也有弘扬其不畏艰辛、乐于奉献的伟大民族精神的意义。

抗击旱灾英雄神话以夸父、后羿神话最为著名。夸父追日、后羿射日都是驱除旱灾的巫术。在民间信仰与神话中，抗击水旱之灾的能力往往成为水神神力的两个方面，夸父与后羿具有驱除旱灾的本领，也都属于水神。《淮南子·氾祀训》："羿除天下之害，死而为宗布。"宗布即为《周祀·党正》所谓祟醵。宗与祟、布与醵，声近字通。郑玄注："祟为零祟水旱之神。""醵者为人物灾害之神也。"可见羿为驱除水旱之灾的水神。夸父的水神身份在神话中也有明确表现。《山海经·大荒北经》："有人珥两黄蛇，把两黄蛇，名曰夸父。"蛇与龙一样都是水神。夸父以蛇为标志，说明他为掌管水旱的水神。《山海经·东山经》：豺山后兽"状如夸父而彘毛，其音如呼，见则天下大水"。能发大水，也说明夸父的水神神性。水旱之灾为古代农业社会两大主要灾害，在民间信仰中，驱除两种灾害的神力从来都是相通的，驱除旱灾的神灵，同时也是驱除水灾的神灵，同属水神。反映在神话中，抗击水灾与抗击旱灾的能力便集于水神一身。这也反映出民间信仰对神话内容的规定性的影响。

中国神话系统之五是创世神话，分原生态创世神话和次生态创世神话。原生态创世神话主要是讲述天地万物和人类起源于动物、植物或自然物的神话。这些神话表现了人们对某些动物、植物或自然物的生殖力、生命力的信仰，这些信仰一直在民众生活习俗中传承，直至近现代，其流风余韵仍延续不断。次生态创世神话主要是讲述神人造人或化生天地万物的神话，前者如女娲造人神话，后者如盘古化生天地万物神话。这些神话都表现了对神灵生殖力和生命力的崇拜。盘古成为中国民众世代传诵的开天辟地的大神，女娲则成为历代民众祈求子嗣的大母神，女娲神庙香火千秋不绝。

由上述可见，神话的根基在于民间信仰，失去了民间信仰崇拜的对象和观念,神话就不能称其为神话,而只能是传说或别的一般性的故事了。诚如马林诺夫基所说:"神话在原始社会中施行一种不可或缺的作用,神话表现信仰,加强信仰,并使信仰成为典章。"① 事实上,神话表现民间信仰的作用,不仅仅存在于在原始社会,而且存在于有民间信仰伴随的漫长的人类社会,只要人类的民间信仰还存在,就必然有相应的神话来加以表现。民间信仰的生生不息,导致神话源源不绝地产生。当然,民间信仰的衰落,也必然导致神话的衰落。

2. 民间信仰仪式与神话的重要内容

仪式是民间信仰的重要组成部分,是表现人们崇拜神灵的行为活动方式。民间信仰的仪式分为巫术仪式与祭祀仪式。民间信仰的仪式往往构成神话特别是远古神话的重要内容。这同样说明神话是民间信仰的产物。

关于神话与仪式的密切关系,早就为仪式神话学派所阐述过。该学派认为,巫术仪式是最初的形式,神话是巫术仪式的直接派生物,神话是巫术仪式的语言叙述形式。神话仪式学派是在泰勒、弗雷泽等人关于神话与巫术仪式关系研究的基础上形成的。这一学派的代表人物穆瑞、珍尼·哈里森、胡克等对仪式与神话的关系进行了深入探讨。有学者将他们纷繁的观点概括为几个方面:"(1)神话是作为仪式部分的叙事;(2)神话是仪式中叙述的事件;(3)在仪式中既讲述神话又实施仪式; (4)神话可以间接讲述或伴随着仪式讲述。"② 功能学派吸收并发展了仪式学派的观念,强调巫术仪式与神话的密切联系。其代表人物马林诺夫斯基特别看重巫术在人类文化中的重要地位,认为巫术是人类最早出现的文化,是一切文化的源头,神话不过是对巫术的阐释。他指出:"神话不是过去时代底死物,不只是流传下来的不相干的故事;乃是

---

① 转引自张光直《中国创世神话之分析与古史研究》,《民族学研究所集刊》(台湾)1959年第8期。
② 孟慧英:《神话——仪式学派的发生与发展》,《中央民族大学学报》2006年第5期。

活的力量，随时产生新现象随时供给巫术新证据的活的力量。"① 在马林诺夫斯基看来，神话就是为解释巫术的形成、发展和神圣性服务的。马林诺夫斯基关于神话与仪式的关系的论述实际上仍属仪式学派的范畴，或者可以说是对仪式学派的发展。一个世纪以来，仪式学派得到众多学者的响应，其理论不断发展。1999年西格尔博士选编的《神话与仪式理论文选》，收集了历来有关仪式学派的重要论文，这部厚重的论文集展示了该学派丰富的研究成果，也反映出了该学派在学术界所产生的重大影响。仪式学派将巫术仪式看作人类最初的文化现象，一切文化的源头，未免有些失之偏颇，但他们关于神话源于巫术的论述却比较符合相当多一部分神话的实际情况。

民间信仰的仪式普遍出现在我国几大类型的神话中。远古帝王战争神话，虽讲述战争故事，其实很少直接涉及战争实际情况，多为战争期间巫术仪式的记录。如黄帝与蚩尤的战争："蚩尤作兵伐黄帝，黄帝使应龙畜水。蚩尤请风伯、雨师，纵大风雨。黄帝乃下天帝女曰魃，雨止，遂杀蚩尤。"（《山海经·大荒北经》）应龙、风伯、雨师都是水神，魃则是旱神，他们不可能是战争的直接参与者，而只能是在战争中双方各自祭祀祈求的对象，神话反映的应该是战争巫术。开始，黄帝用的是水攻，所以祭祀应龙，蚩尤以其人之道，还治其人之身，也用水战进行还击，所以祭祀另外的水神——风伯、雨师。黄帝改水攻为旱攻，所以祭祀旱神魃，结果蚩尤败北。反映战争过程，着重于巫术，正是体现了神话的特征。君王感生神话，既反映了人们对女子感生对象的生殖力、生命力的崇拜，也表现了君王出生的神圣仪式。洪水神话中的兄妹婚情节，滚磨、合烟、碰面等都是婚前举行的巫术仪式。抗灾英雄神话中的抗灾活动，则大多为巫术活动，前已有论述。创世神话中的自然物、动物、植物创世神话，都是祭祀那些自然物、动物、植物的仪式的伴生物，是对祭祀仪式原理、功能的解释。创世神话所伴生的祭祀仪式在各民族民俗生活中带有传承，即是明证。为了进一步说明神话与仪式不可分割的关系，下面再举一些具体的例证。

---

① [英]马林诺夫斯基：《巫术科学宗教与神话》，李安宅译，中国民间文艺出版社1986年版，第71页。

《诗经·大雅·生民》记后稷诞生："厥初生民，时维姜嫄。生民如何？克禋克祀。……诞寘隘巷，牛羊腓字之。诞寘之平林，会伐平林。诞寘之寒冰，鸟覆翼之。"所记为后稷出生后被三弃三收的神话故事。萧兵认为神话所表现的是圣人出生考验仪式。神话所反映的这种圣人考验仪式在古代应该和一般人的成年礼仪一样，是普遍流行的。也许孟子正是受到这种信仰仪式的影响，提出了担大任者必经精神与肉体的种种艰苦磨难的思想。

《山海经·海外西经》载女丑之尸神话："女丑之尸，生而十日炙杀之。在丈夫北，以右手鄣其面。十日居上，女丑居山之上。"神话所反映的实际上是女巫祈雨巫术。十日并出，意为大旱。女巫便在山上暴晒以祈雨，直到被晒死。由于生前不堪暴晒，所以以手遮面，死后仍保持了这种形象。《山海经·大荒西经》也载女丑神话："有人衣青衣以袂蔽面，名曰女丑之尸。"郝懿行注："十日并出，炙杀女丑，于是尧乃命羿射杀九日也。"则将女丑之事与后羿射日神话联系，也说明女丑行事与后羿射日事迹一样同为祈雨巫术。[①]

女娲抟黄土造人神话是关于初民祈求子嗣巫术仪式的记载。《太平御览》卷七十八引《风俗通》："俗说天地开辟，未有人民，女娲抟黄土作人，剧务，力不暇供，乃引绳于泥中，举以为人。"女娲神话与祈子相关，所以又有专门的女娲神祠，以供人们祈求子嗣所用，后又衍生出祈求婚姻的功能。《风俗通》载："女娲祷神祠，祈而为女媒，因置昏姻。"女娲神话所反映的巫术祈子仪式至后世仍有传承。在中原地带，久婚不育的妇女要到娘娘庙（即女娲庙）举行祭祀祈求活动，其中的仪式拴娃娃，即是女娲以绳造人仪式的直接遗存。民间的捏泥人、捏面人、吹糖人则是由女娲抟黄土造人仪式演化而成的一般生活民俗。这些生活习俗虽然与祈子仪式已无密切联系，但其包含的吉祥意义仍具有祈子的深层内涵。

神话叙述民间信仰的仪式，目的是增强仪式的合理性和神圣性，而且某些神话本身就是出自巫师的咒语，被赋予了神圣的法术功能，本身就是巫师举行

---

① 袁珂译注：《山海经全译》，贵州人民出版社1991年版，第204页。

信仰仪式的工具，是信仰仪式的有机组成部分。神话的仪式性从一个侧面表现了其产生于民间信仰并服务于民间信仰的特点。

3. 民间信仰活动与神话的传承

神话在民间信仰的基础上产生，而神话一经产生就成为民间信仰的组成部分。神话作为神灵形象、神灵观念、神灵仪式的解释性故事，为民间信仰活动提供了神圣的依据。人们在举行民间信仰活动时，往往将神话作为其中的一部分，巫师主持巫术仪式时，往往要讲述神话，以增强仪式活动的可信性和神秘性。神话产生于民间信仰，并借助于民间信仰得以传承，民间信仰是神话传承的载体。从神话传承与民间信仰的关系，也可证明神话的民间信仰特征。当然，由于现代文艺思想的影响，神话也有被从民间信仰中剥离出来而单独作为艺术欣赏品来传承的时候，但那毕竟不是神话的自然传承。事实上，相当多一部分神话，充其量只能充当文学艺术创作的发酵剂，如果剥离其生存的土壤，当作单独的艺术品来欣赏，往往会味同嚼蜡。

在一些故事村，人们为休闲娱乐而聚集在一起讲述故事的时候，也多是讲述那些悲欢离合的生活故事、幽默风趣的笑话和寓言故事，很少有讲述那些情节单一的神话故事的，只是在举行与信仰有关的各种活动时，人们才讲述神话故事。马林诺夫斯基将特罗布里恩群岛土著居民所讲故事分成三类，其中一类为神话，他通过三类故事讲述场景的比较，充分说明了神话传承的特殊性。第一类故事是被土著称为"库克瓦乃布"的故事。这类故事在农闲时节讲述。"11月下旬，雨季开始了，田园里无事可做，捕鱼盛季还没有到来，出海扬帆还在将来。这时节正是丰收舞蹈和丰收盛宴之后，人们余兴未尽，充满着交往和谐的气氛。他们多有闲暇，坏天气却常使他们留在家里。我们只需要在黄昏时分，走进他们的村落，坐在篝火旁。随着夜幕的降临，那闪烁的火光就会吸引越来越多的人。交谈变得轻松愉快，用不了多久，就会有人应邀讲故事。这正是讲童话的时节，要是他讲得有趣，就会很快引起人们的阵阵笑声，有人会提问题，有人会插话，于是他的故事最终会变成常规表演。"这类故事属于趣味性的休闲时讲述的故事。第二类故事是传奇故事。土著称为"里布沃格沃"。"这类故事没有特别的季节性,没有绘声绘色的讲述方法,讲述不具备表演的特点,也无任何巫术效果。可这类故事比前面那一类更为重要。因为,它们被相信是真的,它们所包含的信息不仅比'库克瓦乃布'更有意义,而且与人们的关系更为密切。"讲述这些故事是为了增加某些个人及其后代乃至整个社团的荣誉,或是为了说明某些自然风光。第三类故事称呼"利利呜",是最重要的一类故事,即神圣故事或神话。马林诺夫斯基说:"这第三类故事不仅被认为是真实的,而且是可敬的、神圣的,起着十分重要的文化作用。……当仪式、礼节、社会准则和道德规范需要被证明其正当合理时,需要被赋予古老性、现实性和神圣性时,神话就应运而生了。"[1] 他用土著讲述神话的情景来说明了神话的传承。每一年度亡灵归来的盛宴开始时,就要讲述亡灵如何开始惩罚活着的人及永葆青春的力量是怎样消失的故事,亡灵为何要离开村庄,为何不能在篝火旁停留,最后还要讲述他们为何每年要回来一次的故事。在为出海远航做准备的季节,检修旧独木舟和建造新独木舟的工作,也是在实行某种特殊的巫术后进行的。巫术中的咒语与神话中提到的事情有关,而且他们仪式中的内容,只有在讲述相关的故事时才能理解。与讲究礼仪有关的规则、巫术,甚至地理路线,都有与之相应的神话。由此可见,神话的讲述与其他故事的讲述是根本不同的,神话是在民间信仰活动中讲述的故事,而其他故事则是在娱乐活动或日常生活中讲述的,两者在性质上有着根本的不同。

我国民间世代流传的活态神话的传承,最能说明神话借助民间信仰而传承的规律。阿昌族的创世史诗《遮帕麻与遮木麻》既是一部神话史诗,又是原始宗教巫师的念词,是由巫师在祭祀祖宗和举行葬礼时向族人念诵的。阿昌族将巫师称为"活袍",将神话称为"活袍的诵词"。

湖南的侗族每年农历正月初三或初七,二月初七或八月初七,都要举行祭祀祖母神"萨岁"的活动。届时,由寨中辈分最大的长者进入"堂萨"。祭毕,

---

[1] [英]马林诺夫斯基:《神话在生活中的作用》,[美]阿兰·邓迪斯编《西方神话学读本》,朝戈金等译,广西师范大学出版社2006年版,第245—249页。

青年男女要在"堂萨"附近或鼓楼坪演唱赞颂"萨岁"的歌,还要唱侗族的《祭祖歌》和《创世纪》,其内容很大一部分为侗族的创世神话。

独龙族的创世史诗《创世纪》分为六个部分:人类的诞生、人与鬼的斗争、洪水滔天、天地分离、第一个娶媳妇的人、卡雀哇(年节)。该史诗以神话为主要内容,以独龙族先民所想象的创世过程为主线,融合了独龙族先民的民俗生活和百科知识,一直被独龙族人民视为"根谱"或"圣经",主要由独龙族巫师在祭祖、年节、丧葬等民间信仰活动中演唱。

云南红河南岸哀牢山聚居区流传的哈尼族创世史诗《窝果策尼果》,意译为"古歌十二路"。包括了神的诞生、造天造地、杀牛补天地、洪水滔天、兄妹成婚、塔婆罗牛(始祖母杀牛祭天地)、物种起源等神话故事。该史诗主要由哈尼族巫师贝玛在重大的祭典和节庆祭祀活动中演唱。

基诺族民间信仰中的女始祖神阿嫫腰白,是基诺族创世神话中的大母神。基诺族每年农历七月间都要举行祭祀阿嫫腰白的活动,称"喏嫫洛",即祭祖魂之意。祭祀历13天,据说,阿嫫腰白创世用了13天,又说阿嫫腰白的葬礼用了13天。祭礼最隆重的一天称"乙搓"日。全寨人都要停止劳作参加祭祀活动。在祭祀仪式中,要由卓巴(村寨男寨主)和卓色念经,即念诵阿嫫腰白神话故事。阿嫫腰白神话就是在这样的神圣场合,为一代又一代基诺族人所传承。

畲族等民族以盘瓠为祖先神。盘瓠为畲族等民族神话中的人物,其神话不仅见诸畲族族谱,还见诸畲族史诗《高皇歌》,亦称《盘王歌》《龙皇》《盘瓠歌》。畲族祭祀盘瓠,绘制有盘瓠图,也称祖图。内容为畲族女始祖与盘瓠通婚繁衍后代的神话故事。祖图为白布长幅,其上有黑、红、绿等颜色绘制成的图案。长约5丈,宽约1尺5寸。图案附有简单的汉字说明。有的分上下两幅。祖图被畲族视为圣物,珍藏于箱内,举行祭祖仪式时,将其悬挂于神台前,供人们祭祀。祭祀时由长者或巫师演唱或讲述盘瓠故事。祭祀所用盘瓠神图,配合神话故事的讲述,使其更为生动形象,更好地起到了传承盘瓠神话的作用。

壮族崇拜男始祖神布洛陀，史诗《布洛陀》讲述了他创造天地万物的事迹。壮族将布洛陀神龛设在寨边的古树林里，每年农历三月由寨中长老择吉日举行祭祀。祭品为1只白公鸡、1只红公鸡和1头猪。祭祀时，要由壮族的巫师人物师公念经，诵唱布洛陀神话故事。

神话传承与民间信仰的关系更经常地体现在祭祀对象上。我国各民族神话尤其是创世神话中的主人公，往往都是民间信仰中的祖先神、大神，人们定期举行仪式，祭祀这些神灵，实际上也在唤醒人们关于神话的记忆。在祭祀活动中，神话与民间信仰水乳交融，难分彼此。总之，神话的活态传承，必依赖于民间信仰，民间信仰是神话传承的载体。神话的传承形式充分说明神话是一种神圣的叙事。

综上所述，可见神话以民间信仰的对象和观念为内核，以信仰仪式为重要内容，是民间信仰的伴生物，伴随着民间信仰的产生而产生，伴随着民间信仰的传承而传承，同时也伴随着民间信仰的兴盛而兴盛，伴随着民间信仰的衰落而衰落。原始社会时期，民间信仰是社会的普遍法则，万物有灵是原始人类共同信奉的观念，这一时期，是民间信仰兴盛时期，也是神话产生的兴盛时期。进入文明社会后，随着生产力水平的提高，人们认识自然和支配自然的能力不断提高，民间信仰不断衰落，甚至出现了无神论者，神话也就自然衰落。所以人类社会的神话大部分产生于原始社会。原始社会产生的神话一部分进入文明时代后伴随着原有信仰的消失而在生活中消失，不过其中不少神话为典籍所记载，所以能为今人所知。但典籍记载不是神话的自然传承，还有一部分神话则伴随着原有信仰的存在、发展而存在、发展，呈现出活性的状态。同时，进入文明社会后，原始民间信仰的衍生和新的民间信仰的形成，又导致了一部分新神话的诞生。总之，大部分神话产生于原始社会，相当一部分神话产生于人类文明社会的初期，少部分产生于后来的社会。

从民间信仰的角度考察神话与人为宗教故事的关系，也可见两者的区别。神话与人为宗教故事，虽然都根植于信仰，但神话所根植的是民间信仰，而人为宗教故事所根植的是人为宗教，神话是民间自然产生的神灵故事，而宗教故事则是人为编造的神灵故事。当然，宗教为了取信于民，也将一部分神话吸纳进宗教故事系统，如道教所吸纳的西王母神话，基督教所吸纳的诺亚方舟神话（洪水神话），但显见，这些神话故事原本是民间信仰的产物，只不过为宗教所利用而已。

神话与传说的关系从来就纠缠不清，从民间信仰的视角，也可厘清二者的关系。同样为涉及历史人物的幻想故事，其中与民间信仰的观念、仪式密切相关的是神话，只是表达对历史人物的纪念或崇敬的是传说；同样为涉及山川风物的幻想故事，纳入了民间信仰观念、仪式范畴的是神话，只是表达对山川风物美好与神秘性的赞美的叙事则是传说（此外，神话涉及的山川风物多是指大的类别，而传说涉及的山川风物则多是具体事物）。至于一些民间传说为宗教所吸纳后具有了宗教功能，仍不能当作神话，因为这些故事的信仰属性是人为赋予的，而不是在民间自发产生的。[1]

（三）创世神话与形态

神话内容丰富，传承久远，涉及人与自然的方方面面。因此，神话的分类就往往很难把握，因为从不同的角度、不同的目的进行分类，就会产生不同的结果。国际国内有关神话的分类多种多样，歧义纷呈。

在中国，最具概括性和代表性的分类有两种：一种是将神话分为自然神话与人文神话：自然神话，是以解释自然为中心的神话；人文神话则是反映早期人类社会生活的神话。还有一种常见的分类是将神话分为创世神话与英雄神话；英雄神话是象征性反映氏族部落之间的战争、英雄人物反抗邪恶、抗击水旱之灾、建立多种功勋的神话；创世神话则是表现天地万物的形成、人类的起源及文化的发明、发现等内容的神话。

---

[1] 参见拙文《神话与民间信仰》，《中南民族大学学报》2010年第1期。

1. 创世神话的基本内容

创世神话内容丰富，涉及面广，但也可以归纳为如下几大类别。

（1）天地形成。作为释源性的创世神话，首先要解释的是天地的形成，因为天地乃人与万物存在的空间，一切有关人与万物起源的解释都必须建立在对天地形成的解释的基础上。我国创世神话关于天地形成的解释主要有：自然形成说，即认为天地是自然演化而成；躯体化生说，即认为天地是巨兽或巨人的躯体化生；卵生说，认为天地为巨卵孵化而成；神人制造说，认为天地是一神或男女二神或众神制造而成，等等。其中的盘古化生说最为著名，以至于人们常常将盘古当作开辟天地的最早的祖先。在创世神话中，天地的开辟往往不是一蹴而就的，最初的天地并不完善，还要经过种种创造才能使其定型，如撑天缩地、补天补地等，其中最为著名的是女娲补天。

（2）人类的起源。人类的起源，是创世神话解释的中心问题。人类对自身起源问题的探究，一方面是出于探求事物之源的好奇之心，另一方面，更为重要的是出于生殖的需要。了解人类诞生的奥秘，以便促进人类的繁衍。我国创世神话关于人类起源的说法有多种：石生人、洞穴生人、葫芦生人、竹生人、树生人、动物化生、动物变人、男女神造人、女神生人、天地生人、人兽婚生人、兄妹婚生人等等，种类繁多，表现出人类对自身起源与生殖的异常关心。

人类的形成，往往也不是一次完成的，在有的神话中，要经过多次换代演化才能最终形成真正的人类。最具代表性的说法是，人类经历了独眼、直眼、横眼三个时代的演化，才成为现在的人。这虽是出于先民的想象，但也在无意间反映了人类形体与智力不断发展的历史。

另外，兄妹婚洪水神话主要讲述人类的再次起源，也属于人类起源神话。

（3）日月星辰的起源。日月星辰的起源，有时是和天地的起源连在一起的，但是我国各民族多有专门讲述日月星辰起源的神话，其中日月起源神话尤为多见。日月起源的说法也有多种。有巨人或巨兽的眼睛化生说、女子生日月说、神人制造说等。其中最为著名的是汉族的羲和生十日、常羲生十二月的神话。日月起源神话还包括日月的分工以及昼夜的形成、日食月食的形成等内容。

特别值得提出的是，我国又多有射日射月神话。射日射月是为了去掉多余的日月，建立日月正常运行的秩序。此类神话也属日月起源神话范畴。此外，星辰的起源往往伴随着日月的起源，如巨人躯体化生日月时也化生星辰。又如神人铸造日月时，溅起的碎末变成了星星。

（4）万物的起源。在创世神话中，山川河流、花草树木、飞禽走兽等世间万物的起源，有时是与天地的起源相伴相随的。如神人造天地时，地造得大了，天造得小了，为了使天地相合，神人就把地缩小，结果弄出的皱褶就成了山川。万物的起源在创世神话中又往往有专门的叙述。关于万物起源的说法以神人制造说最为多见，神人造完天地之后，往往还要造万物。躯体化生万物也是万物起源神话中的重要一类。

（5）文化发明。文化发明神话，英雄神话中的英雄发明神话有相互交叉重合的地方。但是两者的侧重点有所不同，创世神话中的文化发明神话重在探寻文化现象的来历，英雄神话则重在赞美英雄神的光辉业绩。文化发明神话涉及早期人类的生活生产、宗教信仰等活动，如火、陶器、居所、弓箭、谷物、畜牧、纺织、伏羲八卦等的发明。

2. 创世神话的形态

中国的创世神话产生于旧石器时期晚期，经历了新石器时期，至奴隶时期基本定型，期间留下了多种多样的形态，既有早期的原生形态，又有中期的衍生形态，还有晚期的系统形态。

第二章 中国创世神话演变历程

我国创世神话呈现出多种多样的形态,既有解释某一事物起源的单一释源神话,也有同时解释多种事物起源的综合性释源神话,还有对世界起源做整体解释的系统神话。这说明,肇始于原始社会的创世神话,在漫长的发展历程中,经历了不同的发展阶段,留下与之相应的不同形态,并最终发展为系统神话。探讨这一历史过程,有助于认识中国创世神话特性及其系统形态的构成。

一 创世神话演变研究

对创世神话历史发展过程问题,国内外学者都进行过研究。英国学者凯伦·阿姆斯特朗《神话简史》探讨神话发展历史,其中也包含了创世神话。她将神话发展史分为以下几个阶段:旧石器时代的狩猎神话、新石器时代的农耕神话、早期文明时代的神话、轴心时代的神话、后轴心时代的神话。至于西方大变革时期则是神话的消亡时期。[1] 中国的学者也注意到了

---

[1] 参见 [英] 凯伦·阿姆斯特朗《神话简史》,穆卓芸译,台湾大块文化出版股份有限公司 2005 年版,第 1 页。

神话的发展过程问题。张晓松、万水林在阐述早期神话学者谢六逸的相关论述中指出："在神话学研究领域已经有学者注意到：古代神话，虽然是先民原始文化的结晶，但它绝不是（或不仅仅是）在时间、空间、内涵等方面囿于原始时代的产物，它有一个经由野蛮蒙昧时代向文明、理性社会进发、生成—发展的过程。这个过程的'两级'，便是两种不同的神话表象：一是'原始的、单个的神话'，即独立神话；二是'文明的、综合的神话'（所引为谢六逸语），即体系神话。"[①] 这一论述证明了本课题关于中国创世神话系统研究的合理性。其原始的单个神话与文明的综合的神话，与本课题关于创世神话系统的形态也有某种关联性。鲁刚《神话文化学》将神话的发展分为活物论阶段、有灵观念阶段和人格化神阶段。[②] 陶阳、钟秀著《中国创世神话》则也将创世神话的发展分为三个阶段，第一阶段是萌芽阶段，大约为旧石器时期晚期，相当于母系氏族社会初期。这一阶段的创世神话还不是真正意义上的创世神话，只是包含了创世神话的因素。第二阶段是创世神话的形成期和发展期，为新石器时期初期和中期，相当于母系氏族社会的中后期，产生了天地万物起源和人类起源神话。第三阶段为创世神话成熟期，为母系氏族社会后期，经父系氏族社会时期到奴隶社会初期，出现了内容复杂的系列创世神话。[③] 这些关于神话或创世神话发展阶段的研究，都能证明创世神话，特别是中国创世神话的确存在一个漫长的发展过程，对这一过程的研究确实是中国创世神话研究的重大课题，但是这些研究都存在偏颇之处，特别是最终并没有梳理出中国创世神话的各种具体系统，这是可以理解的，因为这一探讨本身就比较困难。今天我们所见到的神话和创世神话，都是后来人们的记载或口传，已经融入了后世文明的因子，已很难反映其原始面貌，所以对创世神话各个发展阶段的认识就比较困难。但是创世神话主要是口头传承的文本，从口承创世神话的文本来看，创世神话产生后经历了一个由简单到复杂、由零碎到完整、由单一到系统的发展过程。因

---

① 张晓松、万水林：《关于体系化神话研究的几点思考》，《贵州教育学院学报》1997年第1期。
② 参见鲁刚《神话文化论》，社会科学文献出版社2009年版，第6—11页。
③ 参见陶阳、钟秀《中国创世神话》，上海人民出版社1989年版，第21—37页。

此，从创世神话情节形态入手，再结合相应的历史时期的文化，来探讨创世神话发展过程就成为一种可能。由此，笔者将中国创世神话的发展历程分为三个时期：第一个时期，单一释源时期，为原始社会采集经济与狩猎经济时期；第二个时期，综合释源时期，为原始社会农耕经济时期；第三个时期，为系统化时期，即早期文明时期及整个文明时代。

二 单一释源时期

整个母系氏族社会时期是中国创世神话的单一释源神话形成与传承时期，包括旧石器时期晚期至新石器时期早期与中期。

一般认为，神话最早产生于旧石器时期晚期，著名学者杨堃、袁珂即持此种观点。旧石器时期晚期，人类的心智才基本成熟，神话赖以产生的信仰观念与仪式才基本形成。母系氏族社会始于旧石器晚期，这时人类体质上的原始性基本消失，被称作"新人"。中国境内的新人化石和文化遗存遍及各地，其主要代表有河套人、柳江人、峙峪人和山顶洞人等。这一时期的石器工具有较大改进，并发明了弓箭，能够用兽皮缝制衣服。主要靠采集和狩猎获取食物。由于出现族外婚，形成以一个老祖母为核心的氏族制；同时，在当时，存在自然分工，男子从事狩猎，妇女从事采集，妇女的采集比男子的狩猎较有稳定性，是可靠的生活来源，这也决定了女性在家庭中的中心地位，因而形成了母系氏族制度。同一氏族的成员都是同姓的，子女也从母姓。这一时期还产生了以为自然神、女神为中心的原始信仰观念与活动。新石器早期与中期，是母系社会繁荣时期，其文化遗存遍布南北各地，主要代表有裴李岗文化、磁山文化、仰韶文化、河姆渡文化、马家窑文化、屈家岭文化及细石器文化等。此时，生产力水平有明显进步，磨制、穿孔石器取代了打制石器；妇女在采集过程中，逐渐了解某些农作物的生长过程，并在房屋的旁边加以培植，于是开始出现原始农业生产,同时出现了家畜饲养、原始手工业及副业等,但采集与狩猎仍是主要的经济来源。

母系氏族社会主要处于采集与狩猎经济时代,这一时代,以采集为主,狩猎为辅,据考古发现,当时99%以上是植物性食物,肉食不到1%。采集经济有个体性的特点,个体自由劳动,不需他人帮助。因为采集的对象是天然生成的植物的果实、根块、叶茎,只需个人力量就能收获,不需要任何协作,完全可由个人自由行动。这是一种极其简单原始的劳动,不需要进行复杂的思考,与这一经济相适应的只能是简单的直观的思维方式。在这种直观简单的思维方式的支配下,当时的人们思考事物的起源时,也只能对单一的事物的起源做出解释。所以采集经济时代所产生的创世神话只能是单一的释源神话。

由采集经济产生的创世神话主要是有关植物变人、生人以及部分粮食作物发明神话。采集经济与瓜果有着密切联系,因为瓜果是最容易采集的植物食物,其中瓜类的葫芦更是与早期的人类结下了不解之缘。葫芦最初是作为一种主要的食物进入人们生活的。后世一些文献中的记载,还提到了葫芦的食用价值。《管子·立政》说:"六畜育于家,瓜瓠、荤菜、百果备具,国家之富也。"葫芦与其他食物如六畜、荤菜、百果等一起,被视为国家的财富。在采集经济时代,葫芦在人们生活中占据重要地位。罗桂环用史前文化遗址中的葫芦遗迹证明了葫芦在这一时期的普遍使用:"在我国黄河流域,河南新郑裴李岗距今约七八千年的新石器遗址中,曾出土远古葫芦皮。在长江流域,距今7000年的浙江河姆渡文化遗址中,也曾发现过小葫芦的种子。另外,湖北江陵阴湘城的大溪文化的文化遗址,以及长江下游的罗家角、崧泽、水田畈等新石器遗址里也发现过葫芦。这种事实表明,我们的先人很可能当时就用葫芦制作器物。因为在一般的情况下,只有用作器物的老葫芦皮方可能长久保存,而食用的嫩果是不可能留存至今的。"[①] 从古典文献中瓜瓠并称的情况来看,早期人类是

---

① 罗桂环:《葫芦考略》,《自然科学史研究》2002年第2期。

将葫芦当作瓜类食物的,也说明葫芦在当时是重要的食物。当时葫芦的用处是多方面的,比如用作器具,至今农村还有用葫芦做水瓢用的;又比如用作制陶的模具,如裴李岗新石器时期遗址、河姆渡新石器时期遗址、仰韶文化新石器文化遗址、庙底沟新石器时期文化遗址等都出土了葫芦形陶器。葫芦与人们生活密切的关系,使人们对葫芦的形体与习性有了更为细致的观察。葫芦形似母腹,使人们不能不联想到母腹的生殖功能;另葫芦多籽,容易繁殖或者说繁殖力强。这些都容易使人们产生葫芦具有极强的繁殖力的认识,并进而产生崇拜,最后导致葫芦生人神话的产生。《诗经·大雅·绵》就有葫芦生人神话的内容:"绵绵瓜瓞。民之初生。"[①] 即是说,最初的人是由瓜生出来的。瓜也包括葫芦,可以说,《绵》这首诗较早记录了葫芦生人神话。在我国少数民族还保留大量的口传葫芦生人神话。彝、苗、侗、瑶、畲、布依、壮、白、佤、怒、纳西、哈尼、傈僳、水、黎、仡佬、仫佬、羌、阿昌、布朗、拉祜、德昂、崩龙、高山、傣等近30个民族都有葫芦生人神话。哈尼族神话说:洪水滔天之时,一个葫芦停在一座高山顶。经风吹日晒裂为两半。有兄妹二人坐于其间。后二人配为夫妻,生下3男3女,又互相婚配,繁衍人类。[②]《巴塔麻嘎捧尚罗》第七章《万物诞生》则说人与万物皆由葫芦所生:"大地光秃秃的,什么也没有,只有风,只有水,只有雾,一片凄凉。"造物主布桑该雅该破开藏有万物种子的仙葫芦,将万物的种子朝大地抛撒,顿时大地长出各种各样的植物,第二代的人类也是从仙葫芦中出来的。而谷种来自天上,落到地面时,老鼠和麻雀先得到,吃下肚后又出来,掉在树脚下又发出嫩芽。后来才被人类发现,移种在河边,才归人所有。[③] 傣族创世神话《金葫芦生万物》:在荒远时代,地上什么也没有。天神见了,就让一头母牛和一只鹞子来到地上,母牛生下了3个蛋,鹞子来孵这3个蛋,其中一个蛋孵出了一个葫芦,人就是从这个葫芦中生出来的。德昂族神话说:远古时,所有的民族共居一个巨大的葫

---

① 袁愈荌译诗,唐莫尧注释:《诗经全译》,贵州人民出版社1981年版,第358页。
② 参见刘小幸《母体崇拜》,云南人民出版社1990年版,第11页。
③ 参见西双版纳州民族事务委员会《巴塔麻嘎捧尚罗》,云南人民出版社1989年版,第196页。

芦。后来雷神劈开葫芦，人走出来，成为各个民族，划地而居。① 德昂族又有神话说：天王从天上带回了各种种子，他分别种在平地、山坡和海边。种在海边的葫芦籽发芽长大，藤子却长在海中心，结出一个大葫芦，浮在海面的中央，其大如山，里面还有人在闹。一天，突然来了一阵狂风暴雨，电闪雷鸣劈开了这个葫芦。里面有103个人，有男有女，还有一些动物。这些人乘葫芦达到陆地后各奔东西，成为汉、傣、回、傈僳、景颇、阿昌、白族的祖先。② 哈尼族神话说：从天而降一个葫芦，内中出来了女始祖阿戛拉优，她养了许许多多孩子：第一个是佤族，第二个是傣族，第三个是爱尼，最后一个是汉族。③ 拉祜族神话说：天神厄莎种葫芦，葫芦里爬出男扎笛和女娜笛，是人类始祖。④ 厄莎天神种了一棵葫芦，从葫芦里出来一男一女，即扎迪和娜迪，他们是拉祜族的始祖。为了繁衍人类，厄莎送来"发情水"，扎迪喝了一碗，娜迪喝了两碗，他俩便结合在一起，生下了13对儿女。⑤ 黎族神话说：远古的时候，老宜种瓜，老艾种白藤，结大葫芦，剖开葫芦里面装了许多东西，有人、牛、猪、鸡、飞鸟、蛇、蜈蚣、谷子等。⑥ 阿昌族神话说：葫芦里出来9种蛮夷，老大为景颇族和阿昌族，老二汉族，老三傣族。⑦ 云南沧源岩画主要表现了采集、狩猎时代的原始社会的生活，第六地点第五区的主体图像为：一个巨大的三角形、椭圆形相叠合，从这个叠合的图形中走出一个小人来。事实上，这是一个横卧的葫芦，表现的是从葫芦里走出人来的情形。这实际上就是葫芦生人神话的形象化写照，也说明葫芦生人神话产生于原始社会采集经济时期。云南沧源县班洪一带佤族有人从葫芦出来的神话，也印证了岩画的

---

① 参见《中国各民族宗教与神话大辞典》，学苑出版社1993年版，第82页。
② 参见《中国各民族宗教与神话大辞典》，学苑出版社1993年版，第74页。
③ 参见王亚南《民间口承文化中的社群源流史》，《民族文学研究》1996年第2期。
④ 参见陶阳、钟秀《中国创世神话》，上海人民出版社1989年版，第220页。
⑤ 参见张福《从民族学材料寻觅西南民族的远古图腾》，《云南师范大学学报》1997年第1期。
⑥ 参见李露露《海南黎族古老的水上交通工具》，《中国历史博物馆馆刊》1994年第1期。
⑦ 参见云南省编辑委员会《阿昌族社会历史调查》（民族问题五种丛书），云南民族出版社1983年版，第90页。

内容。① 我国少数民族葫芦生人神话在传承过程中，多数与洪水神话相结合，变异为洪水中兄妹二人的救生工具，但仍然表现了葫芦生人神话的繁衍生命的意义，只不过是以象征的方式出现的。

桃是果类中早期人类经常用到的食物，与人类关系密切，再加上桃的繁殖能力很强，容易使人联想到人与万物的繁殖，并由此产生桃变万物与人类的神话。苗族《杨亚射日月》说，一棵大桃树上结了很大的桃子，熟透落下来，烂掉，桃水变成江河、大海，蛆虫变成龙、虎、马、牛、羊、猪、狗、鸡、鸭和飞鸟。桃生人神话后来多与女子圣人神话相结合，形成了女子吞食桃而生人的神话，从桃生人神话的影响也可反观采集经济时代桃的重要地位。白族神话说：一未婚女子砍柴时，吃下一颗桃子，怀孕生下1个男孩。这孩子后来成了小黄龙。② 这个神话又有异文：大理绿桃村一女子因食山水冲来的一颗绿桃而孕，生1男孩，后来男孩入水化为小黄龙，成为绿桃村本主。③ 食桃生人神话中的桃生殖观念在白族有很大影响，后世还产生了相应的传说：段思平母阿垣无男女，每日焚香告天求嗣，园中李树结实，夜半堕地而有声，往视之，李实破两半，生1女，收而育之，名曰阿垣。《南诏通记》云南普米族神话说：女子吃了红桃受了孕，生下小孩。④ 土家族神话说："卵玉娘娘"在河边吞吃了8颗桃子和一朵桃花而怀孕3年6个月，生下8男1女，世上才有人。⑤ 侗族神话说：女子不育，吃了仙安送的7颗桃，生7子，洪水后剩下张良张妹，在乌龟劝婚、滚磨、合香的烟等步骤后结婚，生肉蛇，剁碎成99姓。⑥

植物的叶片也应该是原始人类经常采集的对象，树叶枯荣交替的现象容易使人联想到生命的延续与更新，所以产生了树叶生人神话。德昂族有多种树叶

---

① 参见《中国各民族宗教与神话大词典》，学苑出版社1993年版，第591页。
② 参见《白族民间故事》，云南人民出版社1982年版，第104页。
③ 参见杨国才《浅论藏族本教和白族本主》，《西藏民族学院学报》1996年第1期。
④ 参见《兰坪白族普米族自治县民间文学选集》（内部发行）1988年版，第7页。
⑤ 参见杨昌鑫《土家族风俗志》，中央民族学院出版社1989年版，第10—12页。
⑥ 参见吴贻刚等讲《张良张妹》，湖南民委民族民间文学整理组编《民族民间文学资料》14集，《新晃侗族民间传说故事选》，1980年刻印本，第1—3页。

变人神话。一说为茶树叶变人：混沌初开时，智慧女神让狂风吹落茶树的叶子，茶树叶单数变成51个精明强干的小伙子，双数变成了51个美丽的姑娘，最小的一个叫亚楞的姑娘，和达楞留在大地上，他们开始繁衍人类。另一说为一般的树叶变人：很久以前，宇宙间只有田公和地母。一棵大树的树叶被风刮落了100片，树叶变成100个人。[1] 德昂族还有神话，说茶叶被风吹得在风中转了万年，化出50对男女。洪水后，结成50对，繁衍人类。[2] 又有神话说：花中长出女始祖姆六甲，姆六甲捏尿泥成人。[3] 又说：花中生女始祖神米洛甲，她用黄泥造人类。[4]壮族子孙为花王圣母姆六甲所生，岩洞是她的生殖器。[5]天地分开以后，荒漠长了杂草，草上开花，花里长出姆六甲（被看作生育神）。[6] 傣族又有荷花生成天地与人类的神话：天神混散撒下许多荷花种籽，生根开花。荷花变成天、地。混散造33个宝石蛋，孵化出8天神，8天神到大地上开创人类。他们中的4个天神变成了4个女人，与4个男天神匹配为偶，生下儿女。[7]

狩猎经济作为采集经济的辅助形式，也引起了相关神话的产生，如动物创世、火的发明等。动物创世包括动物生人、动物变人、动物化生等。

动物生人神话可能与早期人类观察到动物生育繁殖现象有关，人们由动物的繁殖推及人类的来历，就产生了动物生人神话。哈尼族《那突德取厄玛》说，神奇的祖先金鱼娘生出天和地，生出有、无、黄、红、绿、白、黑、花、生、死、大、小、半等。藏族《化世之龟》说，巨龟分为元素生、气温生、胎生和卵生四种，它们孕育时辰、昼夜。哈尼族《烟本霍本》说，大金鱼扇动鱼

---

[1] 参见李仁光、姚世清讲《百片树叶百个人》，《山茶》1985年第6期。
[2] 参见陈志鹏采录《祖先创世纪》，《中国民间故事集成·云南卷》，云南人民出版社2003年版，第106—112页。
[3] 参见蓝鸿恩整理《神弓宝剑》，《中国民间文艺》1985年第2期。
[4] 参见蓝鸿恩《壮族神话简论》，《三月三》1983年第1期。
[5] 参见覃圣敏主编《壮泰民族传统文化比较研究》，广西人民出版社2003年版，第1990页。
[6] 参见《中国各民族宗教与神话大词典》，学苑出版社1993年版，第784页。
[7] 同上书，第82页。

鳍，扇出了天和地。哈尼族神话又说：一条大鱼生万物和人。[1] 动物变人与图腾有关，能变人的动物多半是氏族部落的图腾。拉祜族神话说：猴子变成人，成为拉祜人的祖先。云南省碧江一区的老母登、普乐、知子乐三乡怒族分属六个家族，相传分别是由蜜蜂、猴子、熊、老鼠、蛇、鸟变来的。[2] 羌族神话说：开天辟地时，只有一种癞疙宝，学会吃熟食后变猴子，猴子慢慢变成人。门巴族也有类似的猴子变人的神话：很早以前，天上没有日月，地上没有人类。天上只住着猴子与天神。天神命猴子到地上建立人间社会。猴子来到地上，不久，天神又派了个神变成的母猴，它们成婚后生下许多小猴，小猴子长大后成婚又生出许多小猴，但都没有变成人。猴子问天神，怎么才能变成人，天神给了它一粒玉米、一粒谷子，对它说，老是在树上吃野果，怎么能变成人呢？意思是要它种植粮食。猴子照天神的话去做了，结果有了粮食。但是由于是生食，猴子还是没有变成人。后来天神又给了猴子火种，猴子们就有了熟食可吃。由于火种少，只有一部分猴子能吃到熟食。从那时候起，吃熟食的猴子慢慢变成了人，而吃生食的猴子却没有丝毫改变。[3] 此则神话不仅讲述了猴子变成人的过程，还解释了猴子变人的缘由，虽是神话式的解释，却也有几分符合进化论的道理。猴子变人的神话，也表现狩猎时代人们在长期与动物打交道的过程中所得出的朦朦胧胧接近客观真实的认识。

动物化生神话可能与人们肢解动物的肢体的生活有关，肢解动物肢体是为了进食，但在神话中却被说成了肢体的各个部分变成了人与万物。珞巴族《三个神牛》说，铁牛死后，毛变树木和百草，骨头变石头和山脉，血液变河流，内脏变动物和虫子。

---

[1] 参见史军超《哈尼族文化英雄论》，《民族文学研究》1998年第3期。
[2] 参见《怒族社会历史调查》，云南人民出版社1981年版，第103—114页。
[3] 参见姚宝瑄主编《中国各民族神话·门巴族等》，山西出版传媒集团·书海出版社2014年版，第4页。

三 综合释源时期

父系氏族社会至奴隶社会初期，包括新石器时期晚期与金石并用时期，单一的释源神话发展为综合性释源神话。综合释源创世神话的产生，与原始农业的发展密切相关。

公元前 5500 年至公元前 4000 年，中国父系氏族社会取代母系氏族社会。父系氏族社会代表性的文化遗存主要包括后期仰韶文化、黄河下游的大汶口文化、山东的龙山文化、长江中游的大溪文化和下游的良渚文化等。父系氏族社会的生产力得到了长足发展，农业生产形成规模；家畜饲养进一步发展；制陶技术提高；发明铜器制造；发明丝织品；手工业的普遍发展导致了社会分工的初步形成。父系氏族社会是农业与手工业发展的产物，在农业与手工业中，男子起着重要作用，因此社会中心偏向男子一方，父系社会成立。父系氏族社会进入了"栽培农作物与饲养牲畜"的纯农业经济形态。这即是典籍所载炎帝神农时期，即是原始农业初步成为主体经济时期。在神话中，炎帝神农即是原始农业的始创者。

> 《史记·五帝本纪》正义引晋·皇甫谧《帝王世纪》："神农氏，姜姓也，母曰任姒，有蟜氏女登为少典妃，游华阳，有神龙首感，生炎帝，人身牛首，长于姜水，有圣德，以火德王，故号炎帝。初都陈，又徙鲁。又曰魁隗氏，又曰连山氏，又曰列山氏。"
>
> 《宋书·符瑞志》："有神龙首感女登于常羊山，生炎帝神农。"
>
> 《古今图书集成》《皇极典》卷七《帝王部》引《史记补·三皇本纪》："炎帝神农氏，姜姓，母曰女登。有娲氏之女，为少典妃，感神龙而生炎帝。人身牛首，长于姜水，因以为姓，炎德王，故曰炎帝。以炎名官，始

教耕，故号神农氏。神农本起烈山，故左氏称列山氏之子曰柱，亦曰厉山氏。"

《册府元龟》卷一《帝王部》："炎帝神农氏，姜姓，母任巳，有蟜氏女，为少典妃，生帝以炎承木，故为炎帝。教民耕农，故天下号曰神农氏。"

以上典籍说明，炎帝即为神农氏，生于姜水。其母（任姒、任巳、女登）为少典妃，感龙生炎帝神农。当然，在古代文献中，也有将炎帝与神农当作不同的两个古帝王来看待的，如《礼记·月令》"孟夏之月……其帝炎帝，其神祝融"。只将炎帝与南方相联系，当作祝融之帝，似与神农无涉。西汉《淮南子·时则训》仍承接这种说法："南方之极，自北户孙之外，贯颛顼之国，南至委火炎风之野，赤帝、祝融所司者万二千里。"东汉高诱注则说："赤帝，炎帝，少典之子，号为神农，南方火德之帝也。"至此，炎帝与神农合二为一。炎帝与神农的分合关系，历来争论不休。笔者认为两种称呼实为一个部落联盟的首领不同时代的称谓，后人则将其并称，视为同一部落联盟首领的通称，于是有炎帝神农氏之说。炎帝神农氏是新石器时期经历了数十代繁衍的一个强大部落，其部落首领不同时代有不同的具体称号，如魁隗氏、连山氏、列山氏、烈山氏、厉山氏等，但又有其统一的称号，即炎帝神农。炎帝神农故里有多种说法，如陕西宝鸡、山西高平、河南柘城、湖北的随州、湖南会同县连山、湖南株洲炎陵县。这说明炎帝神农部落经历了由北到南的迁徙历程，涉及极为广大的区域，其迁徙所到之地也必然留下有关炎帝神农发祥地、生平及其活动区域的传说与信仰观念、历史遗迹。炎帝神农氏显著的成就是发明了农业，然则从炎帝到神农，实则包含了我国原始农业从山地刀耕火种到低平地区耜耕与犁耕的过程。炎帝时期的农业是山地刀耕火种。《左传·昭公二十九年》："有烈山氏之子曰柱，为稷，自夏以上祀之。周弃亦为稷，自商以来祀之。"《国语·鲁语（上）》："昔烈山氏之天下也，其子曰柱，能植百谷百蔬，夏之兴也，周弃继至，故祀以为稷。"烈山，即为放火烧山农田，柱是一种有尖头的木棒，用以在烧过的山田挖坑点种农作物——稷。烈山氏、柱、稷等名称都是与山地刀耕火种农业生产相关的称呼，足见其氏族部落的农业经济属性。烈山氏又称炎帝，炎为两火构成，也与刀耕火种有关。刀耕火种曾是炎帝部落十分盛行农业生产方式，以至于影响到部落首领人物的称谓。到神农氏时期，就进入了低平地耜耕农业阶段。清·马骕《绎史》卷四引《周书》："神农之时，天雨粟。神农遂耕而种之，做陶冶斧金，为耒耜锄耨，以垦草莽。然后五谷兴助，百果藏实。"《白虎通义》也说："古之人皆食禽兽肉。至于神农，人民众多，禽兽不足，于是神农因天之时，分地之利，制耒耜，教民农耕。"可见，神农之时，已经采用耒耕，粮食作物已发展到五谷，产量大幅增加，品种更为丰富。神农之时，已有水利灌溉。《后汉书·郡国志》刘昭注引《荆州记》："神农既育，九井自穿，汲一井则众井动。"其农耕已关涉水利，做到旱涝有收。农业生产是一种复杂的活动，要种植农作物，必须逐步选择无毒合适的植物并将其驯化使之宜耕种。所以《淮南子·修务训》说："神农尝百草芝滋味，一日而遇七十毒。"尝百草之说，反映了寻找作物品种的艰辛。晋·干宝《搜神记》明确说明尝百草目的在于寻找农作物："神农以赭鞭鞭百草，尽知其平毒寒温之性，臭味所主，以播百谷。"尝百草是为了寻找无毒无臭味的农作物，以至于顺带也发现了某些草药，所以神农又成为医药的发明者。农业生产离不开农具，于是又有耜耒与牛耕的发明。《史记·三皇本纪》说神农"人身牛首"，正是表现了对牛耕发明者的崇拜。此外，农业生还要掌握农时、气候、气象等。这些均非一时一地一人所能完成，需要数十代人不断积累不断发展，才能形成完整系统的农业生产方式。炎帝神农氏在漫长的历史发展过程中，创造并发展了中国的原始农业使其达到一个相当高的水平，炎帝神农也因此成为原始农业的一个象征性符号。农业生产需要考虑到多种多样的因素，诸如种子、田地、农具、生产环节、气候、季节、水利等，是一种综合性的经济活动。正是这种综合性的生产活动，培养了人们综合性思维能力。由于具备了综合思维的能力，炎帝神农氏时期的人们开始从综合性的层面来探寻世界起源问题，即往往将天地的起源与万物的起源相结合，或是将天地的起源与人类的起源相结合，或是将人类的起源与文化的发明相结合，总之，进入炎帝神农氏时期，人们已不可能单一地解释某种事物的起源了。

综合性释源神话，经常将天地的起源与人类的起源结合在一起解释。水族神话《牙巫造人》：牙巫造天，用手扒开天地，天倾斜摇晃，牙巫锻铜柱、炼铁柱，撑住天，天就稳固了。造完天地，又去造人。这是天地起源神话与人类起源神话的结合。牙巫用剪纸的方法来造人，剪好的人像被压在木箱里。本来要十天才能复活，牙巫性急，到第七天，就开启盖子，结果造出矮小、瘦弱、空胸脯的小人儿，今后不能劳动，必饿死。牙巫放出老虎吃掉这些人。这次造人，是采用婚配的方法。牙巫与风神成婚，生下十二枚仙蛋。结果孵出雷神、龙神、虎神、蛇、猴、牛、马、猪、狗、凤凰及人（原文脱落一物，只有十一物）。凤凰后来变成美女，与人结婚，繁衍人类。此则神话，既讲述天地起源，也讲述人类起源，并且将大神造天地、造人神话与婚配生人神话、人兽婚神话等多种原生态神话融合在一起，形成一个较为复杂的创世神话，充分显示了综合性释源神话的特点。[①] 另外，故事中用剪纸造人类的方法，显然为后世的说法；另有异文说牙巫掐树叶为人形造人，这恐怕是更为原始的情节，后来才为剪纸情节所代替。

化生神话，常常将天地甚至万物的起源与人类的起源作为一个整体加以解释，动物躯体或人体既化生天地万物，也化生人类。布朗族神话《顾米亚》说：没有天地之前，到处是一团团黑沉沉的漂浮的云雾。大神们要开天辟地、创造万物。神顾米亚发现了一只巨大的犀牛，剥下它的皮造天，挖下他的眼睛做星星。将犀牛肉做大地，犀牛骨做石头，犀牛血变成水，犀牛毛变成各种花草树木，把犀牛的脑浆变成人，把犀牛的骨髓变成各种鸟兽虫鱼。由于天空悬着，顾米亚又用犀牛的四条腿撑住天，天就稳固了；由于有九个月亮姊妹、十个太阳兄弟，地上的人们酷热难当，顾米亚又射掉了多余的太阳和月亮，从此

[①] 参见姚宝瑄主编《中国各民族神话·水族》，山西出版传媒集团·书海出版社2014年版，第11页。

大地又充满生机与快乐。① 这则神话包括了造人神话、化生神话、射日神话，化生神话为主体，均通过创世者顾米亚连接为一个整体。

神人创造神话，由于神人既造天地又造万物与人类，所以就形成了以神人为贯穿线的综合性释源神话。

将多种单一释源神话串联起来，也是综合性释源神话常见的形式。佤族神话《达惹嘎木造人的故事》：很古之时，人与草木鸟兽互通语言，和平相处。一天，人的首领达惹嘎木去赶街，路上遇见青蛙大王。青蛙大王请他带芭蕉。达惹嘎木在卖牛肉的地方分得一份芭蕉，自己舍不得吃，给了青蛙大王。青蛙大王告诉了达惹嘎木一个天大秘密，洪水要淹没天下了，要达惹嘎木准备木船好逃生。没过几天，洪水就爆发了，达惹嘎木来不及造船，就拉着唯一的家当一头小母牛上了自家的猪槽。他们随着洪水飘，也不知漂流了多久，洪水终于退下去了，天底下就剩下达惹嘎木与这头小母牛。巨人要求达惹嘎木繁衍人类，但是达惹嘎木找不到女子可以结婚。巨人哈哈笑着说，你和母牛结婚就可以繁衍人类啊。巨人说罢一溜烟就不见了。达惹嘎木心想，这巨人莫非是天神吧！于是就照着他的话做了，与小母牛结为夫妻。不知过了多少年，小母牛怀孕了，最终生下一颗拳头大的葫芦籽。达惹嘎木去问天神，天神叫他将葫芦籽种下。葫芦籽长出两根肥壮的葫芦藤，一根伸向北方，一根伸向南方。达惹嘎木顺着向北的藤蔓寻找，没有发现葫芦；他又顺着藤蔓向南方寻找，走到一个叫司岗里的地方，发现一个小山一样大的葫芦，里面有说话的声音。天神告诉他，用长刀将葫芦砍开，把里面的人和动物放出来。当他举起长刀向下砍时，听到有人喊，别砍，我在这里。他又举起刀另选地方砍，结果，每寻一个地方都有人喊。天神见他犹豫不决，就说，刀砍下去总要伤一些人和动物的。达惹嘎木用力砍下去，将葫芦劈成两半，从葫芦里出来很多人和动物。第一个出来的被取名岩佤，就是佤族；第二个出来的被称作尼文，也就是白族；第三个出来的取名叫三木傣，就是傣族；第四个出来的人取名叫赛克，即是汉族；第五

---

① 参见姚宝瑄主编《中国各民族神话·水族》，山西出版传媒集团·书海出版社 2014 年版，第 90—96 页。

个出来的取名为奥面,即是拉祜族。以后出来的就是其他民族了。动物也顺着出来,第一个是老虎,第二个是猫,第三个是老熊……达惹嘎木这一刀,也砍伤了人和动物,首先受伤的是人,人向前一倾,屁股上的尾巴被砍掉了。大象本来有一对美丽的角被砍掉了,再也长不起来。螃蟹的头被砍掉了,所以只有身子没有头。[①] 显见,这则神话由洪水神话、人兽婚神话、葫芦生人及万物神话串联而成。

云南彝族摩梭人神话说:在于木山石洞里,神鹰下一蛋,神猴吞下后,从肚脐眼里迸出,飞到崖壁上撞碎,蛋核变成一位姑娘,便是摩梭人的女始祖,名叫"儿姑咪",是地上唯一的人种。后来,她与虎、猫头鹰、鱼、蛇、树等相配,生育了许多孩子,这便是大地上的人类。

在多种方式的综合性思维推动下,中国早期单一释源创世神话像滚雪球一样不断发展,在典籍与口头留下了丰富多彩的过渡性创世神话,在迈进文明时代的门槛之时,终于发展为系统创世神话。

四 系统释源时期

在综合释源的基础上,中国创世神话逐渐进入系统释源时期。系统释源,即对整个世界及人类社会的起源做系统完整的解释。系统释源时期主要是指原始社会末期至整个奴隶社会时期,也是中国华夏族及其他民族与国家形成时期,在这一时期,中国创世神话系统形态基本形成,但是系统化的过程却永未结束,它一直伴随着民族发展的历史而长久延续,有的甚至延续至今。我国很多少数民族将系统形态的创世神话或史诗当作民族的历史、根古、百科全书,也说明创世神话体系化的形成与民族发展历史密切相关。

---

① 参见姚宝瑄主编《中国各民族神话》,山西出版传媒集团·书海出版社2014年版,第40—43页。

第二章 中国创世神话演变历程

中国创世神话系统形态的形成与民族、国家的形成相伴相随,这是因为系统形态的创世神话对于民族、国家的形成起着极为重要的作用。恩格斯指出:"住得日益稠密的居民对内和对外都不得不更紧密地团结起来。亲属部落的联盟到处都成为必要的了;不久各亲属部落的融合从而分开的各个部落领土融合为一个民族〔Volk〕的整个领土,也成为必要的了。"民族、国家的形成,是部落联盟中的各个部落的人群与领土进一步紧密融合的结果,而要促成这种融合,必须要形成共同的信仰认同体系,这个信仰认同体系包括对世界起源、人类及族群起源、文化发明等问题的系统性的完整解释,这就导致了系统创世神话的形成。

可以说,民族的形成是建立在共同的民族信仰认同基础上的,民族共同信仰的主体部分当然是始祖的起源,当然也连带包括关于世界起源与文化发明的内容。在系统释源时期,产生了不少民族始祖起源神话,这些神话与先前产生的世界起源神话、人类起源神话、文化发明神话相结合,形成了完整的创神话系统,可以说,民族始祖起源神话是系统创世神话的灵魂,也是系统创世神话的黏合剂。这一时期既产生了黄帝、炎帝起源神话,也产生了夏、商、周各族起源神话。

原始社会末期是氏族部落联盟之间进行兼并战争并逐渐形成民族与国家的时期,中国的神话反映了两场重要的兼并战争,先是炎帝神农部落联盟与黄帝部落联盟的战争,炎帝败北后,又有黄帝与蚩尤部落联盟之间的战争,蚩尤部落联盟败北后,迁徙南方,成为南方众多民族的祖先;炎帝神农氏则融入黄帝氏族部落,因此,炎帝与黄帝成为华夏族的前身,后来逐渐发展成为中华民族共同尊崇的祖先。因此必然产生有关炎帝、黄帝来历的释源神话,即帝王诞生神话。炎帝神农的诞生神话上文已有说明,为其母感龙而生,不赘述。黄帝诞生神话见《帝王世纪》:"(黄帝)母曰附宝,见大电光绕北斗枢星,照郊野,感附宝,孕二十五月,生黄帝于寿丘,长于姬水,因以为姓。日角龙颜,有圣德,受国于有熊,居轩辕之丘,故因以为名,又以为号。"黄帝诞生地为姬水,为其母附宝感电光所生。蚩尤虽然也属大的部落联盟,但由于战败后逃往南方，分化为众多民族，所以其诞生神话不见典籍所载，或者说由于其分化，无直系后裔，无人为其编造诞生神话。

从公元前21世纪夏朝建立开始，到公元前476年春秋时期结束，是中国的奴隶社会，也是民族、国家形成时期，分别形成了夏、商、周三个相对统一的王朝，因此分别产生了夏、商、周族祖先诞生神话。

夏朝由禹王的儿子启建立，是中国最早的奴隶制国家。公元前16世纪，夏王桀在位时，被商汤率兵灭亡。夏族的祖先可以追溯至颛顼，典籍多有关于鲧、禹为颛顼之后的记载，《墨子·尚贤中》云："伯鲧，帝之元子也。"《世本·帝系》云："颛顼五世而生鲧，鲧生高密，是为禹也。"《大戴礼记·帝系》云："颛顼产鲧，鲧产文命，是为禹。"《礼记·祭法》云："夏后氏亦禘黄帝而郊鲧，祖颛顼而宗禹。"《史记·夏本纪》云："禹之父曰鲧，鲧之父曰帝颛顼。"这些记载虽有出入之处，但却一致说明夏族的祖先为颛顼。因此，颛顼神话即为夏族始祖起源神话。颛顼母亲为女枢。清·马骕《绎史》卷七注引《诗纬含神雾》："瑶光如蜺，贯月正白，感女枢，生颛顼。"蜺，虹的一种。夏人祖先颛顼是其母女枢感虹所生。

商朝为公元前16世纪至公元前11世纪，是奴隶社会的发展时期。这一时期的农业、手工业较发达，青铜冶炼和铸造都达到了很高水平。商朝出现了甲骨文，有文字可考的历史从此开始。商纣王统治时，周武王兴兵伐纣，商亡。商族祖先神话最早见于《诗经·商颂·玄鸟》："天命玄鸟，降而生商。"更为详细的记载见于《史记·殷本纪》："殷契，母曰简狄，有娀氏之女，为帝喾次妃。三人行浴，见玄鸟堕其卵，简狄取吞之，因孕生契。"商族的祖先是契，为其母简狄吞食鸟卵感孕而生。

西周为公元前11世纪至公元前771年，是奴隶社会鼎盛时期。西周实施井田制与分封制，加强了统治，扩展了疆域。周厉王时，"国人暴动"，厉王逃跑，政权由周、召二公执掌。公元前771年，西周被犬戎灭亡。周族的祖先诞生神话最早见于《诗经·大雅·生民》："厥初生民，时维姜嫄。生民如何，克禋克祀，以弗无子。履帝武敏歆，攸介攸止。载震载夙，载生载育，时维后稷。"诗的意思是说：当初先民生下来，都是因为姜嫄。先民是怎样出生的呢？祭祀天神来祈祷，求得生育避免无子。踩上天帝拇趾印，神灵佑护一切吉利。十月怀胎胎儿动，生下孩子勤养育，那个孩子就是周后稷。《史记·周本纪》所记更为详细，但略有差异："周后稷，名弃。其母有邰氏女，曰姜原。姜原为帝喾元妃。姜原出野，见巨人迹，心忻然说，欲践之，践之而身动如孕者。居期而生子，以为不祥，弃之隘巷，马牛过者皆辟不践；徙置之林中，适会山林多人，迁之；而弃渠中冰上，飞鸟以其翼覆荐之。姜原以为神，遂收养长之。初欲弃之，因名曰弃。"周族祖先弃为其母姜原履"践大人迹"感神所生。弃出生后被三弃三收，终成正果。大人迹，当为熊之脚迹，因为周族属于黄帝后裔，黄帝称有熊氏，以熊为图腾，周人也应是以熊为图腾。这是一则典型的图腾感生神话，所感之物为熊，说明其图腾为熊。

从原始社会末期到奴隶社会，形成了编造始祖起源神话的传统，这种传统一直影响着中国封建社会。在封建社会，编造始祖起源神话的传统被改造为编造开国皇帝神圣诞生神话的新传统，代代传承，直至封建王朝的最后一个朝代清朝仍有延续。始祖起源神话、开国皇帝诞生神话都起到了维护民族认同、国家认同的作用。

我国少数民族的民族祖先诞生神话呈现出丰富多彩的状况，但是最常见的是洪水遗民神话，洪水过后，剩下兄妹二人，二人成亲繁衍出民族的祖先。彝族创世神话《梅葛》说：洪水过后，世上没有了人烟，天神让兄妹二人成亲，可妹妹怎么也不答应。后来"属狗那一天，哥哥河头洗身子，属猪那一天，妹妹河尾捧水吃，吃水来怀孕"。一月吃一次，吃了九个月才怀孕，却生下个怪葫芦，妹妹心中害怕，就将葫芦丢进河里。后来，天神请兔子、老鹰和虾子捞出葫芦，天神打开葫芦，从中走出汉、傣、彝、傈僳、苗、藏、白、回等九个民族。神话所说哥哥在河头洗身子，妹妹在河尾捧水吃，实际上是对兄妹成婚交合的事实的象征性描写。彝族另一部成体系的创世神话《查姆》讲述了成熟的人种横眼睛祖先在洪水之后的诞生：洪水泛滥之后，只有躲在葫芦里的阿卜独姆兄妹得以逃生。群神让兄妹二人成婚繁衍人类，兄妹二人不肯，神王的次子涅侬撒萨歇示之于神启，兄妹二人通过磨盘、滚筛子簸箕、河水里引线穿针等仪式加以验证，方始成婚。婚后生了三十六个小娃娃："十八棵青杠树，十八朵马樱花，两眼横着生，都是小哑巴。"这就是第三代人，横眼睛人。青杠树指男孩，马樱花指女孩。横眼睛人生下来不会说话，兄妹二人在神王的指点下，烧竹子爆裂来治疗哑巴，爆竹的火星溅到哑巴身上，他们都被烫得叫了起来：叫"啊子子"（彝语）的后来成了彝家；叫"阿喳喳"（哈尼语）的后来成了哈尼；叫"阿呀呀"（汉语）的后来成了汉家。"从此各人成一族，三十六族分天下；三十六族常来往，和睦相处是一家。"成熟的成体系的创世神话一般都包括洪水遗民神话，因为洪水遗民神话的核心情节是民族始祖的诞生。

始祖起源神话是系统创世神话的核心内容，这类神话在实际传承过程中，往往要与世界起源、人类起源、文化起源等内容结合起来，构成一个完整的创世神话体系，成为民族认同、国家认同的信仰体系或民族的百科全书，即成体系的创世神话。在祭祖、节日庆典及各种礼仪活动中，讲述或展演体系创世神话，成为维系民族认同、国家认同的重要方式。如苗族将苗族古歌当作民族的根古，即苗族的历史，多在祭祖、节日等活动中吟唱。《黑暗传》是流传在以神农架为中心的鄂西南和鄂西北地区的创世史诗，史诗主要由"先天""后天""泡天"和"治世"四个部分组成："先天"以黑暗、混沌、玄黄三位始祖的更替为主线，讲述世界逐渐形成的情景；"后天"以盘古故事为主线，讲述天地形成、日月升空、光明现世的过程；"泡天"以洪水故事为主，讲述了人类再次起源的经历；《治世》则以三皇五帝故事为主，讲述早期文明的创造历程。《黑暗传》是以三皇五帝历史为核心的成系统的创世神话，主要用于祭祖。老人去世后，灵柩停在家中，亲友乡邻要为亡人守灵。孝家要请歌师"打丧鼓""唱夜歌子""打夜锣鼓"。歌师时而坐着吟唱，时而绕灵柩转唱，或者边唱边跳，常常通宵达旦，有时甚至会唱上几夜，往往一两个歌师不能够胜任，要邀请几个演唱班子参加，彼此采用盘问对答的方式演唱。《黑暗传》被称为孝歌、丧鼓歌，实则是通过演唱创世历史来祭奠亡人的祭祀歌。彝族系统型创世神话《梅葛》，没有文字记载，全靠口耳相传得以传承。每逢农历二月初八、六月二十四等民族节日或婚丧嫁娶、起房盖屋等活动，彝族民众都要在三弦、葫芦笙的伴奏下，唱诵《梅葛》，跳彝族歌舞，通宵达旦。传唱《梅葛》起到了维系民族认同、弘扬古老社会传统的作用。

壮族创世史诗《布洛陀》讲述壮族创世始祖布洛陀故事，在壮语中，"布"是对有崇高威望的老人的尊称，"洛"是知道、知晓的意思，"陀"是指很会创造、很多创造的意思，合起来指受人尊崇、知识丰富、善于创造的老人。《布洛陀》一般在布洛陀诞辰日诵唱。田阳、田林、田东、平果、凌云、靖西、德保、巴马等地壮族以每年农历二月十九为布洛陀生日，当地民众从这一天开始到农历三月初九，都会自发前往广西田阳县敢壮山举行祭祀活动，祭祀仪式由麽公主持，祭祀中要诵唱《布洛陀》。祭祀完毕，众人沿着小路上山，一路燃香至祖公庙前，许愿还愿。然后三三两两散布到山坡草地，对唱山歌，常常通宵达旦。此种活动场域，被称为歌圩。据史料记载，田阳敢壮山歌圩形成于隋唐之前。文山州境内壮族民众年年都举行祭祀布洛陀仪式。各村寨祭祀的时间不尽相同，但都有共同的主旨：即祈求风调雨顺、稻谷丰收、人丁兴旺、村寨平安。马关、西畴、富宁等地的壮族有传承《布洛陀经书》的习俗，即口授心记、口耳相传。马关县仁和镇阿峨新寨，每年五月的最后一天，都要祭祀"布洛陀"，诵《布洛陀经书》。该寨东南面有座山名被称为"布洛陀"，山上有四棵古栗树，其中一棵栗树被称为"美洛陀"，即"布洛陀神树"，当地村民每年都要到山上举行祭祀神树的活动。

正是在民族认同、国家认同需求的推动下，中国创世神话逐渐发展为体系神话，这一发展过程基本上是在原始社会末期至奴隶社会时期完成的；但是由于创世史诗构建的祖先系统，提供了民族乃至国家的认同依据，对于维护国家的统一起到了至关重要的作用，所以整个封建社会时期，已经基本定型的创世神话体系始终没有停止传承与发展，不断发展变化是中国创世神话的一个重要特征。

第三章　中国创世神话演变内在动因

中国创世神话的形成与发展,是由多种原因所决定的,既有表层原因;也有深层原因;表层原因包括社会历史的变迁,生产方式的变化,进入文明时代后人们认识水平、综合能力、概括能力的提高等;深层的原因则主要在于人类普遍存在的多种深层心理结构,即多种二元对立结构,正是这些深层心理结构促成了原生态创世神话向系统创世神话的发展。可以说,原始先民的多种深层心理结构是中国创世神话由原生态向再生态发展的内驱力。

列维-斯特劳斯将深藏于神话中的人类深层结构的核心部分概括为"二元对立"的基本结构模式,"如人有生命,却不得不走向死亡,人是大自然的一部分,又是异于自然的文化产物,人们要追溯自己所崇拜的祖先,结果却发现自己是始祖乱伦的后裔,等等,神话针对这些问题,提出理性的调解,它的基本功能在于化解这些永恒对立的矛盾,超越由此造成的精神困惑和焦虑,恢复心理的平衡"。[①] 用列维-斯特劳斯二元对立结构主义方法来分析中国原生态与再生态创世神话中深藏的二元对立结构,就可以深入揭示中国创世神话的形成以及由原生态向再生态发展的深层原因。中国原生态与再生态创世神话的深层结构主要有:人与自然二元对立结构;生与死二元对立结构;乱伦与禁忌二元对立结构;阴与阳二元对立结构。

[①] 叶舒宪编:《结构主义神话学》,陕西师范大学出版社 1988 年版,第 127—243 页。

一 人与自然二元对立结构

人与自然的矛盾,始终是创世神话产生的原因之一。在人类社会早期,人与自然的矛盾尤为突出。一方面,人类要依赖自然,如以洞穴为住所,以石头为工具,在采集经济时代主要以植物的叶、茎、实、根块等为食,在狩猎经济时代,则要以飞禽走兽为食;另一方面,大自然又给人们带来种种灾难,如大洪水对人类的灭绝,毒蛇猛兽的侵袭等,这又造成了人类对自然的恐惧。依赖与恐惧就导致了人类与自然二元对立心理结构的形成。在这种二元对立结构中,人类与自然既是相互依赖的,又是相互对立的。在人与自然的对立关系中,人类总是试图占据主导地位,摆脱自然的束缚,这样,就产生人类试图征服与支配自然的愿望,而这种愿望的实行对于生产力水平低下的原始人类来说只能是一种想象,将想象具体化,就构成了神话。正如马克思所说:"任何神话都是用想象和借助想象以征服自然力、支配自然力,把自然力加以形象化。"[①] 因此,人与自然的矛盾对立以及对这种矛盾对立的化解,即征服支配自然的想象,就成为创世神话产生的动因之一。

自然形成型神话大多包含了人与自然的相互对立、相互依存的关系。如竹生人神话,竹子需要剖开才能生人,这就构了竹与人的二元对立结构;蛋生人神话中,蛋要经过孵化才能生人,孵化者往往是人,这就构成了蛋与人的二元对立结构。此外葫芦生人神话、树生人神话等都包含了这样二元对立结构。我们可将几类神话所蕴含的深层结构排列如下:

---

① [德]马克思:《〈政治经济学批判〉导言》,《马克思恩格斯选集》第2卷,人民出版社2012年版,第711页。

竹与人

蛋与人

葫芦与人

树与人

上述神话，一方面表现了人们对竹、蛋、葫芦、树等自然物的生育力的虔诚崇拜，所以这些自然物成为生人的主导方面，但是，人们在羡慕并崇拜自然的生育伟力的同时，又希望能掌控这种能力，甚至将这种能力据为己有，所以在神话中又安排了人的出现，这就构成了人与自然的对立。这种对立最终要达到一种和谐的统一，那就是通过人的行为，剖开竹、葫芦、树或孵化蛋，从而最终导致自然物生人。另一方面在原生态创世神话中，自然形成型创世神话的产生应早于其他类型，这类神话大约产生于旧石器时期晚期，相当于母系氏族社会初期。据学者们对一些原始民族的考察分析，这一时期的生产力水平还十分低下。当时的人们不知道建造房屋，以巢穴为居所，不会耕种，不懂畜牧，不会织布缝衣，不会制陶，也不会冶炼，只会使用石块、兽骨和木头制作简单的工具，以采集和狩猎为生。总之，这一时期的人们对自然的依赖很重，支配自然的能力很弱。所以在自然形成型神话所包含的人与自然二元对立结构中，自然占据主导地位。

随着社会的发展，人们征服自然能力的逐渐增强，创世神话中的创世主体逐渐由自然让位于人，出现了制造型、感生型等创世神话。在这些创世神话中，仍然存在人与自然二元对立结构，但其中的人已经成为创世的主体，而自然却降到了从属的地位。如在制造型创世神话中，二元对立的一方为创世的主体——人，另一方为创世的材料——自然物，两者构成对立关系，而人通过使用这些材料来创世，就实行了对立关系的化解。比如感生神话的结构由感生的主体——女子与感生的对象——自然物所组成，其中感生的对象虽然不可或缺，但也仅仅只是致孕的因素，怀孕生子必须通过女子来完成。可见，在感生神话中的人与自然二元对立结构中，人占据了主导的地位。

从自然创世到人神或人祖创世的演变,反映了创世神话中人与自然二元对立结构关系的调整,同时透过这种演变,也可见人与自然二元对立心理结构是如何推动了创世神话的发展。

二　生与死二元对立结构

远古文化遗存显示,生与死,是早期人类十分关注的生命现象。人类从一开始就十分重视生命的诞生与长存,我国史前文化遗址出土的器物,多有表现生殖崇拜的主题,如西安半坡遗址彩陶上的蛙纹、鱼纹,表现了对蛙与鱼的旺盛繁殖力的崇拜;红山文化遗址出土的腹部隆起的女神,则表现了对女性生殖器官的崇拜;山水之间的石穴、石峰,则往往是女阴与男根的象征,表现出人们对于生命诞生繁衍的礼赞。同时,从早期人类遗留下的各种墓葬遗迹可见,人类早已认识到死亡的存在并对之产生了极度的恐惧。如远古葬穴遗迹所显示的屈肢葬,将尸体安放成胎儿屈体的模样,就表现希望死者胎儿般重生的意愿;又如山顶洞人的丧葬遗迹显示,死者身上撒有红色矿粉,有专家考证,这包含了希望死者重新获得红色的血液以重生的意义。这些为死者准备重新诞生的葬式,都表现出了人们对失去生命的惧怕与忧患。德国哲学人类学家恩斯特·卡西尔指出:"对死亡的恐惧无疑是最普遍最根深蒂固的人类本能之一。"[①]

在早期人类的心灵中,生与死形成了激烈的矛盾冲突,这种矛盾冲突导致了不死信仰的产生,因为只有不死,才能化解这种矛盾所激起的心中的焦虑。中国有多种不死神话表现出了不死信仰。

不死民在其东,其为人黑色,寿,不死。(《山海经·海外南经》)

[①] [德]恩斯特·卡西尔:《人论》,甘阳译,上海世纪出版集团译文出版社2003年版,第136页。

> 有人焉，三面，是颛顼之子，三面一臂，三面之人不死。(《山海经·大荒西经》)
>
> 有不死国，阿姓，甘木是食。(《山海经·海内经》)
>
> 流沙之东，黑水之间，有山，名不死山。(《山海经·海内经》)
>
> 开明北有……不死树。(《山海经·海外南经》)
>
> 寿木……食其食者不死。(《吕氏春秋·本味》高诱注)
>
> (昆仑虚)上有木禾，其修五寻。珠树、玉树、琁树、不死树，在其西。(《淮南子·墬形训》)
>
> 有员丘山，上有不死树，食之乃寿；亦有赤泉，饮之不老。(晋·张华《博物志》卷八)
>
> 南方有不死之草。(《淮南子·地形训》)
>
> 开明东有巫彭、巫抵、巫阳、巫履、巫凡、巫相，夹窫窳之尸，皆操不死之药以距之。(《山海经·海外南经》)

上列不死民、不死人、不死国、不死山、不死树、不死草、不死药等神话，反映了先民对不死的愿望与追求，实际上是先民为解脱死亡的恐惧所做的想象。正是借助于这些神话中的想象，先民的灵魂得到了极大的安慰。与不死相关联的是长寿，即使不能够不死，能够做到长寿也能给人极大的安慰，长寿是先民排解死亡忧患的退而求其次的追求。不少神话反映了先民对长寿的追求。

> 有轩辕之国。江山之南栖为吉，不寿者乃岁。(《山海经·大荒西经》)
>
> 龙伯国人长三十丈，生万八千岁而死。(《博物志·异人》引《河图玉版》)
>
> 有乘黄，其状如狐，其背上有角，乘之寿二千岁。(《山海经·海外西经》)
>
> 有文马，缟身朱鬣，目若黄金，名曰吉量，乘之寿千岁。(《山海经·海内北经》)

长寿与不死神话都是先民借助于想象以对于死亡的否定。恩斯特·卡西尔

第三章 中国创世神话演变内在动因

说:"在某种意义上,整个神话可以被解释为就是对死亡现象的坚定而顽强的否定。"① 但是现实生活中的死亡是经常发生的,为了回避死亡现象,驱散死亡在人们心灵中布下的阴霾,先民又创造了死而复生的神话。死而复生在神话中有多种表现形式:

其一,周期复生。死者经过一段时间自然复生。

其人穴居,食土,无男女,死即埋之,其心不朽,死百廿岁乃复更生。(《山海经·海外北经》"无臂国"条郭璞注)

无继民,穴居食土,无夫妇,死则埋之,心不朽,百年复生。(《太平御览》卷七九七引《外国图》)

无启民,穴居,食土,无男妇,死埋之,其心不朽,百年还化为人。(《博物志》卷二)

有鱼偏枯,名曰鱼妇。颛顼死即复苏。风道北来,天及大水泉,蛇乃化鱼,是为鱼妇。颛顼死即复苏。(《山海经·大荒西经》)

这类神话产生于先民对于自然界事物周期现象的观察:一些动物每年由冬眠转入复苏,谷物与植物一岁一枯荣,太阳傍晚从西边落下,清晨有从东方升起,等等。先民们用自然界事物的周期现象来看待人的死亡,以为人的死亡只不过是暂时现象,经过一段时间,就会自然复生。《山海经·南山经》记载:"又东三百里柢山,多水,无草木。有鱼焉,其状如牛,陵居,蛇尾有翼,其羽在魼下,其音如留牛,其名曰鲑,冬死而复生,食之无肿疾。"所记鲑鱼冬死而夏生神话,反映了动物冬眠的习性。具有相似律思维习惯的原始初民,便会据此得出他们的推想:人的死亡只不过是进入了一种类似于冬眠的静止状态,但这也只是人的肢体处于静止的死亡状态,心脏仍在跳动,仍处于鲜活的状态,度过周期性的死亡状态之后,人就会复活。

其二,药物复生。死者经过药物的救治而获得再生。

---

① [德]恩斯特·卡西尔:《人论》,甘阳译,上海世纪出版集团译文出版社2003年版,第132页。

祖州近在东海之中，地方五百里，服从于西岸七万里，上有不死之草，形如菰苗，长三四尺。人死已三日者，以草覆之，皆当时活也。（《十州记》）

蒙双民，昔高阳氏有同产而为夫妇，帝放之此野，相抱而死。神鸟以不死草覆之，七年男妇皆活，同颈、二头、四手，是蒙双民。（《博物志》卷二）

人们在死者身上使用药物以使再生，或者是让死者的身体接触药物，或者是让死者吞食药物，让药力对死者发挥作用，让死者再生。神话所表现的使用药物使死者复苏方式可以追溯到山顶洞人在死者身上撒红色矿粉的行为。

其三，变形复生。死者通过变化生命形式而获得复生。

后稷作稼穑，死而为稷。（《淮南子·汜论训》）

后稷垄在建木西，其人死而复苏，其半鱼在其间。（《淮南子·地形训》）

有宋山者，有赤蛇，名育蛇。有木生山上，名曰枫木。枫木，蚩尤所弃其桎梏，是为枫木。（《山海经·大荒南经》）

后稷死而变为稷神，即百谷之神，其形为半人半鱼。蚩尤死，其桎梏变为枫树，桎梏为蚩尤所戴之物，在此代表蚩尤，其化为枫树，犹言蚩尤化为枫树。在这类神话，一种生命形式通过死亡而转化为另一种生命形式，死亡本身并不是生命的终结，而只是生命形式转换的代名词。由此，死亡变得不再可怕，先民于是彻底摆脱了死亡的恐惧，或者说，在先民思想中，死亡已经不复存在。恩斯特·卡西尔指出：在处于神话时代先民那里，"仍然可以发现同样的原则——生命的一体性和不间断性的统一性的原则。这个原则不仅适用于同时性秩序，而且也适用于连续性秩序。一代代的人形成了一个独一无二的不间断的链条。上一阶段的生命被新生生命所保存。祖先的灵魂返老还童似地又显现在新生婴儿身上。现在、过去、将来彼此混成一团而没有任何明确的分界

第三章 中国创世神话演变内在动因

线；在各代人之间的界限变得不确定了"。[①] 死亡，对于原始先民而言，只是生命形式转换的一个环节。在先民看来，生与死只是生命的循环，并不存在生命的终结。

上述不死信仰神话、长寿信仰神话、死而复生信仰神话，都是对死亡加以否定的神话。这类神话都潜含了生与死的矛盾冲突，因为正是由于对生的追求和对死的恐惧，才导致了先民对于死亡的否定，认为人可以不死，可以长寿，或者可以死而复生。这类神话中的生与死二元对立结构，略去了对立的二元，即生与死，只出现了化解二元矛盾的中介，即不死，但是通过这个中介，却不难发现潜存于神话中的生与死的矛盾冲突的双方。

生与死二元对立结构在天地制造母题与垂死化生母题相结合的神话中有完整的体现。这类神话一般包含两个主要部分，一部分讲述天地的初步形成或生命的诞生，即创世部分；另一部分则讲述人神或兽类死亡，身体化生天地万物，即垂死化生部分。前一部分表现了对生命诞生的崇拜，后一部分则表现了对死亡的恐惧以及对这种恐惧的幻想式的解脱。生命诞生崇拜与死亡恐惧形成矛盾对立关系，而死亡之躯最终化生为天地万物，则是对生死矛盾的化解。如盘古神话：

> 天地混沌如鸡子，盘古生其中，万八千岁，天地开辟，阳清为天，阴浊为地。盘古在其中，一日九变，神于天，圣于地，天日高一丈，地日厚一丈，盘古日长一丈，如此万八千岁。天数极高，地数极深，盘古极长。后乃有三皇。（《艺文类聚》卷一引徐整《三五历纪》）
>
> 首生盘古，垂死化身：气为风云，声为雷霆，左眼为日，右眼为月，四肢五体为四极五岳，血液为江河，筋脉为地理，肌肉为田土，发髭为星辰，皮毛为草木，齿骨为金石，精髓为珠玉，流汗为雨泽，身之诸虫，因风所感，化为黎甿。（《绎史》卷一引徐整《五运历年纪》）

[①] ［德］恩斯特·卡西尔：《人论》，甘阳译，上海世纪出版集团译文出版社2003年版，第130—131页。

两则盘古神话，虽然出自不同典籍记载，但仍可当成一个整体文本。但是很明显，两则记载又有相对的完整性与独立性。前一则神话讲述盘古与天地的诞生，后一则神话讲述盘古垂死化生。这说明，后者是在前者的基础上发展而来的。两者分记在不同的典籍，也说明它们是可以单独成篇的。前人将两则神话的内容分为两个母题，宇宙卵母题与垂死化生母题，认为盘古神话是两种母题结合而成。这种见解也可证明神话两部分的相对独立性。事实上，两个相对独立的部分分别包含了生与死二元对立结构的一元。宇宙卵部分，包含了诞生一元。这一部分讲述天地、盘古的逐渐形成过程，天与地每天长一丈，盘古也长一丈，经过万八千岁，天地形成，盘古也长成天地间的巨人，由于经历了万八千岁的演化，"天去地九万里"。天地形成过程中，盘古发挥了重要作用，他与天地同长的过程，实际上是起到了撑开天地的作用。所以自古有盘古开天地的说法。我国南方许多少数民族都有大神（多是指盘古）用身子撑开天地的神话，这类神话可以看作对盘古创世的具体描绘，从中可见盘古开天辟地的伟大功绩和巨大神力。盘古开天辟地神话表现了对生命诞生力、创造力的崇敬与赞美。

垂死化生部分则表现了与诞生相反的死亡主题。先民在幻想盘古的诞生及其创世神功的同时，不可避免地要联系到现实生活中常见的生命死亡现象，盘古诞生万八千岁后也必然要走向死亡。盘古的"首生"与"垂死"构成了尖锐的矛盾。人们无法改变现实生活中的死亡现象，但又要排解死亡带来的恐惧，便只有借助于对现实中生命形式变化的现象来解释死亡，如卵孵化成鸟，蛇蜕皮而新生，虫化为蛾，蝌蚪变为蛙、籽产出鱼，种子与植物的循环变化，等等，先民于是将死亡解释成生命形式的变化。由此，盘古的死亡，便被说成身体化生为其他事物。盘古化生就成为消除生与死冲突的途径。盘古是创世大神，他的化生与一般生命形式的化生不同，不是一种生命形式简单地化为另一种生命形式，而是化为他所开创的天地之间的尚需创造的各类基本事物，从而使天地基本形态趋于完善。这样，盘古的化生就和他的开天辟地形成了紧密的

第三章 中国创世神话演变内在动因

联系。盘古神话,反映了先民变形转生的生死观,表现了先民对于生命恒久的追求。从中,我们还可以领悟到人的巨大创造伟力和献身精神,而这恰恰是构成中华民族精神脊梁的重要方面。

在我国一些少数民族的创世神话中,生命形式的转换是连续进行的,每一次转换都是一次生命的更新,从中可见先民的生死观,生命没有死亡,只有连续不断的转换,生命是周而复始、生生不息、永无止境的。如彝族史诗《查姆》讲述了人类由独眼睛到直眼睛再到横眼睛的形体转换过程。第一代人为独眼睛时代。天地开辟之后,龙王的女儿女赛依列派儿依得罗娃女神造出人类的第一代祖先,称为"拉爹",只有一只眼睛生在脑门上,故称为"独眼睛时代"。"独眼睛这代人啊,猴子和人分不清。猴子生儿子,也是独眼睛。"他们"不会说话,不会种田"。他们所处的时代,"人吃野兽,野兽也吃人,有时还会人吃人",他们"像野兽一样过光阴","以老林做房屋","岩洞做房子","石头做工具","树叶做被盖","树叶做衣裳"。用草根、树皮、野菜来充饥,酸甜苦辣渐能分,并会"拿草结疙瘩"做记号以记事。不知过了多少代,独眼睛这代人,用石头敲硬果,溅起火星星;火星落在树叶上,野火引燃山林,从此他们懂得了用火御寒,用火烧东西吃。但这代人不明事理,懒惰成性:"年头年尾认不得,道理也不讲,高低也不分,长幼也不分","播种收割他不管,庄稼杂草遍地生","月亮太阳他不要,星宿他不要,风雨他不要,一个头领也不要……"众神决定换一代人。众神之王涅依稞佐颇扮成"讨饭人"寻找到一位"做活人"作为人种,然后制造了大旱,把"天上的水门关了","三年不洒一滴甘霖",把独眼睛这代人全晒死了,只留下一位学会劳动的"做活人"躲在葫芦里得以幸免。第二代人为直眼睛时代。众神之工涅依稞佐颇派罗塔纪姑娘用水给"做活人"洗净全身,独眼睛变成了直眼睛。然后仙姑娘撒赛歇与"做活人"结为夫妻。后得到罗纪塔姑娘的水和种子,他们开始栽培庄稼。不久生下一个肉口袋,天神的长子涅侬萨若埃把这口袋剪成三节,口袋里跳出一窝小蚂蚱:上节四十个,中节四十个,下节四十个,蚂蚱跳三跳,变成了一百二十个胖娃娃,他们都有两只眼睛,是直着长的,就是独眼"拉爹"的后代直眼人"拉拖"。世上只有这些"拉拖",六十对兄妹自相婚配。上节口袋生的配成二十家,去到高山种桑麻;中节口袋生的配成二十家,去到坝子种谷种瓜;下节口袋生的配成二十家,去到河边打鱼捞虾。从此人烟繁盛,直眼人越来越多。过了九千七百年,世上人多得住不下,经常吵嘴打架,不管亲友和爹妈。群神认为,"树多不砍嘛,看不见青天;草多不割嘛,看不见道路;不讲道理的人不换嘛,看不见善良和纯朴"。天神又决定换掉这代人,发现阿卜独姆(即阿普笃慕)心地善良,天神决定只留下他和他妹妹传后代。天神发起洪水,"雨点鸡蛋大,雨柱像竹竿,下了七天七夜,大地茫茫被水淹……天连水,水连天,葫芦飘到天上边,直眼人全都淹死了"。第三代是横眼睛时代。洪水滔天后,阿卜独姆兄妹躲在葫芦里得以幸免,群神想让他们成婚再育人烟。起初兄妹二人不肯,后在神王的次子涅侬撒萨歇的启下,通过滚魔盘、滚筛子簸箕、河水里引线穿针等方法来"验证"天意,兄妹终于结为夫妻。后生了三十六个小娃娃:"十八棵青杠树,十八朵马樱花,两眼横着生,都是小哑巴。"这就是直眼人"拉拖"的后代横眼人"拉文"。横眼人不会说话。神王又指点他们的父母砍竹子烧炸,以竹筒爆裂时发出的声响治疗聋哑。火塘里竹子烧得叭叭响,火星飞溅上小哑巴,他们都被烫得叫了起来:叫"啊子子"(彝语)的后来成了彝家;叫"阿喳喳"(哈尼语)的后来成了哈尼;叫"阿呀呀"(汉语)的后来成了汉家。"从此各人成一族,三十六族分天下;三十六族常来往,和睦相处是一家。"长诗接下来讲"横眼人"逐步学会了栽桑种麻、绩麻织布,用麻布做衣裳穿;种棉、织布,又换上了布衣裳;养蚕、抽丝、织绸缎,又穿上绸缎衣裳。他们又炼出金、银、铜、铁、锡,并用来打造首饰、锄头、镰刀和其他用具。后来,他们又创造了文字,发明了纸和笔,并发明了医药,人们好不容易找到长生不老药,可惜被太阳和月亮借走了,人类丢了长生不老药,"所以人就会老,所以人就会死"。神话反映了彝族先民朴素的唯物观和辩证思想;用神话幻想的方式展现了人类由低级向高级、从野蛮到文明的发展历程。从深层意义来看,神话在反映彝族先民人类进化观的同时,也反映了彝族先民面对死亡而产生的忧患意识以及对生命代代传承、生生不息的追求。神话说人类原来有长生不老药，后来失去了，人就会死去。这表现了彝族先民对长生的追求和对死亡的正视与恐惧。神话讲述的独眼人变为直眼人再变为横眼人的形态变化，则表现了彝族先民对于死亡的理解以及生死矛盾的化解，死亡就是生命形式的转换，而且每一次转换都会使生命进入更为高级的形式。彝族先民的生命转换观与进化观紧密联系，形成了一个统一体。[①]

哈尼族神话《神和人的谱系》讲述了十三代人与神的传承演变，反映人与自然相混同、转换的观念。远古时代，只有天神俄玛一人，她是人的第一代祖先。她生下玛窝，为人类第二代祖先。玛窝是世上第一个男人，他走路不用脚，而是用背。玛窝生下第三代祖先窝觉。他是第一个搬到大地上居住的人。他生下第四代祖先觉涅。觉涅生得鬼头鬼脸，遍体长毛。觉涅生下第五代祖先涅直，这一代人又当了首领。以上五代祖先的身体像云雾一样轻，他们不会活动，只是在天地间随风飘荡。实际上神话所述五代祖先还处于与自然相混同的状态，他们既有人特征，也有动物、自然物的特征。如用背走路，就有爬行动物特征，如浑身长毛，有猴子的特征，至于他们的身体像云雾一样随风飘荡，则表现出自然物云气的特征。这些叙述反映了先民尚无法将人类与自然区分开来的思维特征。人与自然浑然一体呈现出一种永恒的生命状况。第六祖先为直乌，这是能够活动的一代人。第七代祖先是乌突，能够蹲着走路。第八代祖先为突玛，能直着身子走路，命很大，可九死九生。"九死九生"的说法反映了哈尼族先民生命信仰：人死可以复生。第八代人虽然命长，但脑子不开窍。他们不懂人世间的很多事情，总是通过天上垂下来的一根绳子爬上天，去问天神。问多了，天神就不耐烦了，就将天绳收了回去，从此天地就隔绝不通了。第九代为玛约，住在岩洞里。第十代为约涅，第十一代为涅本，这两代人比前代人脑子好用多了。涅本耳朵能听，眼睛能见。这两代人仍然成群地生活，孩子不知父母。第十二代人为诗米乌，能认出母亲。从这一代人开始，人、鬼、神开始分离了，第十三代人为乌突里，从此人们不再成群生活在一起，而是成

[①] 参见郭思久、陶学良整理《查姆》，云南人民出版社2009年版，第16—79页。

双成对地生活。这则神话更为细致地表现了生命由低级向高级形式发展的历程,反映了先民不断进化、不断延伸的生命观。① 先民可能观察到生命形式的差异现象:比如动物与人的差异,人的童年与成人的差异,于是推想出人类生命由低级向高级阶段的发展过程,并以这种发展来解释人类一代一代的死亡,死亡只是出于进化的需要,死亡不是生命的终结,而是新陈代谢的需要。死亡在这里又被永生所代替。

苗族古歌中的《枫树歌》则讲述了由植物到动物再到人类的生命转换历程。神话说,首先是枫木生出了蝴蝶妈妈:"世间万物多,来源是一个。要晓得清楚,来唱枫木歌。枫木生榜留,才有你和我。要晓得典故,来唱枫木歌。回头看太初,悠悠最远古,砍倒枫木树,树心生妹留,树梢生鸰鸪,树苑变成鼓,树叶变燕子,树根变泥鳅。"被砍倒的枫木,意即枫木的死亡。死亡的枫木在变成其他物的同时,也是从树心中生出了人,即妹榜妹留。苗语"妹",为母亲之意,"榜""留"均为蝴蝶之意。妹榜、妹留,即蝴蝶妈妈的意思。妹榜、妹留从枫树里出生后,与水泡"游方"(恋爱),生下十二个蛋,从十二个蛋里孵化出姜炎(也称姜央)兄妹与雷、龙、虎、象、蛇等各种动物和善恶之鬼、神。神话展现了这样的生命转换形式:枫树生蝴蝶妈妈,蝴蝶妈妈生人与神、鬼、兽等。② 苗族《枫木歌》反映了人与自然一体的生命观,人这种生命形式与自然界的各种生命形式都处于循环转换的链接中,人由此获得与自然永生共存的意义。正如恩斯特·卡西尔所说:"神话是情感的产物,它的亲情感背景使它的所有产品都染上了它自己所特有的色彩。原始人绝不缺乏把握事物的经验和区别的能力,但是在他关于自然与生命的概念中,所有这些区别都被一种更强烈的情感湮没了:他深深地相信,有一种基本的不可磨灭的生命一体化(solidarity of life)沟通了多种多样形形色色的个别生命形式。原始人并不认为自己处在自然等级中一个独一无二的特权地位上。所有生命形式都有亲族

---

① 参见姚宝瑄主编《中国各民族神话·哈尼族、傣族》,山西出版传媒集团·书海出版社2014年版,第39—48页。
② 参见田兵编《苗族古歌》,贵州人民出版社1979年版,第117—198页。

关系似乎是神话思维的一个普遍预设。"① 又说"对神话和宗教的感情来说，自然成了一个巨大的社会——生命的社会。人在这个社会中并没有被赋予突出的地位。他是这个社会的一部分，但他在任何方面都不比任何其他成员更高。生命在其最低级的形式和最高级的形式中都具有同样的尊严，人与动物、动物与植物全部处在同一层次上"②。人与自然生命一体化的观念，确立了生命的不可磨灭性，从而有效解除了生与死矛盾在先民心灵上留下的隐忧。

三　乱伦与禁忌二元对立结构

乱伦是指父母与子女、同胞兄妹等近亲之间的性行为，乱伦禁忌则是对这类性行为加以禁止的规定。有关研究表明，人类历史上曾经经历过血亲婚时代，血亲婚时代是不存在乱伦禁忌的。乱伦禁忌出现在族外婚时代，大约相当于旧石器时期晚期。关于乱伦禁忌的起源，有多种说法，最有代表性的有如下几种：

其一，生物进化论。美国学者摩尔根用生物进化论来解释乱伦禁忌。他认为，当人们意识到近亲结婚会造成生理上的退化的时候，就产生了对于乱伦的限制和禁止。后来美国学者弗雷泽则从生物杂交的角度来解释乱伦禁忌的形成，杂交产生优良品种，血缘外婚也会导致人种的优化，这促成了乱伦禁忌的产生。

其二，性冷漠论。英国学者韦斯特·马克提出："禁止族内婚的根本原因，似乎是因为从孩提时代起就非常亲密地生活在一起的人相互之间明显缺乏情

---

① ［德］恩斯特·卡西尔：《人论》，甘阳译，上海世纪出版集团译文出版社2003年版，第120页。
② 同上书，第130页。

欲，从而一想到这种行为，便会产生一种强烈的反感情绪。"[①] 认为男女自幼亲密接触导致性冷淡与性反感是乱伦禁忌产生的原因，这种性冷淡与性反感经过习俗化和习惯法的规定而形成乱伦禁忌。

其三，经血恐惧论。涂尔干认为，早期人类将血当成神圣的东西，是生命的灵魂。流血，就意味着混乱和不幸。女性周期性的流血，象征着混乱与不幸，这便使人产生了远离妇女的情感。至于为什么仅限于同一氏族成员才实行性禁忌，涂尔干这样解释："事实上，图腾仅仅对其信徒而言才是神圣的……但是，异族的图腾却一点也不神圣。"这就是说，本族妇女的经血是圣神的，流血象征不幸，而外族妇女的血并不神圣，所以流血不会导致不幸。正是出于对本氏族妇神圣经血的远离，对于其他图腾氏族妇女的经血的无所畏惧，才产生了族外婚，形成乱伦禁忌。

其四，联盟论。美国学者爱德华·泰勒认为，乱伦禁忌产生的原因，在于族外婚能够增强氏族部落间的亲密团结，从而在对施行族内婚氏族的小型群体的战斗中取得胜利。他说："族外婚能使一个发展中的部落，通过与其分散的氏族的长期联姻而保持自身的紧密团结，能使它战胜任何一个小型的孤立无助的族内婚群体。这种现象在世界历史上屡次出现，这样，原始部落的人们在他们的头脑中必定直接面临着一个简单而实际的抉择：或进行族外婚，或被彻底根绝。"怀特也认为，乱伦禁忌产生的根本原因在于原始人群为扩大合作范围的需要。但是，各民族中的乱伦禁忌的范围是有很大差异的。怀特还对乱伦禁忌的范围的不同做出了解释："我们必须根据在其内部产生合作的特定环境来解释不同文化间的限定和禁律的差异。一种特定的环境需要特定的乱伦限制及特定的婚姻形式，在另一种环境中则需要另一种习俗惯制。居住的自然环境，对自然环境的技术上的适应，获取生产资料的方式，防卫和进攻的形势，两性间的劳动分工以及文化发展的程度，都是决定乱伦限制和制定禁止乱伦规则的

[①] [美]怀特：《文化科学——人和文明的研究》，曹锦青等译，浙江人民出版社1988年版，第295页。

因素。"① 怀特弥补了泰勒理论的不足之处，解释了氏族部落施行族外婚范围不同的原因。

此外，还有斯宾塞的荣誉论、马林诺夫斯基的秩序论、列维－斯特劳斯的交换论等。有关乱伦禁忌起源的解释众说纷纭，各种解释也许都具有某种角度或者特定历史阶段的合理性；但无论乱伦禁忌产生于何种原因，它都和乱伦本身构成一对矛盾关系，因为有乱伦，才会产生乱伦禁忌。乱伦禁忌产生后，乱伦得到了有效制止，但是乱伦不可能就此消失，尤其是在人们的心理层面不可能完全消失，这就构成现实生活中的乱伦与乱伦禁忌之间的矛盾对立关系。以乱伦为题材的创世神话就反映了这种矛盾对立关系，而早期人类通过创世神话反映这种矛盾对立关系，是试图使这种矛盾对立关系得以化解，从而解除乱伦意识与禁忌之间的矛盾所导致的心灵的困惑与焦虑。从上述关于乱伦起源的多种解释中，我们可以领悟到，世界不同地域、处在不同发展阶段不同文化背景的民族，化解这种矛盾的途径有可能是多种多样的。在中国的乱伦题材神话中，化解这种矛盾的途径就是将乱伦解释为生殖繁衍的需要，这就形成了中国乱伦题材创世神话中的以生殖为中介的乱伦与禁忌二元对立结构。

中国南方各民族大都有兄妹婚神话，兄妹婚神话所包含的乱伦与禁忌二元对立结构最具典型性和代表性。在兄妹婚神话中，结成夫妻的兄妹，都具有同胞血缘关系，他们的结合就是乱伦。乱伦成为二元对立结构的一方。这类神话都要明确说明成为夫妻的男女为兄妹，其中不少神话要通过叙述他们的出身来显示他们的同胞兄妹关系。兄妹婚神话对兄妹关系的表述一般可以分为如下几种类型：

其一，直接表述。神话直接表述一对男女为兄妹关系。台湾排湾族神话，太古之时，洪水降临，一对兄妹攀援拉威洛树得以逃生。洪水过后，没有人烟，兄妹二人成婚繁衍人类。阿美族神话中的兄妹是下凡的天神：太古之时，天神马达比拉与里桑兄妹下凡，居住在南方阿拉巴那巴奈山，二人成婚繁衍后

---

① ［美］怀特：《文化科学》，曹锦清等译，浙江人民出版社1988年版，第306页。

人。基诺族神话说：玛黑、玛妞是一对兄妹，当女神阿嫫腰白决定发洪水毁灭世上万物时，将他俩留作人种，放于木箱内来保存他们的生命。景颇族神话说：魔鬼发起大洪水，毁灭人类，只有姐弟俩在高山上放牛才得以逃脱。后来两人长大后婚配繁衍人类。珞巴族神话说：最初的世界没有水，是火的年代，一切都被烧焦了，只剩下一根藤子和兄妹二人。他们分食了藤子上唯一的一颗果子，后来成婚繁衍人类。毛南族神话则将盘古一分为二，说成是兄妹俩，盘是妹，古是哥，洪水来临时，二人躲进葫芦得以逃脱，后来结为夫妻繁衍人类。相当多一部分兄妹婚神话都是直接说明二人的兄妹关系，并不追溯其来历。

其二，天神所生。神话中的兄妹为天神所生或为天神所降。台湾排湾族兄妹婚神话说：太古之时，太阳神生两卵于洛帕宁屋檐下，孵化出帕罗朗、扎摩珠洛兄妹俩。该族另一神话说：太阳神在太武山上生黄、青二卵，孵化出洛摩兹、基宁兄妹二人。怒族兄妹婚神话说，洪水过后，人烟灭绝。天神看到大地荒芜冷清，就派没成年的腊普与亚妞兄妹俩到人间繁衍人类。

其三，人神所生。神话中的兄妹为人神所生或人神所造。土家族神话说：太古时代，有个老太太生了七男一女。洪水来临，仅有第六男雍尼与妹妹补所幸存，后结为夫妻。佤族有兄妹婚神话说一对兄妹为人神所造。一独身神用泥巴捏出一男一女两兄妹，后来兄妹结为夫妻繁衍人类。侗族神话说，棉必仙婆孵出一男一女，后来，这一男一女结为夫妻，繁衍人类与动物。该神话中男女为同一神人孵化，实则为兄妹。

其四，自然所生。神话中的婚媾男女为同一自然物（包括自然界的无生物与有生物）所生，按照人间血缘关系的原理，他们为兄妹关系。泰雅族神话说：一巨石迸裂，生出男女二人。二人为同一巨石所生，是为兄妹。

神话对兄妹关系的多种表述，实际上是强调他们之间的血缘关系，旨在证明他们的结合为乱伦。

兄妹婚二元对立结构的另一方是乱伦禁忌。在兄妹婚神话中，乱伦禁忌是通过对乱伦畏惧、乱伦后果等的叙述来表现的。在兄妹成婚神话中，对于兄妹成婚的要求，总是遭到兄妹一方的三番五次的反对，这其中多半是妹妹的反对，有时也表现为兄的反对或者二人共同反对，有时则表现为他人的反对，这些都反映出了人们对于兄妹成婚的强烈畏惧心理。湘西苗族《洪水神话》叙述：妹向兄求婚，兄严词拒绝："兄妹婚配，有违人伦，万难依从。"仡佬族《阿力和达勒》中的兄妹说："我们是亲兄妹，结婚是违反仡佬族风规的！"仡佬族神话《仰阿兄妹制人烟》中，则是妹妹提出结婚，遭到兄的反对："世上没有这个规矩。"兄拒妹的情况比较少见，大多数兄妹婚神话中都是妹拒婚。傈僳族神话，金鸡劝阻兄妹结婚时说："一个娘肚里生的兄妹……兄妹成婚不合理，天降石斧会劈成两半，山滚巨石砸成两截。"这是一则他者劝阻兄妹成婚的例子，比较少见。说明禁忌主要表现为当事人心灵上的恐惧。兄妹婚神话中的拒婚，往往要经历多次。多次拒婚表现了人们对乱伦畏惧之深。多次拒婚伴随着多种带有占卜性质的活动。在兄妹婚神话中，这种作为再次提出成婚请求的前提的活动，包括滚石磨、合烟、转山、穿针等，一般要进行三次左右，也有个别神话只有一两次的，经过反复折腾之后，兄妹才勉强成婚，即使成婚，妹妹往往也要在婚事中以草扇等物遮面。这说明，禁忌是根深蒂固的，要打破这种禁忌是十分艰难的。神话所描写的乱伦的后果，也十分醒目地彰显了乱伦的禁忌。兄妹婚生出的是各种怪胎，或为肉团，或为肉蛋，或为瓜，或为泥团，或为蛇等，这些叙述强烈谴责了兄妹成婚的行为。更有甚者，一些神话还将兄妹成婚当成一种导致天灾人祸的罪行，乱伦会感应上苍给一方土地降下灾难。佤族神话说：雷神原来也住在地上，后来与其妹性交，结果谷子长不好。人们抄了雷神的家，并驱赶他。雷神四处搬家，都逃不过人们的驱赶，最后只好逃到天上去。另一则神话说：从一只葫芦里出来兄妹俩。他们从海里为人类找来谷种，从天上取来火种，妹妹还教会了人们盖房子，并用竹竿将低矮的天撑高。后来，兄妹俩结婚了，谷子就长不好，饿死了很多人。兄妹俩看到这种情况，就分开住。结果谷子又长好了。两则神话反映出人们对乱伦的极度恐惧心理：乱伦会遭天谴，导致自然的失序，从而危及一方民众。

兄妹婚神话表现兄妹成婚乱伦与禁忌的尖锐矛盾，是为了化解这种矛盾，解除人们心灵中由乱伦与禁忌的矛盾所产生的焦虑,所以在绝大多数兄妹婚神话中都出现了化解这种矛盾的中介,即生殖繁衍后代的需求。在兄妹婚神话中,繁殖人烟是兄妹成婚的坚强理由,尽管兄妹成婚面对的是令人恐惧的禁忌,但是,基于繁殖子嗣的理由,兄妹最终还是得以成婚。占绝对多数的兄妹神话都申述了繁衍子嗣的需求,这又可分为两种情况:其一,世界初开,人间仅有兄妹二人,需二人成婚造人类。如汉族伏羲、女娲神话说,伏羲、女娲出世时没有人烟,需二人相配繁衍人类。又如台湾布农族神话说:太古时代,尚无人类,由洞穴生出一男一女兄妹,为繁衍人类,自相婚配,生子女四人,又互相婚配,繁衍成布农人。赛夏组神话说:太古时代,未有人烟。有兄妹二人结为夫妻繁衍人类。其二,人类遭遇灭绝之灾,主要是洪水之灾,仅剩兄妹二人,需兄妹婚配再造人类。这类情况占绝大多数,以至于洪水灭绝人类成为兄妹成婚繁衍人类的典型性的理由。此种情况,文中多次提及,此处不赘述。由此,原生洪水神话与兄妹婚神话构成了一种经常性的组合。这种组合体,既可以称之为再生型洪水神话,又可以称之为再生型兄妹婚神话。兄妹婚神话对于成婚繁衍子嗣理由的叙述,有效地消解了兄妹乱伦与禁忌之间的冲突与矛盾,并将乱伦与禁忌的叙述连接成为一个有机的二元对立结构。

在乱伦题材创世神话中,还赫然存在母子婚神话一类。母子婚是乱婚时代的一种婚姻形式,比兄妹婚更为古老。也就是说,在兄妹婚时代,母子婚就已经消失了。从乱伦禁忌的角度而言,母子婚是一种绝对的乱伦,自有乱伦禁忌产生以来,母子性关系无论在何时何地,都是被禁止的,而兄妹婚则不一样,在有些民族是禁止的,在有些民族则又是被允许的。母子婚作为严厉禁止的婚姻形式,为什么在神话中会堂而皇之地加以表现呢?从母子婚神话表现人类繁衍的主题来看,这是人们试图用更为禁绝的形式来表现繁衍人类的渴望的产物,在原始人看来,为了繁衍人类,可以不惜一切代价,甚至可以打破极其严厉的禁忌如母子婚,以满足人们繁衍子嗣的愿望。同时,按照弗洛伊德的理论,母子婚神话的产生也可能包含了男子乱伦情结排解的因素。在中国,母子婚神话中的乱伦与禁忌二元对立关系,也是通过繁衍人类的需求来加以排解的。虽然母子婚禁忌较兄妹婚远为严格，但是母子婚神话仍然在流传，笔者居然搜集到了好几例。

海南岛黎族神话说：洪水泛滥，灭绝人类，世间只剩下母子俩，住在五指山上。母亲担忧儿子的婚事，敦促他外出求偶。一天，儿子听从母亲的话，出去求偶。他从日出走到日落，从河的上游走到下游，攀援了大大小小的山头，趟过了大小河流，除了母亲以外，没有见到其他女人。母亲担心儿子不能娶妻，不能繁衍人种，人类将遭灭绝，就对儿子说：我们俩分头去寻找女子。你如果遇上一纹面女，就可以和她成婚。于是，母亲往日出方向行走，儿子往日落方向行走。母亲采得一荆棘，在脸、身、手、脚等部位都刺上花纹，涂上白藤汁，即刻成为一黥面文身的女人。她从小路来到儿子跟前，儿子见到这黥面文身的女人，遂与之结为夫妻。婚后才知道那女子是自己的母亲。后来产一肉团，儿子见到这个怪胎，就用刀砍成三份，分别抛撒到三个地方，后来都变成了人。①

珞巴族神话《麦冬海依》说：天神的女儿麦冬海依在天河里沐浴受孕，生下一男。儿子长大后。母亲为繁衍人类，坚持要和儿子结婚。儿子不同意，离开天界逃到大地的森林里。母亲麦冬海依紧追而来，儿子只好答应了母亲的要求。但是母亲和儿子都很害羞，因此只能像猴子那样生活在树林里。②

台湾泰雅族神话说：太古之时，茵嘎赫朗一巨石迸裂，一女子从中翩然而出。当时，天下没有人烟，女子仰卧山巅，仍习习凉风吹入胯间，即怀孕生子。接着母子婚配，繁衍子嗣，其后人即为泰雅族。泰雅族另一神话则将兄妹婚与母子婚结合在一起。神话说：大地初开之时，大树生下一对兄妹及飞鸟走兽。兄妹成人后为繁衍人类结为夫妻，仅生一子，兄亡，为传宗接代，母亲黥面改变面容，与其子结为夫妻，繁衍泰雅人。③

苗族《母子造人烟》神话说：不知哪一年，人间起了荒火，把山上的树、

---

① 参见毛星主编《中国少数民族文学》中册，湖南人民出版社1983年版，第374页。
② 参见《中国各民族宗教与神话大词典》，学苑出版社1993年版，第390页。
③ 同上书，第145页。

地上的草烧光了，把凡间的人全都烧死了。天上的大神生老到凡间找人种，也不知过了多少时间，找遍了大地的东西南北，也没有找到人种。一天，生老行至一座大山，见岩洞口坐着一女一男，喜出望外。女的，是母亲博巴，男的是儿子右略。母子相依为命。生老一见，早有主张，走上前去讨水喝，让右略去河里背水，然后就对博巴说：世上就你们母子两人了，你们一死，世间就没有人烟了。博巴急切地问，有什么办法吗？生老叫博巴与儿子成亲，博巴起先不肯，最后终于被说服。博巴又怕儿子不肯，生老就提出了要博巴改变装束，让儿子认不出。傍晚，儿子背水回，见一个穿着花衣花裙的姑娘，举着一把伞，将头罩住。儿子上前问她是谁，她说是天上的仙女，见人间断了烟火，特地下来与天下唯一的男子成亲，繁衍人类。当晚，母亲博巴与儿子右略成亲。第二天，右略发现新娘正是自己的母亲，十分羞愧，用手捂着脸，奔出山洞，一边跑，一边狂呼，博巴也紧随其后，也发出狂呼。母子俩的声音传遍山川原野，传到哪里，哪里就有了男人和女人。此则神话解决乱伦禁忌问题，是通过服饰的更换以达到角色的转换来实行的，表现了苗族不同服饰代表不同身份的特点。[①] 显然，母子婚神话包含了乱伦与禁忌二元对立结构。在神话中，构成二元对立结构的一方为母子成婚乱伦，另一方则是禁忌，禁忌或者表现为儿子一方对母亲提出的成婚要求的拒绝，或者表现为母亲黥面纹身以改变角色，而调和乱伦与禁忌矛盾的仍是繁衍人类的需求。母子婚神话，一方面可能起到了化解由记忆中的母子乱伦婚所导致的后人心灵中的羞耻感；另一方面则可能起到了排解人的童年时代遗留的恋母情结所导致的深深的忧虑。此外，鄂温克族有一则父女婚神话，极为罕见，其产生内在原因应该与兄妹婚、母子婚一致。神话说：洪荒之时，由于洪水泛滥，世间人类皆被淹死，唯剩父女二人，为繁衍后人，父女只得成婚。婚后生七子，乃赐予七兄弟各一姓氏。此则神话与母子婚神话，从某种程度上，倒是印证了弗洛伊德的所谓恋母情结与恋父情结存在

[①] 参见姚宝瑄主编《中国各民族神话·布依族、仡佬族、苗族》，山西出版传媒集团·书海出版社2014年版，第290—292页。

的合理性。[①] 更有甚者，台湾雅美族又有男男结合生子神话：从前，普图陀山高耸入云，山崖有巨石忽裂开，从中出来一男神。没多久，海上发生海啸，摧毁岛上竹林，一大竹爆裂，从中出来另一男神。两男神往来甚密。形影不离，一夕并枕而卧，睡梦中两人膝盖与膝盖想擦，于是奇迹发生，各怀孕生子，一神从右膝生一男，健壮活泼；一神从左膝生一女，苗条清秀。男女婚配繁衍雅美人。此则雅美族神话又有异文：太古之时，兰屿巴布特山巅有一巨石崩裂，生男神尼莫达朱洛里多。神逶迤南下，触摸一巨竹，竹裂，生男神尼莫达朱洛嘎瓦里。二神在海滩嬉戏，双膝奇痒，用手摩搓，各右膝生一男，左膝生一女。二神各让其子女相婚配，所生子女或有残疾，或为畸形。后又交换妻子，才生育出正常人，是为雅美族始祖。[②] 此类神话进一步说明，婚配型神话讲述乱伦故事，是为消解乱伦与禁忌的矛盾。

四　阴阳二元对立结构

在中国哲学中，阴阳是两种对立而又统一的形态或属性，阴阳的内涵是互相否定的，"阴"肯定的对象具有阴的属性，所以否定"阳"所肯定的属性；"阳"肯定的对象具有阳的属性，所以否定阴的属性。阴阳既是相互排斥，又是相互补充的。阴阳相合，才构成宇宙万物的和谐与生机。阴阳哲学思想构成了一个典型的二元对立结构模式。原始时代的先民们还没有明确的阴阳观念，但已经有了阴阳思想萌芽。自然界有一些天然的两两相对的现象，如天与地、日与月、黑夜与白昼、男与女、山阴与山阳、水与火等，当古代先民观察到这些相反相对的事物时，便陷入一种矛盾的思想状态，为了对这些矛盾状态的事物做出解释，也为了调和心灵中的困惑，便创造了包含阴阳二元对立结构的创

[①] 参见袁珂《中国神话大词典》，华夏出版社2015年版，第81页。
[②] 参见《中国各民族宗教与神话大词典》，学苑出版社1993年版，第145页。

世神话。在这类神话中,阴阳相对的事物形成了一种相反相成的关系,二者既是对立的,又是和谐共生的。中国阴阳哲学思想,起源于这类创世神话,并反过来对这类创世神话的发展产生了较大影响。

天地形成创世神话多包含阴阳二元对立结构。我国天地形成创世神话,多有关于天地分离的故事。天地原是混沌不分或是紧密相连,后来由于某种原因而被分开,形成正常的天地。在现实世界,天与地之间原本是遥不可及的,天地分离神话将其想象为一个整体的分离,正是对天地对立现象的一种观念上的调和,从而构成一个想象中天地和谐的世界。

阿昌族《遮帕麻与遮米麻》神话:在远古的时候既没有天,也没有地,只有"混沌",混沌中无明无暗,无上无下,无依无托,无边无际,虚无缥缈……混沌中忽然闪出一道白光。有了光,也就有了黑暗;有了黑暗,也就有了阴阳。阴阳相生诞生了天公遮帕麻和地母遮米麻。明暗相间产生了30名神将,30名神兵。[1]

景颇族神话:在天和地出现之前,宇宙间只有一团小小的云雾在旋转,后来越来越大,变成稀泥一样的东西。这时出现了一对代表阴阳的天鬼,男的叫能汪拉,女的叫能班木占,他们创造了天空和大地,创造了日月星辰,创造了带给人以聪明才智的圣书。

彝族史诗《查姆》:远古的时候,天地连成一片,上面没有天,下面没有地,分不出黑夜,分不出白天。只有云露一团,只有雾露滚滚翻。[2]

彝族神话说:很古的时候,没有天,也没有地,只有清浊二气,后来清气上升变成天,浊气下沉变为地。

《淮南子·精神训》:"古之未有天地之时,惟象无形,窈窈冥冥。芒芠漠闵,澒蒙鸿洞,莫知其门。"高诱注曰:"皆未形之气也。"此皆以"混沌大气"为宇宙生成之先的原始单位。

---

[1] 参见姚宝瑄主编《中国各民族神话·佤族、阿昌族、普米族、德昂族》,山西出版传媒集团·书海出版社2014年版,第74页。

[2] 参见郭思久、陶学良整理《查姆》,云南人民出版社2009年版,第4页。

第三章 中国创世神话演变内在动因

在中国人的传统观念中,日与月是相对立的事物:月属于阴,日属于阳,"日者,阳之主","月者,阴之宗也"。这种对立关系要转化为统一关系,才能实行世间万物的和谐。《易·离》:"日月丽乎天,百谷草木丽乎土。"《礼记·祭义》:"日出于东,月出于西,阴阳长短,终始相巡,以致天下之和。"日月相互补充,昼行夜巡,才能使万物欣欣向荣、天人和谐。在原始时代,先民们虽没有明确的阴阳观念,但是对于日与月一个昼出、一个夜行的现象应该是分得很清楚的,这种现象必然导致他们对于日与月的对立矛盾性的认识。水族口传神话即反映了日月在人们观念中的对立性。神话说:远古之时,天上有两颗巨星,一冷一热,相伴而行。当时某村有一姑娘,聪明美丽,取名为太阳。邻村有一后生名叫月亮。两人自幼相识,并且都深爱着对方。但是月亮后生穷得连赶老鸦的土块都没有。一日,太阳姑娘的父母将她许配给了本地最有权势的恶霸巫师腊亚。太阳姑娘急忙去告知月亮后生。两人坐在一池塘中的大青石上想办法。大青石忽然叫了起来。月亮后生与太阳姑娘跪地求青石帮助。石头竟然开口说话了,叫他们某日某时来找它,并可获救。腊亚家要来接亲了,太阳姑娘叫父母安排腊亚家某日清晨来迎娶。迎娶那天清晨,姑娘来到池塘边,后生已在青石上等待。姑娘纵身跳上青石,遂与后生一起消失。迎亲的人追至石边,找不见人影,就放火烧那石头。忽地一声霹雳,石头炸开,从中飞出一对天鹅,飞天而去,那对天鹅是太阳与月亮变化而成。腊亚施行魔法,将天鹅抓回。腊亚强逼成亲,姑娘寻死觅活不肯答应。巫师无法,就将两人分别关在两颗大星星中。先是将姑娘关在冰冷的那颗星星中,将后生关在火热的那颗星星中。姑娘受不了寒冷,腊亚就将姑娘与后生对调,姑娘住热星星,后生住冷星星。两人虽然被关在不同的星星中,但是却能够互相观望,有说有笑,一同飞旋。腊亚气极了,又施魔法,将两颗星星分开,一颗在白天,一颗在夜晚。所以,一直到现在,太阳走白天,月亮走夜晚。[①] 神话虽然讲述的是男女悲情的故事,但其中潜含原始先民的观念,太阳和月亮在原始人的心目中是属于水火

---

① 参见谷德明编《中国少数民族神话选》,中国民间文艺出版社1987年版,第730页。

不相容的事物，一个属于白昼，一个属于夜晚，一个冷，一个热。京族神话也反映了日月在先民心中的差异性。神话说：远古之时，太阳是哥哥，月亮是妹妹。但两人观点不同。太阳认为世界上向日葵最美，月亮妹妹则认为世上人最美。两人各执己见，互不相让，结果吵得赌气分手，各奔东西，一个白天行走，一个夜晚行走，再也不可能在一起。① 显然，这是先民对于观察到的日月运行现象的一种幻想性解释，这种解释说明：日月在他们心目中为相互对立的事物。为了调和日月在心灵中造成的对立矛盾，他们创造了日月和谐相处或兄妹配对成亲的神话。

在神话中，日与月往往是成对应关系出现的，这是因为先民观察太阳或者月亮从来都不是单向的，总是把日与月看作相对应的关系。如日与月总是同时出现在神话中，《山海经·大荒东经》：

> 东海之外，大荒之中，有山名曰大言，日月所出。
> 大荒之中，有山名曰合虚，日月所出。
> 大荒中有山，名曰明星，日月所出。
> 大荒之中，有山名曰鞠陵于天、东极、离瞀，日月所出。
> 大荒之中，有山名曰猗天苏门，日月所生。
> 东荒之中，有山名曰壑明俊疾，日月所出。

《山海经·大荒西经》：

> 有人名曰石夷，来风曰韦，处西北隅以司日月之长短。
> 西海之外，大荒之中，有方山者，上有青树，名曰柜格之松，日月所出入也。
> 大荒之中，有山名曰丰沮玉门，日月所入。
> 大荒之中，有龙山，日月所入。

---

① 参见姚宝瑄主编《中国各民族神话·仫佬族、壮族、京族》，山西出版传媒集团·书海出版社2014年版，第192页。

第三章 中国创世神话演变内在动因

> 大荒之中，有山名曰日月山，天枢也。吴姖天门，日月所入。
>
> 大荒之中，有山名曰鏖鏊钜，日月所入者。
>
> 大荒之中，有山名曰常阳之山，日月所入。
>
> 大荒之中，有山名曰大荒之山，日月所入。

以上所载，均将日月并举，日月总是相伴出入、如影随形，暗含阴阳相合观念。

又有日月同出一脉的神话，则将二者的关系拉得更近。《山海经·大荒南经》载羲和沐日神话：

> 东南海之外，甘水之间，有羲和之国。有女子名曰羲和，方浴日于甘渊。羲和者，帝俊之妻，生十日。

《山海经·大荒西经》又记有常羲浴月神话：

> 有女子方浴月。帝俊妻常羲，生月十有二，此始浴之。

生日之羲和与生月之常羲均为帝俊之妻，表明日与月同为帝俊之后。郭璞注《山海经·大荒南经》："羲和盖天地始生，主日月者也。故《（归藏）启筮》曰：'空桑之苍苍，八极之既张，乃有夫羲和，是主日月，职出入，则为晦明。'又曰：'瞻彼上天，一明一晦，又夫羲和之子，出于旸谷。'"则日月又同为羲和主宰，也表明两者的亲缘关系。

日月又为兄妹或夫妻，其中既有日为兄，月为妹的，也有月为兄，日为妹的。瑶族神话说：远古之时，暴雨致洪水泛滥，大地被淹，仅存瑶山，人尽淹死。日月兄妹高悬空中，目睹惨状，伤心不已。于是，以其灵魂化而为人。日化为兄，月化为妹，下至瑶山。日兄提议兄妹结为夫妻繁衍人类。月妹恐为七星姊妹所笑，被天王惩罚，拒绝成婚。日兄反复请求。月妹提出绕山赛跑，兄追上妹即可成婚。兄追妹却总是追不上。一乌龟献计，叫兄反着跑。兄依计而行，与妹撞个满怀。月妹恨乌龟多言，踩了乌龟四脚，龟壳留下四道裂痕。妹又提出用磨盘占卜。兄妹各背一磨盘上两座对着的山峰,将磨盘滚下,以磨盘相合为灵验。结果果然相合。妹又不肯成婚,提出对山梳发占卜。两人各在一座山上梳发,梳理出的头发越拉越长,最后在空中相合。妹还是担心七星姊妹耻笑,即上天告知。七星姊妹乐于玉成其事,以五彩云锦铺于瑶山以示庆祝,日兄、月妹在瑶山成婚。不久,月妹怀孕。一日,喜鹊叫,月妹生下一大冬瓜。兄妹非常气恼。兄用刀将冬瓜一剖为二,两面布满黄色种籽。妹将种籽撒于房前屋后的山坡上,归来与兄相抱痛哭。第二天清晨,无数喜鹊集于瑶山喧闹,兄妹开门一看,只见屋前屋后山坡上竹楼处处,炊烟袅袅。一些人着五彩云衣,正在田间播撒五谷,一些人正在荒坡栽种树苗。这些人因为生在瑶山,所以称为瑶人。兄妹见世上已有人烟,于是返回天上,仍以日月光辉照耀人间。神话将日月说成兄妹与夫妻关系,化解了日月在人们心目中的巨大差异。

彝族的日月神话说太阳与月亮是兄妹,太阳为妹妹,月亮为哥哥。神话说:古老时代,人世间不分白天黑夜,一片黑暗。人们摸黑干活,摸黑走路,非常痛苦。一位善良的老奶奶怜悯人世间的痛苦,要将日子分出白天和黑夜。她要孙子和孙女化为太阳与月亮,白天、黑夜为人间带来光明。兄妹俩都同意了。但是说到变为月亮或变为太阳时,妹妹左右为难了。若变为月亮,妹妹害怕走夜路;若变为太阳,妹妹又怕羞,怕人家看她。奶奶就叫孙子变为月亮,叫孙女变为太阳,为了不让人看孙女,奶奶又交给孙女一把针,对她说,谁看你,你就刺谁。据说,人们看太阳有针刺一样的感觉,就是这个原因。从此,太阳妹妹和月亮哥哥,一个白天行走,一个夜晚行走,轮流照耀人世间,人世间从此去除了漫漫长夜。

布依族也有类似彝族的日月神话。神话说:远古时候,盘古开天辟地、创造出世界后就死去了。当时,天地虽然分开,但三界还是漆黑一团,伸手不见五指。盘古的一儿一女决定为人间寻找光明,并商定谁先找到光明,谁就管白天,落后者就管夜晚。哥哥找了九十九样东西,都发不出光来,妹妹只找了九样东西,将火叶草放于石上猛击,就溅出火花来。火叶草燃烧起来了。从此人间就有了光亮。后来又学会了在火上煮熟食物,人类有了熟食,身体渐渐强壮。但是最初火的光不强，烧不久，一闪就过去了。后来哥哥用葛藤扎了一万支火把，同时烧起来。妹妹拿着这一万支熊熊燃烧的火把，站在高高的山冈上，让光明普照人间，让温暖洒满人间。就这样，哥哥天天做火把，妹妹天天举着火把照明。后来兄妹结为夫妻。兄妹俩活了九千九百九十九岁，人间也亮了九千九百九十九年。后来，兄妹死去，人间又复归黑暗。人们祭拜兄妹，希望他们的灵魂能继续给人类带来光明。突然，狂风四起，只见一对火球升上天空，那两个火球就是兄妹二人变成的。两个火球升空后，同时照亮人间。人间复得光明，但是他俩同时巡游，白天太热，夜晚太冷，人们希望他俩能够一个管白天，一个管夜晚。兄妹商量决定满足人们的愿望。但妹妹又多有顾虑，要她管夜晚，她又害怕走黑路，要她管白天，她又怕别人看。哥哥就让妹妹管白天，并告诉她，谁看她，就将一万根银针撒下来刺扎他。于是，妹妹管白天，人们给她取名叫太阳，哥哥管夜晚，取名叫月亮。从此，太阳白天出来，月亮夜晚出来，人们再也不会担心遭受长久的黑暗了。[①] 将日与月说成是相伴出入或兄妹、夫妻关系，正是日月、阴阳二元对立矛盾关系在神话中得以调和的体现。

阴阳二元对立深层心理结构，是长久推动中国创世神话发展的内驱力之一。中国创世神话普遍由单一的女神或男神创世到男女神共同创世的发展，就是得力于这种深层心理结构的推动。女娲造人神话发展为女娲、伏羲造人神话，就是最典型的例证。我国南方各民族普遍存在的兄妹婚神话，也是这种内驱力作用的结果。

五 中国创世神话形态发展与二元对立结构

中国原生态创世神话发展为再生态创世神话，是由多种原因所决定的，既有表层原因，也有深层原因；表层原因包括社会历史的变迁，生产方式的变

---

① 参见陶阳、钟秀编《中国神话》，商务印书馆2008年版，第224—225页。

化，进入文明时代后人们认识水平、综合思维能力、概括思维能力的提高等，深层的原因则主要在于蕴含于原生态创世神话中的人类普遍存在的多种深层心理结构，即多种二元对立结构，正是这些深层心理结构促成了原生态创世神话向再生态创世神话的发展。可以说，原始先民的多种深层心理结构是中国创世神话由原生态向再生态发展的内驱力。

如生与死二元对立结构促成了嫦娥神话的发展，原生态嫦娥神话是关于嫦娥生月的神话。嫦娥生月神话源于月崇拜，是月崇拜观念的产物。古人崇拜月亮，主要是因为月亮有由圆到缺，又有由缺到圆的变化特点。古人据此以为月亮有不断孕育新生命的繁殖能力。屈原《天问》对月的圆缺现象发出疑问："夜光何德，死而又育？"这正是古人心目中的月亮旺盛繁殖信仰的反映。在月生殖崇拜观念的支配下，古人又根据月中有阴影的现象，幻想出了月中蟾蜍、玉兔、桂树的神话。关于月中阴影现象，世界上很多国家和民族都有自己的解释，从而形成了多种多样的月亮神话。中国古代对月中阴影的解释是以月生命观、生殖观为基础的，所以一系列月亮神话都蕴含了生命与生殖崇拜的主题，蟾蜍、玉兔、桂花树都是永恒生命与旺盛繁殖的象征物，它们共同构成嫦娥神话生殖信仰的原型。

屈原《天问》已有蟾蜍、玉兔神话的记载："厥利维何，而顾菟在腹。""顾菟"，萧兵解释为两物："顾、菟两个字应该顿开来；菟是兔子毫无疑问；顾则是鼓、蛄的假借字，是蟾蜍异名'居诸'的合音。"此说甚是，蟾蜍、玉兔都是月亮的化身。《太平御览》卷四引《春秋纬演孔图》："蟾蜍，月精也。"蟾蜍、玉兔在民间信仰中都是繁殖力极强的神灵，它们都是月生殖崇拜的偶像。

月生殖崇拜观念，既形成了动植物神话，也形成了人物神话，后者之一即嫦娥生月神话。《山海经·大荒西经》："有女子方浴月。帝俊妻常羲，生月十有二，此始浴之。"常羲，即嫦娥。神话中的嫦娥生出了十二个月亮，表现了旺盛的生殖力，是月生殖崇拜向人神崇拜发展的产物。月生殖崇拜产生的动物与人物又是相互关联的。嫦娥奔月神话说嫦娥入月宫化作了蟾蜍，就是二者相

第三章　中国创世神话演变内在动因

联系的表现，这表明二者本来就是合二为一的关系。有人说嫦娥化作蟾蜍，是对嫦娥的惩罚，其实不是，嫦娥化作蟾蜍，实际上是表明了她大母神的身份，是民间月生殖崇拜观念在神话中的必然反映。

月生殖崇拜与嫦娥生殖崇拜对民众生活产生了很大影响，衍生出了中秋节向月或嫦娥祈求子嗣的习俗。中秋节为祈子而举行的祀月活动，只有妇女参加。民间有所谓"男不拜月，女不祭灶"的说法，对拜月者的性别做了明确规定。其实，这种说法仅适用于为祈子目的而举行的拜月活动，至于为其他目的举行的拜月活动，男女老少都是可以参加的。妇女举行的拜月活动，祈子的目的十分明确。清乾隆十二年《新乡县志》："'中秋'，戚友交馈月饼，妇女陈瓜果拜月。"清乾隆二十一年《获嘉县志》："十五夜，妇女陈瓜果拜月。"清同治六年《滑县志》："八月'中秋'，亲友馈月饼。日暮，妇女陈月饼、瓜果及毛豆角于庭，向东拜月，喃喃祝祷，谓之'愿月'。"民国二十五年《阳武县志》："十五日为'中秋节'。……至晚陈列瓜果于庭，谓之'圆月'，皆妇人主其祭，俗有男不圆月之说。"妇女的拜月只为生子。为了获得月神的生殖力量，中秋节又形成了妇女照月祈子习俗。此举是为经过月光的照耀而获得月的强大生殖力。久婚不育的妇女，到中秋节这一天晚上月行中天之时，独坐于庭中，静沐月光，不久定能得子。有些地方沐浴月光的方法是在月光下行走。民国二十二年《吴县志》："十五日为'中秋节'。作月饼相饷、祀月……妇女亦盛妆出游，曰'走月亮'。"有的地方还在走月光活动中融入了走桥的活动，桥是过渡的象征，此处意味祈求新生儿的出生，因为新生儿的出生也是一种过渡。民国十年《宝山县志》："'中秋'，食芋艿、豆荚，妇女玩月，以走三桥为例。"为了生男，人们又在走月活动中融入了摸原木的活动，圆木是男性生殖器的象征。民国十九年《嘉定县志》："'中秋'，比户竞焚香斗，并陈瓜果，语病祀于庭中。妇女踏月摸丁东。摸丁东者，夜至孔庙门上扣其圆木，谓可宜男。"为什么要在中秋祈子呢？这是因为人们相信这一天的月亮最亮最圆。由中秋拜月、沐浴月光祈子习俗还衍生出了中秋夜摸瓜、偷瓜祈子习俗。瓜在中国传统信仰中本来就是生殖崇拜物，所谓"瓜瓞绵绵"，即是认为瓜具有旺盛的繁殖能力。送瓜的时间为什么要定在中秋夜呢？是因为这时的瓜也经过了中秋月光的沐浴，具备了更强的生殖力量。这是实行了月光沐浴对象的置换，由妇人的沐浴转到了瓜的沐浴，再由妇人与瓜的接触（用瓜做菜、吃瓜等）而间接得以沐浴，接触巫术在这里发挥着重要作用。这种习俗实际上是月生殖崇拜（含嫦娥生殖崇拜）与瓜生殖崇拜相结合的产物。《中华全国风俗志》下篇卷六："中秋晚，衡阳城有送瓜一事。凡席丰履厚之家，娶妇数年不育者，则亲友举行送瓜。先数日于菜园中窃冬瓜一个，须令园主不知，以彩色绘成面目，衣服裹于上若人形，举年长命好者抱之，鸣金放爆，送至其家年长者置瓜于床，以被覆之，口中念曰：'种瓜得瓜，种豆得豆。'受瓜者设盛筵款之，若喜事然。妇得瓜之后，即刻食之。速传此事最验云。"各地中秋节偷瓜送瓜习俗又不尽相同，有的地方是由祈子妇女自己去摸瓜回家，有的地方则由儿童摸瓜送人，等等，至于所摸之瓜的品种也有差异，有的地方为冬瓜，有的地方为南瓜。因"南"与"男"谐音，南瓜又被认为是生男之兆。清乾隆五十七年《广德直隶州志》："'中秋'，以月饼相饷。欲子者乘月摘南瓜为梦熊之兆，并有摘得瓜用鼓吹爆竹以送姻戚者。"

清嘉庆十五年《绩溪县志》："'中秋'，以香烛、茶点瓜梨之属设于檐霤祀月华。撷瓜馈新妇，取多子兆。"

清嘉庆十七年《南溪县志》："望日为'中秋节'。亲友以瓜、饼、梨、藕相馈，设酒食赏月。少年取瓜涂五色，鼓乐送艰嗣者，彻夜交驰……"

清道光三年《隆昌县志》："望日为'中秋'。以瓜、饼、藕相馈，设酒食赏月。妇人相率入园探瓜，以得瓜为弄璋兆，曰'摸秋'。"

清同治十二年《筠连县志》："'中秋节'，八月十五日。民间以果饼相遗，置酒赏月，以此夜卜元宵晴雨。又，是夜以红绫裹冬瓜着彩亭中，鼓乐仪仗送至少子人家，取瓜绵绵之兆，谓之'送瓜'。"

清同治四年《璧山县志》："望日为'中秋节'。……乡村取瓜，鼓乐以送艰嗣者，谓之'送瓜'。"

清光绪四年《合州志》："'中秋'……乏子者，亲友潜窃园瓜，用鼓乐迎送至门，为得子兆，名曰'送瓜'。"

清光绪二十五年《蓬溪县续志》："十五日夕，以香烛、果饼祀月，鼓乐为娱。有窃瓜果馈所知，为宜子之祝。"

清光绪十八年《秀山县志》："十五日'中秋节'，馈月饼，庭列茶果，坐语达旦，曰'守月华'。是夜，有偷瓜具鼓乐送子者，倘失瓜人从而骂之，其验甚速。"

民国八年《芜湖县志》："'中秋'，人家多馈送果、饼、菱、藕之物。至夕，置具宴于庭。酒阑，好事者携筝琶乘月夜游，阡术弥望皆是。妇女拜月，设香花为供。又，欲子者女伴于此夕多摘南瓜相饷，以南为男兆也。"

民国十三年《南陵县志》："'中秋'……好事者摘南瓜、芋头等遗新妇，谓之'送子'，以南为男兆也。"

民国二十三年《阜宁县志》："十五日为'中秋'。……乡村愚妇有夜取园瓜，谓之'摸秋'，以兆生子。"

民国二十六年《繁昌县志》："'中秋'……妇女联袂出游，遇菜圃辄窃南瓜为宜男兆，名曰'摸秋'。其有中年乏子嗣者，亲友于是夕亦取南瓜，用鼓吹爆竹饷之，谓之'送子'。"

在中国各地长久流传的中秋祈子习俗，既表现了月生殖崇拜观念，也潜存着月亮化身嫦娥大母神崇拜的原型。

嫦娥生月神话是月生殖崇拜的产物，但是月有阴晴圆缺，先民月崇拜观念中实际上还包含了对于死亡的恐惧。月亮的盈、圆，代表诞生，月亮的损、缺代表死亡。实际上，先民的月崇拜中就包含了生与死的矛盾对立。要化解这种对立，以嫦娥神话为代表的月亮神话就必须进一步发展。这样就在嫦娥生月神话的基础上产生追求长生不死的嫦娥奔月神话，即再生态的嫦娥神话。再生态嫦娥神话，包含了不死的信仰观念，而不死信仰观念是由生殖崇拜观念引申而来。不死，即生命的永久延续，它是生殖力旺盛的一种转换形式。在月亮神话中，生殖力旺盛之物，均是不死之物。嫦娥奔月神话的诸种要素——月亮、不死药、西王母、蟾蜍、桂花树等既是生殖力旺盛的象征，也是不死的象征，嫦娥奔月所体现的主题就是生命的永恒。

月亮在古人的信仰中具有不死与再生的神性，所以它成为嫦娥投奔的目的地，嫦娥虽然服食了不死药，具有了不死的条件，但要真正实现不死，必须飞奔月宫，实唯月亮具有巨大的不死的力量缘故，嫦娥只有奔入了月宫，才能源源不绝地获得更多的不死的力量，保持生命的永恒。

不死药、西王母、桂花树都包含了不死的信仰，彼此之间也存在紧密的联系。不死药是嫦娥获得不死的前提条件。不死药是不死信仰的产物。《山海经》记载了有关不死山、不死树、不死国、不死民的神话，《山海经·海内经》记不死山："流沙之东，黑水之间，有山名曰不死山。"《山海经·海外南经》郭璞注："员邱山有不死树，食之乃寿。"此为不死树的记载。《山海经·海外南经》记不死民："不死民在其东，其为人黑。寿，不死。"《山海经·大荒南经》记不死国："有不死之国，阿姓，甘木是食。"不死信仰也导致了不死药的神话。不死药即能使人长生不死之药，是古人追求长生、升仙而幻想出来的事物。据有关传说，不死药生长于两个地方。一是东方渤海中的三座神山：蓬莱、方丈、瀛洲。一是西方的昆仑山，即西王母诞生之地。嫦娥奔月所得之药为西王母所有，而西王母拥有的不死药应该就是西方昆仑山的不死药。昆仑山的不死药是从不死树中提炼出来的。昆仑山盛产不死树，故产不死药。《山海经·海内西经》：昆仑山"开明北有视肉、珠树、文玉树、玕琪树、不死树"。又载："开明东有巫彭、巫抵、巫阳、巫履、巫凡、巫相，夹窫窳之尸，皆操不死之药以距之。窫窳者，蛇身人面，贰负臣所杀也。"这是说蛇身人面的天神窫窳为贰负及其臣子所杀害。巫彭、巫抵、巫阳、巫履、巫凡、巫相等巫师，夹着天神窫窳的尸体，用不死药来救他。这种不死药来自不死树。不死树，又称寿木，能使人不死，或能使人长寿。《吕氏春秋·本味》："菜之美者，昆仑之蘋，寿之木华。"高诱注："寿木，昆仑山上木也；华，实也。食其食者不死，故曰寿木。"昆仑山西王母便是这种不死药的掌管者。西王母由丑怪之神蜕变为美丽女神之后仍掌管着不死药，而且由此成为赐寿之神。随着西王母由昆仑山神上升为天神，成为玉皇大帝的配偶，不死药的产地也由昆仑山转移

第三章 中国创世神话演变内在动因

到月宫,因为美丽的西王母实际上也成了月神,制造不死药的不死树也有了具体所指,这就是月中桂树。而且人们还为不死药加进了另外一种原料——灵芝。桂树之实与灵芝都是中医所认定的有延年益寿功效的药物,也是传统信仰中的具有使人长生不死神力的宝物。显然桂实与灵芝神力的信仰是二者药物功效的无限夸大与神秘化的产物。桂的药用价值早就为古人所发现。《说文解字》:"桂,江南木,百药之长。"出于对桂树药物功效的崇拜,古人为桂树涂上了种种神秘色彩,编造了种种神话传说。吴刚伐桂传说叙述桂树随砍创口随合,意味着桂树为不死树。唐人段成式《酉阳杂俎·天咫》:"旧言月中有桂,有蟾蜍。故异书言:月桂高五百丈,下有一人,常斫之。树创随合。人姓吴,名刚。西河人,学仙有过,谪令伐树。"桂树被说成是月中不死树之后,人们又想象出人间的桂树是月中桂树落下的桂子生成,桂树也就成了来历不凡的神树。宋代王象之《舆地纪胜》:"月桂峰,在武林山。遵式《月桂峰诗序》:'想月中桂子,常坠此峰,生成大木,其花白,其实丹。'"所以人们又称桂树为月树,相信食桂能长生不死,飞升成仙。《云笈七签》:"月树名骞树,一名药王。凡有八树,得食其叶者为玉仙。玉仙之身,洞彻如水精琉璃焉。"桂树如此神奇,所以成为不死药原料。不死药的另一种原料是灵芝。灵芝是珍贵的草药,其治病、滋补的功能早已为古人所知。三国魏曹植《灵芝篇》专赞灵芝:"灵芝生天地,朱草被洛滨;荣华相晃耀,光采焕若神。"人们珍视灵芝,视其为驻颜回春、延年益寿的神物。晋代葛洪《抱朴子·仙药》:"石芝,生于海隅名山及岛屿之涯有积石者。其状如肉象。……服方寸匕日三,尽一斤则得千岁,十斤则得万岁。"灵芝延年益寿信仰在中国源远流长,所以西王母的不死药以灵芝为原料之一。

月宫、不死药、西王母、桂树等情节要素共同表现了嫦娥奔月神话所包含的不死的信仰观念。嫦娥奔月神话目前可见最早的记载是《归藏》。李善注《文选》谢庄《月赋》引《归藏》:"昔嫦娥以不死之药奔月。"李善注王僧达《祭颜光禄(延年)文》也引《归藏》:"昔嫦娥以西王母不死之药服之,遂奔月,为月精。"《归藏》所载嫦娥通过服食不死之药以奔月而化为月精事迹表明：嫦娥通过食药、奔月而由凡人成为永生之人。不死药，是嫦娥自己从西王母处获取。李善所引《归藏》嫦娥奔月神话，刘勰《文心雕龙·诸子》也有提及："《归藏》之经，大明迂怪，乃称羿毙十日，嫦娥奔月。"湖北江陵王家台出土秦简《归藏易》中的《归妹》残片第307号与201号均记有嫦娥奔月神话。王家台秦简第307号秦简："□《归妹》曰：昔者恒我窃母死之……"这些都说明《归藏》记嫦娥奔月神话是可靠的。据此可知，战国时期嫦娥奔月神话已有流传。战国时期嫦娥奔月神话并无后羿这一人物。嫦娥偷灵药只是直接与西王母发生关联，这是因为两者的原型都是月亮女神，有同一种秉性，很容易被联系在一起。这说明，嫦娥神话最初的演变是在月生命崇拜基础上发生的。到了汉代，嫦娥神话中才引进了羿，《初学记》卷一引《淮南子》："羿请不死之药于西王母，羿妻姮娥（即嫦娥）窃之奔月，是为蟾蜍，而为月精。"后汉张衡《灵宪》也有类似记载："嫦娥，羿妻也，窃西王母不死药，奔月。将往，枚占于有黄。有黄占之，曰：'吉。翩翩归妹，独将西行，逢天晦芒，毋惊毋恐，后且大昌。'嫦娥遂托身于月，是为蟾蜍。"后羿是射杀九日解除天下旱灾的英雄。他射日得罪了东方天帝，亦即太阳神的父亲帝俊，被贬到凡间。后羿为了重新回到天上，就向西王母求不死药。结果，后羿所求得的不死药被其妻嫦娥偷食了。嫦娥服药后奔月，托身于月宫，变成蟾蜍。蟾蜍为月精。嫦娥即为月精，是不死的象征。但是神话中后羿的出现取代了嫦娥神圣的地位，原本由嫦娥所担当的从西王母处获取不死之药的角色被羿所取代。这实际上是男权社会中女性地位下降的反映。嫦娥奔月所需不死药，原本是直接取自西王母，至此却只能从后羿那里偷取了。嫦娥从此也就成了带有贬斥色彩和争议性的女神。

嫦娥奔月神话的产生，使嫦娥神话得到进一步发展，从而使嫦娥神话系统渐趋形成。在学术界，人们往往将常羲生月与嫦娥奔月看成两种关联不大的神话，或者将前者看作神话，将后者看作传说，这都是不明白两者之间发展的内在联系所致。常羲生月与嫦娥奔月同根植于古人月崇拜中包含的生与死二元对立心理结构，常羲生月表现了古人对于生命诞生的向往，嫦娥奔月则表现了古人对于生命消亡的恐惧以及对于这种恐惧的解脱。

除生与死二元对立结构外,其他二元对立结构也对创世神话形态的发展产生了推动作用。如在人与自然二元对立结构驱动下,以自然物、动植物为创世主宰的原生态创世神话多发展为以人物为创世主宰的再生态创世神话。再如,在阴阳二元对立结构的作用下,原生态创世神话中的单身神,都发展为再生态创世神话中的配偶神,从而使其创世的内容更为丰富,更具人性的魅力。另外,乱伦与禁忌二元对立结构也使得兄妹婚神话越来越丰富,从而发展为与洪水神话相结合的长篇再生态创世神话。不少长篇再生态创世神话的形成,不仅仅是某种二元对立结构在发挥作用,也是多种二元对立结构合力作用的结果。比如再生态洪水神话,既包含了生与死二元对立结构,也包含了人与自然二元对立结构,还包含了乱伦与禁忌二元对立结构。从洪水神话中,我们不难窥见人类多重、复杂、矛盾的心态。

第四章 原生态创世神话

原生态创世神话是对天地万物和人类起源分别做单一解释的创世神话,大约产生于旧石器时期后期至整个新石器时期。原生创世神话情节单一,篇幅短小,对于事物起源的解释往往只包含单一的因素。因为早期的人类在创造创世神话之时,只是要解释诸种事物的起源,这种解释只需要做简单的说明,所以情节简单或者说几乎无情节可言;同时,这种对诸种事物起源的解释,不可能建立在科学认识的基础上,而只能建立在自然崇拜的基础上,每种解释都是一种信仰观念的表述,这种表述必然是非常简单的。原生态创世神话产生的背景是自然崇拜、原始生殖崇拜。原生态创世神话主要包括自然形成型、化生型、制造型、女子生人型、婚配型等类型的创世神话。各类原生态创世神话在后世特别是在文明社会的传承中,一方面演化蜕变成为再生态创世神话;另一方面则继续保留其原生态的基本形态在民间口头传承,但在保留原生态创世神话基本形态的同时,由于受时代风气的影响,又不可能不附会上一些后世的文化因子,因此纯粹的原生态创世神话是很难找见的。在多数情况下,需要做还原的工作。要还原各种创世神话的原生态形式,必须将其核心部分从附加物中剥离开来。所谓核心部分就是创世神话中的最初的创世主体。当然,如果神话的创世主体已经发生了根本性的变化,那就已经不是原生态创世神话,而是再生态创世神话了。事实上,我们要识别各种原生态创世神话,就必须剔除附加物,识别创世主体及其所表现的最初的创世观念。

识别创世主体及其所表现的最初的创世观念。

第四章　原生态创世神话

一　自然形成型

自然形成型创世神话产生于早期人类的自然崇拜，自然崇拜则源于早期人类对自然的依赖性。费尔巴哈曾经指出过自然崇拜产生的基础："人的依赖感是宗教的基础，而这种依赖感的对象，亦即人所依靠，并且人也为自己感觉到依赖的那个东西，本来不是别的东西，就是自然。自然是宗教最初最原始对象；这一点是一切宗教和一切民族的历史所充分证明的。"早期人类将自然物和自然力当作具有生命、意志和巨大创造力的对象加以崇拜，并将天地万物的形成和人类的起源当作自然演化或自然孕育的结果，这样便产生了自然或自然之力生成天地万物和人类的神话。包括自然演化、自然生人等。

（一）自然演化

天地万物的形成多源于自然的演化。这类神话讲述天地的形成，多是说在某种力量的作用下将整体物质分离的结果，或者说天地本是连在一起的或是隔得很近，由于某种自然的力量而拉开距离，从而形成天空。这类神话属于天地分离神话。

云气形成天地神话，将天地的形成说成是气体运动或混沌之气分离的结果。阿昌族神话《遮帕麻与遮米麻》中说：远古之时，无天无地，只有混沌。混沌之中，无明无暗，无上无下，无依无托，无边无际。不知何年何月，混沌中闪出一道白光，有了光明，就有了黑暗，有了黑暗，就有了阴阳；阴阳相生诞生了天公遮帕麻和遮米麻。

彝族创世史诗《阿细的先基》中《最古的时候》说，天地未有开辟之前，"云彩有两层，云彩有两张"，"轻云飞上去，就变成了天"，"重云落下来，就变成了地"。①

彝族典籍《西南彝志》与《宇宙人文论》中说：气的分化、上升与下沉导致混沌初开、天地万物和人类的形成。其文说："清气青幽幽，浊气红殷殷"，"清气升上去，升去成为天；浊气降下来，降下成为地。天乃生于子，天与天相配，高天自生了。地乃劈于丑，地与地相配，大地自成了。人乃生于寅，哎与哺结合，人类自有了。有血又有气，有生命会动。会动也会说，会吃也会穿"。

蒙古族也有类似神话：太古之时，世间一片混沌，后来混沌中生出明暗清浊。不久，属于阳的轻清之物上浮成为天，属于阴的浊重之物下凝成为地。神话中包含了阴阳的观念，显然是后世附会所致。但是气体分化为天地的描述，却反映了比较原始的观念。

基诺族《阿嫫腰白》中说：远古时代，没天没地，只有水，水慢慢凝结成冰块，冰块炸成两片。两块冰块一轻一重，重的冰块沉降变成地，轻的冰块上升变成天。两冰块中走出阿嫫腰白。这则神话讲述水成冰，然后再分化而形成天地孕育人类，实际上是气生天地人类的变形形式。因为气实际上就是指水汽。

纳西族《创世纪》讲述混沌之气分化为天地万物，更为抽象：远古时代，混沌未分，山崩树摇动荡不安，后来三三变成九，九九生万物，万物有"真"有"假"，万物有"实"有"虚"。真和实相配，产生了光亮亮的太阳；假与虚相配合，出现了冷清清的月亮，后来又产生了善神依格窝格。② 这种对天地起源的描述，反映了早期人类对宇宙起源的朴素而朦胧的思考，其虚实相生的说法与老庄的哲学思想有不谋而合之处。这也可能是经过了后人某些提炼和加工的结果。

---

① 云南省民族民间文学红河调查队搜集翻译整理：《阿细的先基》，人民文学出版社1960年版，第8页。
② 参见史纯武、朱世铭、景文连、张俊芳整理《创世纪》，云南人民出版社2009年版，第1—3页。

（二） 自然生成型

人类的起源有的为自然孕育，而更多的则是自然生人，包括动物植物生人、自然物生人。此外，还有自然生人与万物的神话。

1. 竹生人神话

我国南方多竹，竹生人神话主要产生在南方。南方各民族多有以竹为图腾者，竹生人神话即为其图腾神话。陶阳、钟秀指出："原始先民们所以会想竹生人，除了受生命一体化这一普遍观念支配外，还因为本身有它的特点，如竹笋生长神速、竹子空心等。生长神速是生命力旺盛的表现，空心又易引起可以容人和母腹的想象。"① 芮逸夫所做田野调查报告说：太古时，兰竹筒爆出一人，后与似猿之猕子结合而生"罗罗"（彝族一支）。② 彝族又有神话说：太古时代，一条河上漂来一节楠竹筒，漂到岸边爆裂，从中爆出个人来，称名阿槎。他与一女子婚配，繁衍成彝族。以上两则竹生人神话是典型的原生态神话。竹子生人完全是自然行为，没有其他致孕因素导致生子，同时也没有借助外力的作用。广西彝族也有类似的神话，如："远古之时，有一株金竹突然爆炸开，飞出一对有手脚有眼睛的人来。后来这一对人生下四兄弟，其中之一便是彝族的祖先。"③ 台湾少数民族多竹生人神话。卑南族神话说：卑南与槟榔两村的始祖原是海外巴那巴那扬的竹子所生，成人后下海，遭遇台风，才漂到台湾定居。④ 此则神话中的竹生人仍是十分单纯，没有任何外力的作用。另外一则卑南族神话则将竹生人与其他因素相联系：巴那巴那扬的鲁奴勒神拿一根翠竹插到地里，霎时，青竹的第一节生出个小伙子，叫布古玛莱；第二节生出

---

① 陶阳、钟秀：《中国创世神话》，上海人民出版社1980年版，第219页。
② 参见芮逸夫《苗族的洪水故事与伏羲女娲的传说》，《人类学集刊》1938年第1集。
③ 《广西彝族、仫佬族、水族社会历史调查》，广西民族出版社1987年版，第61页。
④ 参见陈国均《台湾东部山地民族》，北京大学民俗学会丛书专号2民族篇，1957年编，第120—121页。

个漂亮女孩,叫帕古姆西。二人结为夫妻,繁衍人类。① 在神话中,神与土地对于竹生人起到了一定的作用,显然是神话在流传过程中附会的成分,但神与土地并没有构成致孕因素,没有导致竹生人神话发生根本性变化,因此该神话仍属原生态竹生人神话。下面还有几则台湾少数民族竹生人神话也有神人的作用,情况与此相似,也应该看作原生态竹生人神话,或者可以看作原生态竹生人神话的发展形态,即亚型形态。雅美族神话说:天神降临兰屿岛,他触动不巴特山的巨石,从巨石里走出尼摩达兹罗里男神。天神走到树林里,触动了一根大竹,从竹子里走出尼摩达兹洛卡瓦里男神。一天,两个男子膝盖发痒,他们用手去摸,从膝盖里就各生一堆男女。从此,兰屿岛就有了雅美人。② 排湾族神话说:古代有一女神,右手投石块,石头里生出了马兰始祖,左手植竹,竹中生出了卑南祖先。

神人剖竹,使竹生人,也是竹生人神话的一种表现形式。此种形式较之于竹自然裂开生人似乎更为合理,因此神人剖竹生人也是竹自然生人神话的发展形式。神人剖竹生人神话只是将竹生人解释得更为合理,并没有为竹生人增添新的生命诞生因素,仍属原生态创世神话。下面是几则神人剖竹生人神话。

贵州威宁马街的彝族中自称"青彝"的一支有神话说:"古时候,有个人在山上耕牧,在岩脚边避雨,见几筒竹子从山洪中飘来,取一竹划开,内有五个孩子,他如数收养为子。五人长大后,一个务农,子孙繁衍成白彝;一人铸铁制铧犁口,子孙发展为红彝;一人制竹器,子孙发展为后来的青彝。因竹子从水中取出是青色的,故名曰青彝。"③ 彝族竹生人神话是彝族竹图腾的反映。彝族有人死后装进竹制菩萨兜的习俗,包含让死者返回图腾物,以获得再生的意义。

居住在乌蒙山的彝族有神话《竹的儿子》:洪水之后,人烟灭绝。仅有一女子靠五节竹子获救。女子寻觅人迹,依次剖开五节竹子,得五子。五子长大

---

① 参见施联朱、许国良《台湾民族历史与文化》,(台湾)民族学院出版社1987年出版,第439页。
② 参见陈国均《兰屿雅美族》,台北出版社1956年版,第1—2页。
③ 何耀华:《彝族的图腾与宗教起源》,《思想战线》1981年第1期。

后各居一方。女子非常满意,抱一通天竹升天而去。① 四川金沙江藏区有斑竹姑娘神话:一个叫朗巴的年轻人到山中伐竹,从竹中剖出一个美丽的姑娘,人称斑竹姑娘。后来,朗巴与斑竹姑娘经过种种曲折结为夫妻生儿育女。② 竹生人神话不仅在中国南方有广泛的传承,而且在东亚、东南亚等地区也有广泛的流传。日本在公元8世纪成书的古典文学作品《竹取物语》记叙了与斑竹姑娘相似的情节,说明竹生人神话对日本影响之深。

2. 树生人及万物

树生人神话包括树木生人神话与树叶变人神话。树生人神话的产生有多种因素:果树能结成累累果实,树根能蔓延生长且能破土而出,树因此被认为有强大的繁殖力;树上的裂口、洞穴与有些树叶形似女阴,容易与女性生殖崇拜相联系;树是大地母神社神的象征等,由此种种,便导致了树生人神话的产生,也有树生人及万物神话。

德昂族创世史诗《达古达楞格莱标》说:当大地一片混沌时候,美丽的天上到处都是茂盛的茶树,茶树是万物的阿祖,天上的日月星辰,都是由茶叶的精灵化出。为了改变大地凄凉冷清的状况,万能之神掀起狂风,撕碎小茶树的身子,使一百零两片叶子飘飘下凡。这些叶子在狂风中发生了奇妙的变化,竟然变成男人和女人:"单数叶变成五十一个精干的小伙子,双数叶化为二十五对美丽的姑娘。"③ 德昂族又有《茶叶变男女开创大地》:很古很古的时候,天已被万能之神帕达丝开辟了,风和日丽,阳光明媚。那里有一片茶树园,飘溢着茶香。可是大地尚未开辟,一片混沌,一会儿狂风大作,一会儿又电闪雷鸣。天神帕达斯为茶神献身大地的请求所感动,施了个法术,刮起一阵人风,一下子抖落一百片叶子,在电闪雷鸣中,一百片叶子变成了一百个男女,五十个精干的小伙子,五十个美丽的姑娘。经过重重曲折落地后,天神要他们婚配

---

① 参见罗曲《彝族竹崇拜文化探析》,《西南民族学院学报》1990年第2期。
② 参见田海燕搜集整理《斑竹姑娘》,藏族民间故事集《金玉凤凰》,上海少儿出版社1961年版。
③ 陶阳、钟秀:《中国创神话》,上海人民出版社1989年版,第217页。

繁衍人类。姑娘们不同意，说都是一棵树上的叶子，本是骨肉同胞，哪能结为夫妻呢？她们为了逃避婚姻，又升上天空。有一个小伙子想了一个办法，用一根青藤扎成藤圈，朝姑娘们抛去，一个一个藤圈恰巧套在姑娘的腰间，小伙子们便各自把自己套住的姑娘从天上拉回来结为夫妻。从此，大地便有了人类。他们就是德昂族的祖先。至今德昂族居住的地方遍地都是茶树。德昂族人崇敬茶树，也离不开茶，天天都要喝茶。德昂族的妇女腰上都缠着藤圈。① 台湾阿眉斯人（即阿美族）神话说：祖先原是阿拉巴奈的一棵参天大树，一日，狂风暴雨、电闪雷鸣，一个霹雳将树干劈开，从中出来男女二人，他们就是阿眉斯人的祖先。泰雅尔人（即泰雅族）神话说：里基阿嘎玻帕大树的树干生出一男，该男生男女二人，自相婚配，繁衍出泰雅尔人。还有一则泰雅尔人神话说，泰雅尔人始祖为大地怀抱盘曲交错的树干所生。有的树桠与女性生殖器形似，所以在树生人观念基础上融入女性生殖器的想象，又产生了树桠生人神话。独龙族神话说：坛嘎朋是从树疤中爆出来的人，与天神四姑娘结婚生下一个男孩。这个男人跟天鬼"格蒙"的女儿成亲，繁衍人类。台湾阿美族神话说：一参天大树被惊雷劈开，从中生男女二人，两者婚配，繁衍阿美人。②

自然生人还包括花生人、风生人、云生人、虫草变人等，但最主要的是以上类别。费尔巴哈指出："自然不仅是宗教最初的对象，而且是宗教的不变基础、宗教的潜伏而永久的背景。"据此可知，自然生人神话作为自然崇拜的组成部分，是人们宗教信仰的永久性的基础之一，具有顽强的生命力。上述七类自然生人神话，在我国自然生人神话乃至人类起源神话中，占据着十分重要的地位。这些神话都包含了最具影响力的神话母题，这些神话母题，在历史的长河中不断被复制，并与其他神话母体相组合形成新的神话，从而对传统文化产生了深远的影响。

彝族神话门米间扎节讲述了树生成万物的故事。天地形成后，天上空旷旷

---

① 参见姚宝瑄主编《中国各民族神话·佤族、阿昌族、纳西族、普米族、德昂族》，山西出版传媒集团·书海出版社2014年版，第386—388页。
② 《雷劈大树生阿美人始祖》，《中国各民族宗教与神话大词典》，学苑出版社1993年版，第145页。

的，什么也没有；地上空旷旷的，同样是什么也不见。天仙罗阿嘛找来了梭罗树，种在三座山的中间，一座太阳山、一座月亮山、一座地面山。三座山在三方，把天和地都占满。天上的梭罗树长起来了，把天撑高、扩宽，把地压下去、挤宽。梭罗树长出了叶子，开了花。一朵花变成太阳，一朵花变成月亮，一朵花变成了星星，一朵花变成了云彩。天上有了云彩，从此，就有了风和雨，就有了雾和露。有了雨露阳光，地上就有了茂密的森林、千万种飞禽走兽，也就有了清清泉水，有了清清泉水，才有了地上的粮食。这一切，全靠天上的梭罗树。天上的梭罗树，是万物之源。[①] 神话既表现了树生万物的观念，表现了对树的生命力的崇拜，也表现了树为天梯、树为擎天柱的观念。

3. 葫芦生人神话

葫芦生人神话产生于采集经济时代的葫芦崇拜。原始人崇拜葫芦，主要是因为人们在长期食用葫芦、以葫芦为器皿的过程中观察到葫芦多籽，而且形似母腹。多籽，就能有更多的繁衍，原始人便认为葫芦具有旺盛的生命力，而且希望人类也具有这样的生命力。于是对其产生了崇拜。葫芦形似母腹，使原始人将其当作母腹来加以崇拜。隆起的母腹是怀孕的形象，所以成为原始生育力崇拜的对象。母腹崇拜可能产生于母系氏族社会早期。世界许多母系氏族社会遗址出土过大量的凸显母腹的女神像，就是明证。我国红山文化遗址也出土过女神雕像，那些雕像也突出表现了其孕育生命的腹部。正是基于对葫芦多籽的生命力崇拜和形似母腹的生命力崇拜，原始人创造了葫芦生人神话。我国许多民族都有葫芦生人神话，如汉、彝、傣、怒、白、苗、瑶、畲、黎、水、侗、壮、哈尼、布朗、布依、土家、仫佬、仡佬、毛南、德昂、纳西、拉祜、基诺、佤等民族以及台湾少数民族。独立的原生态葫芦生人神话，即单纯地讲述葫芦自然生人的神话已经很难见到，但是黏附其他附着物的葫芦生人神话还有不少，我们只要剔除其附会物，就能还原其原生态葫芦生人神话的真相。

[①] 参见姚宝瑄主编《中国各民族神话·羌族、彝族》，山西出版传媒集团·书海出版社2014年版，第82—84页。

布朗族神话说：远古有一大葫芦，里面装满了人。但葫芦没有出口，人不得出。忽然有一天来了一只巨大的天鹅，啄开葫芦，人们便从啄开的口子中出来了。① 显然，神话中，巨鹅啄开葫芦为生人创造了一定条件，但对于人的形成没有起决定性的作用，因为在啄开葫芦之前，葫芦里已经装满了人。人的形成是葫芦本身的生命力所致，巨鹅只是为人从葫芦中出来创造了一定条件。这则神话显然是葫芦生人神话的合理性的改进。但是，打开葫芦只是增添葫芦生人的外部条件，并没有改变葫芦生人的根本因素，所以，此则神话属于原生态创世神话。

打开葫芦给葫芦生人提供了合理性的解释，因此葫芦生人神话在流传过程中就出现了多种打开葫芦的方式，有动物啄开，如上所述，也有大神打开，也有外力撞击打开。傣族神话说：开辟大神英叭开创天地后，就来制造人神。他用污泥捏了男女两个神像，并赋予他们生命，让他们结为夫妻，下到人间创造人类。临行，英叭交给他们一个金葫芦，并告知：一切活的生命都在金葫芦里面。两神下到大地，打开金葫芦，见里面有数不清的活的东西在跳动。他俩便把葫芦里的生命撒向大地。霎时，大地便有了花草树木、飞禽走兽以及各种昆虫鱼虾。葫芦籽用完了，就是没有造出人来，两人只好用泥土造人，才完成天神赋予的使命。② 在神话中，出现了一对夫妻神，但是夫妻与葫芦诞生生命并无直接关系，他们只是将葫芦中已经存在的生命撒向了大地，并没有增添导致生命形成的新的因素。神话仍然表现的是单纯的葫芦产生生命的观念。但是，人类却是这对夫妇神用泥土造成的，这又作何解释呢？其实，神话中已经说得很清楚了"一切活生命都在金葫芦里面"，为什么唯独没有人呢？其实是应该包括人类的，只是因为此则神话是由泥土造人神话与葫芦生人神话融合的产物，融合造成了缺失和矛盾之处。傣族还有一则葫芦神话：远古之时，地上什么也没有。天神派一头母牛和一只鹞子来到地上。母牛在天上活了十几万年，到地上只活了三年，生下三个蛋就死去了。后来，鹞子来孵蛋。其中一个蛋孵

---

① 参见袁珂《中国民族神话词典》，四川省社会科学出版社1989年出版，第321页。
② 参见祜巴勐《论傣族诗歌》，岩温扁译，中国民间文学出版社1981年出版，第15—16页。

成了葫芦，葫芦生出人类。① 这则神话表现的仍然是葫芦生人观念，只不过是附会上了解释葫芦来源的内容，加上了母牛生蛋、鹧子孵蛋的情节罢了。

葫芦生人神话还与大神造人神话相结合，产生了大神种植葫芦生人的神话。拉祜族神话说，天神厄莎种了棵葫芦，葫芦长成，野牛踩断葫芦藤，葫芦滚到海里，螃蟹将葫芦夹上岸，葫芦被夹细了脖子。葫芦被海水胀得又圆又大。厄莎把葫芦搬回家。77 天之后，葫芦里面发出人的声音。厄莎天神叫两只老鼠啃破葫芦。老鼠啃了三天三夜，在葫芦上啃出两个洞，一男一女从洞口爬出，男的叫扎笛，女的叫那笛，两人结为夫妻，繁衍人类。② 神话中的大神造人，依靠的是葫芦本身孕育生命的能力，大神不过是种植了葫芦，并让老鼠咬开了葫芦而已。这些附加的情节都是试图对葫芦生人做更为合理的解释而已。傣族也有一则类似的神话：一对夫妻在地里种了一颗葫芦种子。一年后，长成的葫芦藤上结了一个葫芦，葫芦后来长得和大地一样大。夫妻俩用刀轻轻开了一个小口，葫芦里的人就从这个小口冲出。③ 看来，在神话对于葫芦生人观念的合理解释中，打开葫芦让生命从中出来，就成为一个非常重要的情节。这一情节竟然演化为婚俗中的一个仪式。彝族有破葫成亲的习俗，即在婚礼中，要举行摔破葫芦的仪式。据神话可知，葫芦破了生命才有可能从中出来，破葫是象征新生命诞生的意思，在婚礼中举行此种仪式，有祝愿新婚夫妇早生贵子的意思。普珍做过关于彝族破葫成亲习俗的田野调查和研究，她在其专著中指出："当地彝族认为，摔破葫芦是人从瓜出和子孙繁昌的吉兆。因葫芦不易摔破，继而用形似葫芦的土陶壶取代。新化乡大耳租彝村现行摔土陶壶婚俗即是从摔葫芦演变而来。"④

---

① 参见李子贤《傣族葫芦神话溯源》，《民间文艺集刊》第 3 集，上海文艺出版社 1981 年版。
② 参见马学良、梁庭望、张公瑾主编《中国少数民族文学史》上册，中央民族大学出版社 2001 年版，第 88 页。
③ 参见王宪昭《中国民族神话母题研究》，民族出版社 2006 年版，第 146 页。
④ 普珍：《中华创世葫芦》，云南人民出版社 1993 年版，第 12 页。

4. 蛋生人神话

蛋生人神话，也即卵生人神话，属于自然形成型神话中的动物生人神话类别，应该是狩猎时代的产物。原始人在狩猎过程中，发现各种卵类，如鸟卵、蛇卵等孵出新的生命，并类推人的生命也是由卵所生，不仅如此，还推及天地万物，皆由卵生。

直接说明蛋生天地万物、生人的原生态蛋生人神话还有不少流传。纳西族《东巴经》记有蛋生人神话：人类是从天孵抱的蛋里生出来的，人类是从地孵抱的蛋里生出来的，它的体质还混沌不清，它的体质渐渐温暖起来。身体温暖变成气，气变成了露珠，露珠变成了六滴，一滴落入海里，海失海忍出来了。[①] 海失海忍就是最早的人类。在此则神话中，蛋最初孵出的还不是直接的人，而只是一个生命体，由这个生命体的泪滴与海水作用，才诞生了人类。显然，这一诞生过程表现了原始人对于蛋中生命逐渐成形过程的观察，同时，神话还融入了水生人神话的观念，但是蛋在神话中还是生命诞生之所。

台湾排湾族"两粒蛋"神话讲述排湾族始祖诞生：远古时代，高山上有两粒圆蛋，经风吹、日晒、雨淋而变得圆润光洁，在阳光中闪闪发光。一日，有猫与狗来山上觅食，见圆蛋非常喜爱，绕蛋观赏，并日夜守护，以防野兽侵害。猫用爪扒弄蛋，抚摸蛋，晚上抱一蛋而眠；狗也是如此，晚上抱另一蛋而眠。天长日久，两粒蛋渐渐变黄、变大，并且越来越亮。终于在一个太阳初升的早晨，两粒蛋同时发出"嗒嗒"的响声，蛋壳逐渐裂开，如花蕾缓缓绽放，从裂开的口子处走出男女二婴，肥胖而苗壮。狗与猫都绕其观看，摇头摆尾，发出鸣叫，表达欢乐与祝贺。二婴迅速长大，面为赤色，身有长毛，还长着尾巴，形似山中的猴子。两猴形人先学爬，后逐渐能直立行走，并以采果为生，身上的毛逐渐减少，尾巴也逐渐变短。只是脸上尚有绒毛，而且不能说话。于是学鸟语，有鸟鸣叫："鸠谷，鸠谷！"女于是自取名叫鸠谷。有鸟鸣叫："普

---

① 参见陶阳、钟秀《中国创世神话》，上海人民出版社1989年版，第223页。

纳雷，普纳雷！"男于是自取名叫普雷纳。至今，排湾人有女以鸠谷为名、男以普雷纳为名者。神话后半部分显然融入了猴变人的神话因子，不过仍是以蛋生人为其主体，因为猴形人本是为蛋所生。蛋生出生命，必须经过孵化，所以神话中有猫与狗孵化蛋的情节，但是在蛋生人神话产生之初，原始人未必就已经弄清楚了孵化对于蛋生出生命的作用，这一情节也有可能是后来加上去的。

孵化情节在不少蛋生人神话中都存在，只是孵化者不尽相同。排湾族另一则卵生神话中的孵卵者则是百步蛇，百步蛇是台湾许多少数民族包括排湾族的图腾，显然，这则卵生神话融入了百步蛇图腾的文化因子。神话说：太古之时，太阳在扎噶宝根山坡上生红、白两卵，命百步蛇巴鸟隆孵化，生出巴阿布隆和扎兹摩兹勒男女二神，二神婚配繁衍后人。侗族神话说：远古之时，没有人烟。有四个称作棉必仙婆的大神，在地上孵四个蛋，但是第一次所孵的四个蛋坏了三个，只孵成了一个人，为女性，取名叫松桑。第二次又孵四个蛋，还是坏了三个，又只孵出一个人，为男性，取名叫松恩。松桑和松恩相结合来繁衍人类，两人成为侗族的始祖。此则神话中的孵蛋者是四位大神。此种神话的异文则将孵蛋者说成是龟婆，即乌龟，其他情节则完全相同。

海南岛黎族《黎母山》神话中的孵蛋者是雷公，其孵化的方法则是雷的轰击的方法，比较符合雷神的特性。在海南岛思河，有一座高山，经常云雾缭绕。传说，古老的时候，这里没有人烟。一天，雷公经过这里，觉得这是繁衍人种的好地方，便带来一枚蛇蛋，放在这座山中。不久，雷公将蛇卵轰破，蛇卵中跳出一女孩。雷公给她取名叫黎母。黎母生活在山中，白天采野果充饥，夜晚在树上入眠。后来，大陆有个年轻人渡海来岛上采沉香，遇见黎母，便一起劳动、生活，并结婚繁衍后人。黎母的子孙将这座高山称为黎母山，并自称黎人。此则神话在清人陆次云《峒溪纤志》卷上已有记载。[①]

水族卵生神话《十二个仙蛋》则追溯了蛋的来历：风神与牙巫相配生出了12个仙蛋，孵化出人与雷、龙、虎、蛇、猴、牛、马、猪、狗及凤凰。神话

---

① 参见谷明德编《中国少数民族神话选》，中国民间文艺出版社1987年版，第162页。

中的蛋不仅能孵出人类，还能孵化出众多动物，蛋的创世范围得到扩大。[①]

在彝族的卵生神话中，蛋是由天神所生。彝族史诗《查姆》中的《天地起源歌》说：很古的时候，没有天地日月星辰，没有云雾风雨，没有树木山河，也没有人。只有黑埃波罗赛最大。一天，他生了一个蛋。后来，这个蛋的蛋壳变成天，蛋白变成日月星辰，蛋黄变成了地。彝族卵生神话中的卵是宇宙卵，天地万物皆由卵生。

傣族受佛教的影响较深，其卵生神话将佛祖的诞生也纳入卵生的范围。神话说，很久以前，在遥远的果色拱地方，有99座大山。山上长着99棵大树。中间有一棵最大的树，树叶遮天。树脚上有一洞，洞中有五颗神蛋，如绿色的宝石一般，放射异彩。一天，突然乌云滚滚，电闪雷鸣，暴雨滂沱，狂风呼啸，霎时树叶漫天飘落，天摇地动。五神蛋从洞中滚出，被风刮向天空。很久以后，风停雨住，五神蛋飘落到五个不同的地方。第一神蛋飘落到鸡王国，由山鸡孵出一人，取名"瓜嘎珊"，即传说中的第一佛祖。第二神蛋飘落到野牛王国，投胎于母牛腹中，生出一人，名"古拉贡"，即传说中的第二佛祖。第三神蛋飘落至龙王国，由龙孵出一人，名"嘎撒把"；西双版纳异文说是被吹落至蛇王国，名"达玛吾星哈"，即传说中的第三佛祖。第四神蛋落到人间，滚入河中，顺流而下至下游。一年轻女子浣纱于河边，见水上漂着一闪着金光的蛋，十分好奇，乃划水引蛋入手，蛋在她手中即刻金光耀眼，眼不得睁。一声巨响，蛋裂，跳出一英俊少年。少年说自己是天神派到人间的修行者，名为"古德玛"。西双版纳异文还说，少年当即拜女子为母。女子父名"叭嘎玛塔"，少年取名为"古德嘎玛塔"。阿銮故事或550部叙事长诗，讲述了古德玛修行550代成为佛祖的故事。小乘佛教称现在的时代为古德玛时代，或荷花时代。第五神蛋飘落到勐巴纳西国王的花园里，要等两千五百年以后才裂开生出人神来，但天神已为其取名为"召阿力米地亚"。此位最后的佛祖出世后的情景又有两种说法：一是说该神出来世界就此进入了极乐世界；二是说该神出生之

[①] 参见姚宝瑄主编《中国各民族神话·水族、布朗族、独龙族、基诺族、傈僳族》，山西出版传媒集团·书海出版社2014年版，第11页。

日,就是人类世界毁灭之时。① 这一神话以讲述佛祖的诞生为主旨,显然是佛教文化的产物;而且第四神蛋是接触女子后才裂开生出人来的,已具感生神话的雏形,感生神话则多是再生态创世神话,应当说该神话产生较晚;但是从蛋生人这一核心情节来看,导致生命诞生的仍是蛋本身的生命力,并没有增添新的因素,因此该神话表现的仍是蛋生命力崇拜。另外,虽然神话中的蛋生人情节与佛教发生了联系,但也没发生根本变化,所以该神话仍属于原生态卵生神话。

5. 水生型

水生人神话,即是讲述水生出人类及天地万物的神话,包括水的各种存在形式如江、河、湖、海、井、泉等与各种变形形式如雨、雪、水汽、雾露等分别生出或形成人类的神话。

哀牢山哈尼族聚居区流传的哈尼族史诗《哈尼阿培聪坡坡》开篇讲述哈尼族祖先在水中诞生的情形:"大水里有七十七种动物生长;先祖的诞生也经过七十七万年。"又说:"先祖的人种在大水里,天晴的日子,他们骑着水波到处飘荡。"接下来叙述像螺蛳、蜗牛一样的人种在水中爬行,经过二十三次换爹换娘,才变成塔婆始祖。神话展现了人类在水中诞生的过程,所谓最初的"人种"其实还不是真正意义上的人,只是可以变成人的水生动物,由于哈尼族认为人是由这类水生动物变化而来的,所以将其称为人种。

黔东南苗族神话说美女神娘阿莎为水井所生,实际上说她为水井中的水所生。

雨水能滋润万物生长,这在原始采集经济时代就应当已经为人们所认识。由雨水的滋润万物生长的功能又推衍出了雨水生人的神话。怒族创世神话说:在很古的时候,天神创造了万物,但唯独没有创造出人类。地神常常为此感到忧伤。天神落下了两滴同情的泪水,泪水变成了雨水。雨水落到地上,一滴变

---

① 参见谷德明编《中国少数民族神话选》,中国民间文艺出版社1987年版,第390—392页。

成一个男子，叫闷有西，一滴变成了一个女子，叫闷有娣，他俩就是怒族的祖先。将雨水说成是天神的眼泪，是对雨水的神秘化，这则神话实际上反映了雨水生人的观念。

基诺族的《阿嫫腰白》讲述创世女神阿嫫腰白为大海所生。神话说：远古之时，宇宙间是一片汪洋大海，阿嫫腰白第一个来到世界上，开始创造一切。①

雪或者雪水在雪山地区，往往是水之源，所以也被视为生命的起源。彝族史诗《梅葛》说：格兹天神在天地造成之后，见地上没有人，就从"天上撒下三把雪，落地变成三代人"。从此，地上就有了人烟。②彝族史诗《勒俄特依》讲述了雪子十二支的故事：天上降下桐树来，霉烂三年后，喷出三股雾，升上天空，降下三场红雪，在地上化了九天九夜，并开始化成人类。"结冰成骨头，下雪成肌肉，吹风来做气，下雨来做血，星星做眼珠，变成雪族的种类。"逐渐形成所谓雪族十二种。雪族十二种，既包括了动物、植物等，也包括了人类，即所谓"有血的六种，无血的六种"。无血的六种是黑头草、白杨树、杉树、毕子树、铁灯草和"勒洪"藤；有血的六种是蛙、蛇、鹰、熊、猴和人类。后来雪族十二种又繁衍出更多的动植物和人类。③

水与生命密切相关，人的生命须臾离不开水，早期农业生产更是特别倚重于雨水，因此，在人类的信仰世界，很早就出现了水崇拜。正是基于对水的生命力崇拜，早期人类创造了多种多样的水生人神话。

6. 石生型

原生态石生人神话是讲述石头裂开生出人来的神话。石生人神话的产生可能与女性生殖器崇拜和男性生殖器崇拜有关。在一些民族，石穴、石凹、石坑等被当作女性生殖器的象征而受到人们崇拜，同样，形似男性生殖器的长形石

---

① 参见《中国各民族宗教与神话大词典》，学苑出版社1993年版，第353页。
② 参见云南省民族民间文学楚雄调查队整理《梅葛》，云南人民出版社2009年版，第21页。
③ 参见冯元蔚译《勒俄特依》，中国国际广播出版社2016年版，第20—32页。

柱也受到人们崇拜。人们崇拜这些象征男女生殖器的石头，是因为他们相信这些石头与所代表的男女生殖器一样是人类生命的源泉，对之顶礼膜拜，就可以求得子孙绵绵。石生人神话是在石生殖崇拜观念基础上产生的。原生态石生人神话中的石往往是巨石，这是因为人们最初往往是以山石为崇拜对象。

汉族典籍有石生人神话的零碎记载。《淮南子·修务训》："禹生于石。"明确说明治水英雄大禹为石所生。有关禹的儿子启的产生神话仍包含石生人神话的母题。清·马骕《绎史》卷十二引《隋巢子》："禹娶涂山，治鸿水，通轘辕山，化为熊。涂山氏见之，惭而去。至嵩山下，化为石。禹曰：'归我子！'石破北方而生启。"启即为石头开启而生之意，包含石生人情节。

我国少数民族有着丰富多彩的原生态石生人神话。台湾鲁凯族神话说："我们人类是从哪里开始分散去各地的？那地名叫'阿鲁袑哈'，'阿鲁袑哈'的意思就是'从这个地方开始分散到各地去成立自己的家庭'，我们人类就是从那个地方散向各地的。我们为什么皮肤黑黑的？因为我们是从石头里生出来的。平地人的皮肤怎么会白白的？因为他们是从竹子里生出来的。'阿鲁袑哈'地方有一棵榕树，暗示我们人类刚开始也有从榕树里生出来的，卑南族人就是从这榕树生出来的。所以我们和卑南族不同，因为他们是榕树生出来的，我们和他们模样不一样，服装也不一样。我们鲁凯族是从石头生出来的，石头是不动的，不会摇摇摆摆的，所以我们都是坐得很稳的，我们鲁凯族的人生也很稳。"[①]鲁凯族石生人神话没有什么情节，但却是他们生活中的行为准则和人生哲学的阐释，与生活融为一体，这有可能正是原始神话的本意。台湾泰雅族也有石生人神话：太古之时，大霸尖山一巨石迸裂，生男女二人，相婚配，生男女各二人，又相婚配，人类得以繁衍。卑南族既有树生人神话，也有石生人神话。其石生人神话说：太古之时，巴那巴那扬一巨石迸裂，生一女名拉宁，饮水长大，与鲁凯族大南社男子沙卡朗成婚，生育后代。泰雅族、阿美族等也有石生人神话。泰雅族石生人神话中石的迸裂为鸟所为，可见已经融入鸟图腾

[①] 参见勒楞讲述，杜玉英口译，金荣华主编《台湾鲁凯族口头文学》，引自陶阳、钟秀编《中国神话》上册，商务印书馆2008年版，第349页。

神话的因子：太古之时，西勒鸟将南朝天山一巨石推下海，石迸裂，生泰雅族始祖一男一女。泰雅族另一则石生人神话也涉及鸟的作用：宾斯巴干一巨石迸裂，从裂缝处可见内有一男一女，比勒雅克鸟将他们一一衔出，放于地上。两人长大后相婚配，繁衍人类。同一民族同一类神话，一说巨石裂开为鸟所致，一说人从石缝中为鸟所为，鸟的作用被说得非常随意，可见鸟对于石生人并非具有决定性的作用，与鸟相关的情节是后来衍生出的，其原生形态为巨石迸裂生出人类。泰雅族石生人神话虽有衍生情节，但仍没有改变原生态特性。阿美族石生人神话已和兄妹婚神话融合，成为再生形态石生人神话，但其中还保留了部分原生态情节，即石迸裂生人情节。神话说：兄妹成婚生白石。兄亡，妹守白石度日。后白石膨胀迸裂，生两对男女，相互婚配，繁衍后人。哈尼族神话说：天上掉下三个大石头，石头炸开跳出顶天立地的汉子阿托拉扬。阿托拉扬和从金葫芦里出来的阿嘎拉优成亲，成为人类和魔鬼的祖先。[1]

7. 洞穴生人神话

佤族创世神话《司岗里》说：大神木依吉创造了动物、植物及人类。他将造好的人放在石洞里。小米雀将石洞啄开，老鼠叼走蹲在洞口的豹子，人才从石洞中走出。[2] 台湾布农族神话说：太古之时，尚无人类。那勒哈勒虫把粪团成团，并推入敏兜昂两洞穴内，洞穴遂诞生男女二人，自相婚配，繁衍后人。洞穴生人神话的产生，可能与早期人类居住洞穴有关，也可能源于洞穴母腹崇拜，也有可能是因为洞穴形似母腹或形似女阴。

8. 洪水神话

洪水神话是一种世界类型的神话，其典型形态是由洪水灭绝人类与人类再

---

[1] 参见李格、王富帮讲《天、地、人和万物的起源》，《哈尼族神话传说集成》，中国民间文艺出版社1990年版，第34页。

[2] 参见毕登程搜集整理，隋嘎等说唱《司岗里史诗原始资料选辑》，赵秀兰佤文翻译，民族出版社2010年版，第146—147页。

生两部分内容所组成,人类的再生是其基本主题,我们称之为再生态洪水神话。此种神话遍布世界各地,在中国也有广泛的分布。再生态洪水神话围绕着人类的再生往往聚集着多种生命诞生情节,显然是融合多种创世神话而形成的,远非原型形态。事实上,还有一类洪水神话,只讲述洪水带来毁灭性的灾难,并未言及人类的再生,这便是洪水神话的最初形态,我们称之为原生态洪水神话。原生态洪水神话在一些国家和地区仍有传承。在我国,既有再生态洪水神话,也有原生态洪水神话。原型洪水神话与人类再造无关,主要叙述洪水的威力、造成的巨大灾难以及神灵对洪水的治理。它表现了先民们对洪水极大的恐惧和由此引发的战胜洪水的强烈愿望。原生态洪水神话属于自然形成类神话。

原生态洪水神话可分为两类:第一类重在揭示洪水发生的原因;第二类重在叙述对洪水的治理。第一类如共工发洪水神话。共工发洪水神话明显可分为两种系列,一种系列叙述共工通过振滔发起了洪水;一种系列叙述共工触倒不周山而引发洪水。古今学者已经注意到了两种共工神话的不同。古人高诱注《淮南子·原道训》所载共工触不周山神话说:"共工以水行霸于伏羲、神农间者,非尧时共工也。"明白说明有两个共工。今人朱芳圃论共工神话说:"其神话当分两系:其一、《淮南子·天文训》言:'共工……触不周之山,天柱折,地维绝。'此盖先民解释天象地形之神话,谓日月星辰之移于西北,水潦尘埃之归于东南,由于天倾西北,地不满东南,其原因为共工触不周山,使天柱折,地维绝所致。其二、《淮南子·本训经》言:'共工振滔洪水,以薄空桑。'"[①]两类共工神话的区别在于发起洪水的方式不同,即振滔与触倒不周山天柱两种不同的方式。它反映了先民对洪水起因的不同解释。振滔发洪水,是掀起波涛引发洪水。波涛之掀起,必然是由于淫雨不止、山洪暴发所致。这是先民从天降暴雨现象的角度对洪水起因的神话式的解释。触不周山而致地倾东南引发洪水,是说由于天柱折断、地势倾斜的原因,各条水系汇集东南低处而

---

① 朱芳圃:《中国古代神话与史实》,中州书画社1982年版,第10页。

形成洪水，这是从中国地势由西北高处向东南低处渐次降低的状态的角度所做出的关于洪水起因的神话式的解释。所以两类洪水神话都是对自然的解释，都属于自然类原生态神话。第二类原生态洪水神话着重于洪水的治理，已经带有英雄神话的性质。本不在本课题研究范围，但由于该类神话也属洪水神话，而且表现了创世神话与英雄神话的交叉关系，所以一并论及。洪水治理神话主要有女娲、鲧、禹治水神话。女娲补天及其他事迹主要是治理洪水。《淮南子·览冥训》说："往古之时，四极废；天不兼覆，地不周载，火爁炎而不灭，水浩洋而不息，猛禽食颛民，鸷鸟攫老弱。于是女娲炼五色石以补苍天，断鳌足以立四极，杀黑龙以济冀州，积芦灰以止淫水。苍天补，四极正，淫水涸，冀州平，狡虫死，颛民生。"天穹的四边倾倒、九州大地陷塌，引起洪水泛滥，虽属神话式的说法，但也有一定的现实依据。这种说法应该出自先民对当时发生的特大洪水所产生的错觉或幻觉：洪水滔天，无边无际，人们便以为天的四边倾倒了，大地陷裂了。当人们渴望征服这滔天的洪水时，就自然而然地幻想出了补天平水患的神话。因此，神话中女娲补天的行为，实际上是为了治理水患。此外，杀鳌、黑龙等水怪，是为了消除水患，积芦灰则是为止淫水，都属治水的行为。鲧、禹治理洪水神话，更多带有历史的影子。《山海经·海内经》说："洪水滔天。鲧窃息壤以湮洪水，不待帝命，帝令祝融杀鲧于羽郊。鲧复（腹）生禹。帝乃命禹卒布土以定九州。"两类原型洪水神话，无论是探究洪水的起因，还是赞美治水的神灵，都表现了先民渴望战胜洪水的愿望，其主题与人类再生并无关涉。此外，台湾曹族的洪水神话只讲述人类躲过洪水灾难，也无再生内容，也当属原生态洪水神话。其神话说：太古之时，大鳗鱼堵塞河道，洪水泛滥成灾。人与兽类逃往高山避难。后巨蟹用双鳌刺破大鳗鱼腹部，大鳗鱼挣扎之时张开巨口喝尽洪水，洪患解除，人类得救。鳗鱼死去后脊背变为山陵，长满桧树。

云南汉族也有鱼生人神话：天地未形成之前，有一条鱼生出了万物，形成了世界。鱼生出天、地、有、无、红、绿、黑等77种物质，后来自己才变成人的模样，即人类的祖先。

二 制造型

制造型创世神话讲述创世大神制造天地万物和人类的故事,它与巨人化生神话一样都是人类自我意识增强的产物,都表现了对人类自身伟大创造力的崇拜。制造型创世神话属于原生态创世神话,原因有二:其一,制造型创世神话虽然晚于自然形成型创世神话,但仍然是人类早期的神话。因为这类神话在人类能够制造生产生活工具时就有可能产生。比如用泥土造人神话的产生,就可能与人类制造陶器与制造泥质神像有关。其二,制造型创世神话只包含单一的母题,即制造天地与人类,其中主要是人类。

(一) 女神制造

较早出现的是女神制造神话,产生于母系氏族社会,内容包括女神造天地万物与人类。这类神话是母系氏族社会女神崇拜的产物。女神崇拜的产生,与女性在母系氏族社会的主宰地位有关,也与人们经常观察到的女子生人这一现象有关。女子崇高的地位与女子的生育能力,导致了女神创世神力崇拜的产生。女神制造神话正是女神创世神力崇拜的反映。

中国最著名女神造人神话是女娲用泥土造人神话。《太平御览》卷八十七引《风俗通》:"俗说天地开辟,未有人民,女娲抟黄土作人,剧务,力不供,乃引絙于泥中,举以为人。"泥土造人神话在全球多有分布,这与人类早期普遍曾用泥烧制陶器有关。不过,外国的泥土造人神话中造人者多是男性,这可能是因为这些国家的泥土造人神话产生于父系氏族社会,或者是经过了父系氏族社会的改造。古希腊神话说:普罗米修斯在福斯基的帕诺剖斯城用泥土和水捏出人形,并给他们以生命。他完成造人使命后,还留下没有用完的泥土。据说这就是福斯基峡谷上的两大堆黄色的泥土。古埃及神话说,众神之父赫努姆像制陶一样造人。他用陶盘塑造人和诸神的胚胎。他的妻子赫凯特则赋予胚胎以生命。然后烧制成人。古巴比伦神话说:天神马杜克用泥土、水和芦苇造人。这一神话在泥土中添加了芦苇。古希伯来神话说,天神耶和华用泥土造了亚当,并给亚当以智慧,然后用亚当的一根肋骨造了夏娃。《圣经》中的造人故事即来源于此。波西尼亚的塔希提岛有神话说:最高神坦加洛亚创造了宇宙之后,又用红土和柳枝造了泥人。有一次,坦加洛亚喊泥人的名字,泥人就走过来。他让泥人入睡,从泥人身上取出一根骨头,制造了一个女人。于是,这一对男女便结合繁衍人类。这一神话也与《圣经》造人神话如出一辙。西太平洋群岛土著民族神话说:一对兄妹用黄泥和着各种动物的血来造人,用什么动物的血,就决定了所造出的人的性格。用老鼠血和黄泥造成的人,就会是小偷;用蛇的血和黄泥造成的人,就会是胆小鬼;用公鸡血造成的人就会是勇士。北美印第安人神话说:天地的开创者用暗红的泥土掺和水,做成了男女两个人形,再烧制而成。非洲沿白尼罗河居住的希卢克人神话说:创造神朱奥克用各种泥土创造了世界上所有的人。他漫游各地造人。在白人国家,他用白土,创造了白人;他到埃及,用尼罗河的污泥创造了红色人和棕色人;他到希卢克人居住的地方,用黑土创造了黑人。[①]

泥土造人神话在世界的广泛流行,说明人类曾普遍经历了泥器时期,它应该是介于石器时期与铜器时期之间的一个时期。与世界各国的泥土造人神话相比较,中国泥土造人神话更为独特,造人者多为女性,说明中国的泥土造人神话保持了更为原始的面貌,同时也说明,在中国始终保留了女性生育崇拜,以至于使得这一神话不至于随着社会形态的更迭而改变原始的面貌。

我国少数民族有着极为丰富的女神制造神话。土家族《摆手歌》中有女神造人神话,女神造人所用材料则已不仅仅局限于泥土,而是用多种材料。墨贴巴(天上的大神)命张古老和李古老补天做地之后,又命依窝阿巴(女神)去

[①] 以上世界泥土造人神话部分材料引自鲁刚《文化神话学》,社会科学文献出版社2009年出版,第67—73页。

做人。长歌唱道:

地上无人冷清清,
墨贴巴再叫依窝阿巴去做人。
依窝阿巴再做人,
忙了十天十夜整。
先摘葫芦做脑壳,
葫芦脑壳真神气,
额门下面两只眼,
画些眉毛来遮挡,
一个鼻子栽当中,
两个鼻孔呼吸通,
两只耳朵左右栽,
匀匀称称巧安排,
鼻子下面开嘴巴,
嘴有舌头又有牙,
喉咙当中接气管,
肠肝肚肺门门通,
砍些竹子做骨架,
做的骨架紧紧扎。
和合泥土做肌肉,
骨架上面紧紧糊,
剥张树皮做皮肤,
摘张树叶做肝肺。
又将豇豆做肠子,
还用茅草做汗毛,
人的身上门门有,

又做脚来又做手。

依窝阿巴心真细,

肚上肚脐没忘记,

屙屎屙尿都想到,

生儿育女不用愁。

忙了十天又十夜,

依窝阿巴累够了,

她的眼皮浮肿了,

她的脸上长角了(意为脸消瘦如长角)。

十天十夜做成人,

嘴巴一张出气了,

扯起耳朵一喊,

"嗡哎!嗡哎"哭出声,

能睡能换气,

能坐又能站,

两脚会走路,

依窝阿巴做人成功了。

祖宗们这样传下来,

……①

土家族女神造人的材料有葫芦、茅草、豇豆、树皮、树叶、竹子、泥巴等,这是以多种自然物比附人的器官来创造的女神造人神话,描写细腻、生动,涉及对象众多,表现出奇特的想象力,显然是神话在传唱过程中经过了不断加工的结果。但是,造人材料的多样化,并没有改变女神创世力崇拜的性质,该神话仍属原生态创世神话。

---

① 彭勃、彭继宽整理译释:《摆手歌》,岳麓书社1989年版,第32—34页。

我国不少民族女神制造神话既讲述女神造人，还讲述女神造天地万物。基诺族神话《阿嫫腰白》说：洪荒之时，到处是大水，女始祖腰白（称阿嫫腰白）第一个来到世上。她用双手搓出一块块泥垢，然后用泥垢造成天地、日月、星辰、山川、河流、动物、植物和人。当时，人和万物没有什么区别，都会说话、吃饭和其他一切活动。人与万物为了各自的利益，常常发生争斗。人类常常受到万物的威胁。阿嫫腰白给人智慧，帮助人们战胜自然灾害。这一神话，既表现了女神的创世能力，还反映了女神带领人们逐渐增强战胜自然能力的远古历史生活，已含多个历史阶段的沉淀物，阿嫫腰白既是制造大神，也是民族女祖先神。但是，阿嫫腰白用身上污泥造人造万物的情节，表现了早期人类对女性生殖力的崇拜，具有原生态创世神话的性质。

瑶族密洛陀女神制造神话说：密洛陀的师傅死后，她用师傅的雨帽造成天，用师傅的手脚为四根柱子顶住天的四角，用其身子做中柱撑在中间。天地造成后，又造大小河川、花草树木、鱼、虾、牛、马、猪、羊、鸭等等。密洛陀又造人，经过种种曲折，最后用蜂窝造人，日炼三次，夜炼三次。过了九个月，众蜂皆变成人。密洛陀造成天地万物和人类，可谓创世大神。

（二）男女神制造

我国还有女神与男神共同造人造天地的神话，这可能是由母系氏族社会向父系氏族社会过渡时期的产物。同时，这类神话还潜含了人们对于男女结合生育子嗣的朦胧认识，也潜含了阴阳相合的观念，因此这类神话的产生也可能与人们生育知识的增长有关。但是，这类神话并没有直接表现男女结合生育子嗣的观念，同时也并没有融入其他创世观念，天地万物与人类的产生，还是仅凭神的制造，神话依然保持其原生态的性质。彝族史诗《阿细的先基》讲述了男神阿热和女神阿咪共同用泥造人的故事：

称八钱白泥，

称九钱黄泥，

白泥做女人，

黄泥做男人。

两手做成了，

两脚做成了，

眼睛鼻子造成了，

嘴巴耳朵造成了，

完全像人的样子。

阿热和阿咪，

吹他们一口气，

这对泥人呵，

就能点头了。

天上刮起大风，

大风吹进泥人的嘴，

肚子里呱呱地向神，

泥人会说话了。

按常识，纯粹的泥人没有生命，所以彝族神话又加进了大风吹气的情节，似乎是吹进了气体，泥人就会获得生命力。添加吹气的情节也是为使泥巴造人神话更能使人信服。我国制造神话中也有男神制造神话，这显然是以男权为中心的社会的产物。不过此类神话的数量较少。如壮族神话《布洛陀》中的布洛陀，就是一位男性制造神。布洛陀又称布碌陀，他是壮族神话中的男性始祖神。该神话说：远古时候，天地重叠成一块坚硬岩石。后来突然一声霹雳，岩石被震开，成为两大片。上面的一片上升，成为天；下面的一片下沉就成为地。天地形成后就有了人类和其他自然物。但是天和地隔得很近，布洛陀就率领众人砍来一根老铁树，将天撑起、顶高。但是天的样子像把伞，天小地大，天盖不住地。布洛陀就抓起地皮往上一提，形成了很多山坡，这样地就缩小了,天就盖得住地了。从此,风雨循环,阴阳更替,四季分明。一切有常,万物兴旺。神话中天地形成雏形部分具有自然形成型创世神话的性质,布洛陀撑天缩地部分,则为神人制造神话。布洛陀的制造是在天地已具雏形基础上的制造,可谓改天换地,仍属于天地开辟神话,具有原生态创世神话性质。[①] 另外还有一种制造神话,制造者的性别特征并不明显。如鄂伦春族神话:天神恩都力莫里根用飞禽的骨肉,先造了十个男人和十个女人,后又造了一百对男女。因飞禽的骨肉不够了,就用泥土来补充。神话中的天神就没有明确的性别。

(三) 众神制造

彝族还有众男神与女神或众男女神造人神话,可视为男女造人神话的发展形式。有神话说:远古时候,天地一片混沌,不分白天黑夜,不分老少大小。长生不死的阿罗,生了五个儿子,为五个大力士,力大无比。阿罗就叫他们去造天。天造好了,可是没有地。造地要女儿,可是没有女儿。阿罗又生了个女儿,名叫阿录茵。阿罗叫她去造地。阿录茵勤恳造地,结果造出的地比天还大,天地无法合拢。阿录茵为了缩小地,就将地打了一些皱褶,就形成了地上的高山深谷,天地也因此合拢了。神话接下来还叙述了阿录茵化生日月、星辰、江河、草木事迹,已经融合化生神话内容,不在原生态神话讨论范围之内了。彝族还有群男群女造天神话。神话说很古以前,格兹天神放下九个金苹果变成九个男子,让其中的五个去造天;又放下七个银苹果变成七个姑娘,让其中的四个去造地。造天的男子没吃没穿,就用云彩做衣裳,露水做口粮;造地的姑娘没吃没穿,就用青苔做衣裳,用泥巴做口粮。最后因为女子勤快、男子懒惰,地造得比天大,又只好用种种办法将地弄皱褶,形成山峦河谷,天地才合拢。

彝族又有众神造天地神话。远古之时,世上只有一团混沌不清的雾露,分

---

① 参见谷德明编《中国少数民族神话选》,中国民间文艺出版社1987年版,第84—85页。

不出白天黑夜,也分不出天地,"时昏时暗多变幻,时清时浊年复年"。众神之王涅侬倮佐颇召集众神商议,"要安排日月星辰,要铸就宇宙山川,要造天造地"。龙王罗阿玛在太空种了一棵梭罗树,树上开白花,这就是月亮;神王的长子撒赛萨若埃在一千重天上种了一棵梭罗树,树上开红花,这就是太阳;神王的次子涅侬撒萨歇在太空撒上星辰……有了日月星辰,"雾露变气育万物",才出现了簸帽样的天、簸箕样的地。神王之幼子涅滨矮又造出大海、河川、湖泊、清泉……龙王罗阿玛又到月亮上找来谷子、苞谷、荞子、洋芋种子;他又洒下倾盆大雨把平原大地冲成沟壑、山川、峻岭、丘陵、河滩;水王罗塔纪则养起了鱼虾。有了山川河流,有了高山平地,有了草木种子。日复一日,年复一年,太阳不亮了,月亮不明了,群神又派罗塔纪姑娘挑水上天,擦洗太阳、月亮和星星,分清了昼夜,分清了四季。

　　从上述制造神话中可见,制造型创世神话又可以分为个体神制造神话和众神制造神话。众神制造神话中的诸神在制造天地万物与人类时往往各有分工,表现出了人们对不同崇拜对象的不同创世职能的崇拜,是早期各类自然神灵崇拜观念的产物。如天神往往成为天的制造者,地神则往往成为地的制造者。白族创世神话说:创造神为四人:八哥、典尼、支格阿鲁和结支戛鲁。其中主要的制造者是典尼。他用铜柱子顶开了东方的天,太阳就从东方升起了。他又用第二根铜柱子敲开了西方的天和地,顶住了西方的天,晚上太阳就从西方落下去。接着又用铜柱子敲开北方和南方的天和地,这样天和地就分开了,天和地便造成了。苗族也有众神创世神话。滇南苗族神话说:远古,世间一团气体。八百岁女神菠慈来造天,造了九重天;八百岁男神佑聪来造地,造了十二层,天窄地宽,合不拢。管理天下的女神竺妞派女神雷鲁、男神朱幕援助菠慈与佑聪。四神合作将天往四方拉,把天拉大了,又将地往一处拢缩,地缩小了,缩起的皱褶就成为山脉与江河湖海。在神话中,最早出来造天地的是一男一女两位神,后来又增加了男女二神,说明众人制造型神话是在男女神制造神话的基础上发展而来的。

三 女子生人型

女子生人神话与女子造人神话一样都是母系氏族社会的产物，但它与女子造人神话所表现的观念有所不同。女子生人神话表现的是对女子生育力的崇拜，而女子造人神话主要表现的是女子创造神力的崇拜。在女子生人神话中，没有对女子怀孕原因的解释，这是因为，在只知有母不知有父的时代，人们常常直接观察到女子生人现象，只会将女子生人与相关的器官如母腹、生殖器等联系起来，大概是不会去追寻女子怀孕生子的原因的。这就构成了与感生神话的区别，感生神话讲述女子感某物怀孕生子，实际上是揭示了女子怀孕的原因，女子生人神话作为原生态创世神话的一种类型，它的根本特点在于女子无须受孕而可直接生子，所表现的是女性生殖崇拜。

满族女子生人神话说，宇宙形成之初，有地母神巴那吉额姆创世。她是宇宙三姊妹之一，有山一般巨大的身躯，腹部和乳房高耸。她搓落身上的泥土和汗毛，化作了树木山海，流出的汗水化作了清泉。她生下了第一个女儿，是个四头、六臂、八足的大力士。女子生人神话的产生与女性生殖崇拜密切相关，女性生殖崇拜往往具体为对母腹、女性生殖器等的崇拜，因为母腹与女性生殖器等都是与生子相关之物。上述神话中的女神有高耸的腹部，这正是女子怀孕形象的写照，是母腹崇拜的体现，可见该神话源于母腹生殖崇拜。满族另有女子生人神话，则直接与女性生殖器发生联系，也可见女子生人神话产生的缘由。神话中的女子为满族始祖母神，名为佛朵妈妈。佛朵，即满语"佛特赫"，意为柳枝。柳枝在满族是女阴的象征，女阴则是生灵万物的生育者。佛朵妈妈意即生育万物的大母神。佛朵妈妈生人神话源于女阴崇拜，即此可证。

四　婚配型

婚配型创世神话也是以人类的诞生或生命的延续为主题的神话，多指男女婚配或人与动植物婚配生人的故事。婚配型神话是在人类对于男女交配或雌雄动物交配繁殖新生命现象有了朦胧的认识之后才产生的。人们将婚媾或交配看成是人类诞生或人类再生的必要行为，并对其加以崇拜，从而产生了婚配型创世神话。主要有兄妹婚与人兽婚神话，此外还有天地婚、日月婚、人神婚、人仙婚、母子婚、妇女婚等等。

（一）人兽婚

人兽婚神话是人类关于两性交配繁衍子嗣的认识的低级阶段的产物，也是自然形成型创世神话中的动物生人神话不断演化的产物。人兽婚神话多讲述人（多是女子，也有男子）与某种兽类成婚生子的故事，而其中的兽类往往又可以变化为人形。人兽婚神话也包含图腾崇拜的因子。这一点与图腾感生神话有某种相似之处，即都有女子与动物产生某种关系而怀孕生子的情节，但是两者又有根本的不同，感生神话中，女子与兽类之间的关系只是感应关系，并不是婚媾关系，而人兽婚神话中的女子则与兽类发生了婚媾关系，而且为了使这种婚配更易于让人理解，人兽婚神话中的兽类往往又可以变为人形。同时，前者只包含女性生殖崇拜与图腾生殖崇拜的内容，并不含两性生殖崇拜的因子，也就是说，当时的人们还没有从两性交合的角度去思考怀孕生子的问题；而后者则将女性生殖崇拜和图腾生殖崇拜转化成了两性生殖崇拜的内容。

傈僳族虎氏族女子与虎婚媾生子神话，虎为傈僳族虎氏族图腾，该神话为傈僳族虎氏族起源神话。神话说：古老时代，一女子上山砍柴，遇一虎。虎旋即变为一青年男子,与女子交配,生一男,长大后以虎为名,表明为虎之后人。另一异文说:一虎化为青年男子,与某女成婚,生下的子女就成为虎氏族。该氏族人们认为,虎不食虎氏族成员。虎氏族也有自己的禁忌,虎氏族成员不得猎虎。傈僳族熊氏族有女子与熊婚配生子神话:远古之时,一女子上山砍柴,遇一大公熊,熊步步走近女子,到眼前时,女子吓得昏死过去。待遇女子醒来,公熊已变为一青年小伙,两人遂结为夫妻。婚后产一男,即是熊氏族之男祖先。熊氏族相信熊不食该氏族成员,同时也有氏族成员不准猎熊的禁忌。

蒙古族有一则奇特的人兽婚神话,表现了人与兽的象征性结合。神话说:天地初开之时,世上一个人也没有。一天,一位天仙下凡,到湖里沐浴。浴毕,坐于湖边石上,正值月经期,滴下几滴经血于石上。不久,一公猴来此,于经血上小解。九百九十九年以后,经血就变成了人。这则神话是试图合理解释人兽婚产子的产物,人兽婚神话的产生虽然有其历史原因,但是在现实生活中毕竟难以理解,所以才产生了以上的解释,当然这种解释只能是一种歪曲的想象。

怒族人兽婚神话说:很古时候,有一母三女上山砍柴,背柴时怎么也背不动,原来柴中有大蛇蛰伏。蛇要求三女中一人做其妻,并说只有这样,以后背柴才能轻。大女、二女都不肯。唯三女恐母亲被柴压死,同意嫁给蛇。三女与蛇成婚后繁衍子嗣,其子嗣为蛇氏族,怒族称"明黑华"。神话中,女子与蛇成婚原因在于女子恐怕母亲被藏有蛇的柴火压死,已含尽孝人伦思想,显然为后世衍生之物,是歪曲神话原貌的说法。但女子与蛇成婚繁衍蛇氏族之说,却又保留了氏族起源神话的原生态内核。

珞巴族有人虎婚神话:很古的时候,有尼英、尼略姐妹俩,居住在只有女人的村庄,不能婚配生子。她们为传宗接代四处寻找配偶。姐姐尼英遇到一只老虎。这只老虎经常给她送肉,遂与之产生感情,结为夫妻,生出的后人为虎氏族。妹妹尼略遇到一男青年,与之结为夫妻。原来这男青年是尼略所佩戴的腰刀变成的,妹妹尼略生出的后人为刀氏族。

朝鲜族有人熊婚神话。天王之子恒雄下凡来帮助人类。他见到住在山洞里的一只熊和一只虎，他们祈求恒王让他们变成人类。恒雄天王派人送去一朵灵芝和二十枚大蒜，说谁在一百天内将其吃完，就会变成人形，吃的时候还不能见天日。虎吃了几天就吃不下去了，熊一直坚持吃完，结果变化为一个熊女。熊女因为是熊所变，没有人敢和她结婚。恒雄天王便变成一个男人同熊女婚配，不久生有一男，取名坛君。大地上从此有了人。① 神话中的熊在成婚时已变为人，可见神话在流传中的变异。

云南拉祜族有人猴婚神话。洪水过后，仅剩下躲在葫芦里逃生的两兄弟，找不到配偶。他们与母猴交媾，繁衍人类。② 傈僳族神话说：一个姑娘烫伤臀部，逃到森林里与猿猴成婚，生下红屁股的猿猴和人类。③ 一对年轻夫妻久婚无子，妻梦雌猴入怀，生一女，女逃入树林与兽王之子（猴子）结婚，生很多子女，成为猴氏族。布依族神话说：人与鲶鱼结合生人。说随着河里的洪水来到人间的先祖盘果王，结草为屋而居，下河打鱼时，遇见鲶鱼变的姑娘，两人结为夫妻，生安王。④

上述与图腾相关的人兽婚神话，虽然包含图腾崇拜的文化因子，但图腾生殖崇拜的意义已经淡化，因为神话清楚地表明，若要繁衍子嗣，必须实现异性的结合，尽管其中的异性之一为兽类。人兽婚神话产生于自然生人与图腾生人神话之后，不可避免地包含了这两类神话的某些文化因子，但是，从生殖崇拜角度而言，它表现的是一种与自然生人、图腾生人观念迥然相异的新的生殖崇拜观念，即两性生殖崇拜观念。由于人兽婚神话表现了一种新的原生态的生殖崇拜，所以属于原生态创世神话。

---

① 参见姚宝瑄主编《中国各民族神话·满族、赫哲族、朝鲜族》，山西出版传媒集团·书海出版社2014年版，第153页。
② 参见《猴子婆》，《拉祜族文化大观》，云南民族出版社1999年版，第177页。
③ 参见杨毓骧《云南少数民族的人类起源神话》，云南省民族学院民族研究所编《民族学报》1981年第1期。
④ 参见《安王和祖王》，贵州民间文艺研究会编《民间文学资料》1986年第41集。

第四章 原生态创世神话

（二）兄妹婚

兄妹婚神话反映了人类历史上存在过的血缘婚制，血缘婚制是不分辈分的群婚制的进化形式，在这种制度下，同辈的兄弟姊妹，无论有无血缘关系都可通婚。在兄妹婚神话中，兄妹要实施婚配实际上处于两难境地，一方面为繁衍人类，兄妹必须婚配，但另一方面两人的婚配就意味着乱伦。这说明兄妹婚神话产生的时代已是兄妹婚制逝去的时代，当时已有了兄妹不能通婚的禁忌，但在神话中兄妹最终配成夫妻繁衍人类，这是因为，兄妹婚制还存在于当时人们的记忆中，当人们追溯人类早期的诞生时，并将其与早期的兄妹婚制联系在一起，这样便产生了兄妹婚神话。这类神话一般是由大神造人神话发展而来。当人们逐渐认识到两性结合与生殖的关系后，并不再相信大神能造人这一观念，便以大神为主角，创造出兄妹婚神话。兄妹婚成为人类繁衍的象征。汉族神话说伏羲、女娲是华胥所生的一对兄妹。东汉武梁祠石室有人首蛇身画像，一边标明为伏羲，另一边可能是女娲。南阳汉画像石刻有巨人抱伏羲女娲图，伏羲、女娲分别执一扇状物，各挡其面。反映兄妹成亲遮羞情景。唐代李冗《独异记》：天地开辟之时，昆仑上仅有伏羲、女娲兄妹，天下未有人民。兄妹欲成婚繁衍人类，但又为兄妹成亲感到羞耻。二人至昆仑山顶，对天占卜，燃火升烟，以各人所烧烟火升天相交为天意。结果应验，两人结为夫妻。成婚时妹妹害羞，以结成的草扇遮面。南阳汉代石刻伏羲、女娲图即包含此神话情节。伏羲、女娲为中原地区的人祖神。河南淮阳有伏羲陵和女娲观，祭祀伏羲、女娲成为当地人们祈求子嗣繁衍的重要活动。

原始的兄妹婚神话讲述的是人类最初的繁殖。这类神话一般的情节是：兄妹是天地仅有的人，他们结合生子，才繁衍了人类。台湾赛夏族始祖神话说：太古之时，世间只有厄帕·那奔和玛雅·那奔兄妹，为繁衍人类，两人结为夫妻，生下一子。为大量繁衍人类，兄妹毅然杀子碎尸，投掷河流，每投一块，就化为一赛夏人始祖。神话中的杀子碎尸情节融入了化生神话的文化因子，碎尸为人，犹如身体的各部分化生为多个人，是化生神话中的大神化生为天地万物的变异形式。排湾族则将卵生神话与兄妹婚神话结合在一起构成故事：太古之时，太阳神生了两卵于洛帕宁家屋檐下，化生帕罗朗、扎摩珠洛兄妹。兄妹结为夫妻，生兄妹二人，眼睛长在脚拇指上。后两人成婚，所生子女眼睛长在膝盖上。子女又成婚，所生子女眼睛才长在脸上。这一神话不仅讲述兄妹婚故事，而且还追溯了兄妹的出生，说其为太阳卵所生，清楚地显示了自然生人神话演化为兄妹婚神话的印痕。泰雅族则有树生兄妹的兄妹婚神话：天地初开，大树生出飞禽走兽，也生出兄妹二人。兄妹成婚后，生一子。兄亡，为繁衍子嗣，妹黥面改变颜容，与其子婚媾。母子成婚情节，表明此则神话又残存有群婚制的文化遗留。阿美族神话也有说兄妹为树所生的：太古之时，阿里雅巴奈一参天大树，被惊雷劈开，从中生出兄妹二人，两人婚配，繁衍阿美人。兄妹婚神话中的兄妹也有为下凡的天神的。阿美族神话说：太古之时，玛达比拉与里桑兄妹下凡，居于南方阿拉巴那奈山，两人成婚生多子。经过一番曲折，其中一对兄妹长大成婚继续繁衍人类。

还有一类兄妹婚神话，讲述的不是人类最初的繁殖，而是人类的持续繁衍。这类神话主要表达了人们繁衍子嗣的愿望。瑶族创世史诗《密洛陀》有姐弟婚神话：密洛陀女神生下12女、12男，不愿在本地生活，纷纷外出求偶。密洛陀让姐弟婚配，姐弟不从。密洛陀提出用占卜来作为成婚依据。先是在两山各烧一堆火，以烟火相交为凭，接着是在两山滚磨盘下山，以磨盘相合为凭，再是姐弟各滚簸箕，以簸箕相合为凭。结果依次灵验，但是姐弟们仍不愿婚配。密洛陀又给他们喝12碗酒，抽12袋烟，12姐弟个个迷迷糊糊，就配成了对。婚后，姐姐们生下都是些泥团和石头。

人兽婚神话与兄妹婚神话之间存在一种演变关系，人兽婚神话产生于两性生殖崇拜的初级阶段，兄妹婚神话则是两性生殖崇拜发展阶段的产物。在人兽婚神话阶段，人们已经朦胧地认识到了两性结合生子的道理，但是还不能摆脱自然生人、图腾生人观念的影响，所以在两性结合的关系中，将其中的一方说成是成兽类，这样便产生了人兽婚神话；在兄妹婚神话阶段，人们已经具备了较完整的自我意识，已经有了男女两性结合生子的认识，而这一时代距兄妹婚制消失的时代较近，人们便用兄妹婚故事来解释人类的起源与氏族的繁衍。可以说，兄妹婚神话是对人兽婚神话的一种否定形式。兄妹婚神话替代人兽婚神话也经历了一个发展过程，在这一发展过程中，又产生了由人兽婚向兄妹婚过渡时期的神话。如珞巴族蛇妖杀兄娶妹神话：很久以前，有兄妹俩。一天，兄打死一条蛇，埋于住房的地下。后来，蛇复活，与妹相爱。蛇与妹合谋杀兄。蛇娶妹为妻。兄尸被抛入海中六天，得到动物们的救助而复活。力大无比的善鬼珍布吞食蛇与妹，为兄复仇。这一神话讲述的绝不仅仅是离奇古怪的故事，而是潜含人兽婚神话向兄妹婚神话过渡时期的人们的矛盾心态：兄杀蛇，表现了人们希望人（兄）能取代蛇的地位，成为两性婚配的一方，而蛇复活并娶妹，是人兽婚神话的复活，表现了旧有观念对人们思想的束缚，最终蛇与妹的灭亡，则表现了人们对人兽婚的否定。在由人兽婚神话向兄妹婚神话的过渡时期，这类过渡性的神话应该还有不少。这类神话是后世许多人兽婚传说的先导。如《太平广记》引唐代《博异志》中的《李黄》与《李琯》两则白蛇精故事。前一则说：陇西李黄在长安见一犊车，上有一白衣之妹，绰约有绝代之色。李子尾随至其宅。于宅中盘桓三日，归家后身中头旋，口难语，但觉被底身渐消尽。揭被而视，空注水而已，唯有头存。后来家人寻至旧所发现一空园，询问当地人，答曰："往往有巨白蛇在树，便无别物。"后一则说：凤翔节度使李听从子李琯于安化门外遇一车，"从二女奴，皆乘白马，衣服皆素，而姿容婉媚，李琯尾随而去，于女宅中留宿一晚，归家后便觉脑疼，斯须益甚，至辰巳间，脑裂而卒"。其家仆人"于是昨夜所止之处覆验之，但见枯槐树中，有大蛇蟠屈之迹"。两则蛇精传说本为说明美色的危害，但就其人兽成婚害人性命的情节而言，当与历史上过渡时期的人兽婚神话有渊源关系。当人们完全打破人兽婚生殖崇拜观念的束缚之后，兄妹婚神话就产生了。兄妹婚神话产生之后，就成为反映两性生殖崇拜的定格形式。在后世再生态创世神话中，兄妹婚神话就成为一种反映两性生殖崇拜的固定母题，如再生态洪水神话中的兄妹婚母题。

当然，兄妹婚神话代替人兽婚神话后，并不等于人兽婚神话的完全消失，它仍然作为一种古老的神话存活于民间，以至于有时人们在表达生殖愿望的时候，竟将其观念与兄妹婚神话观念混杂在一起。汉画像砖和石刻上的伏羲、女娲人身蛇交尾像，就是这种混杂的产物。伏羲、女娲既为夫妻，又为兄妹，这在许多神话记载中多有言明。唐·卢仝《与马异结交》诗："女娲本是伏羲妇。"明说伏羲、女娲为夫妻。李冗《独异记》说："昔宇宙初开之时"，"天下未有人民"，女娲、伏羲兄妹"议以为夫妻"。说明伏羲、女娲是兄妹成婚。石刻伏羲、女娲对偶神像，正是兄妹婚神话的反映。而伏羲、女娲对偶生殖神像又具有蛇的局部形体，而且是两蛇交尾的形体，这就只能是人兽婚神话观念的产物。可见，伏羲、女娲对偶神神像，是人兽婚与兄妹婚神话生殖观念相混合的产物。

（三）其他类

1. 天地婚

天地婚是指天与地成婚生子的神话，这类神话的产生是基于原始人的万物有灵观念，世界上万事万物都有灵魂，自然物也不例外，所以也能像人类那样成婚生子，繁衍人类。

珞巴族神话说：天与地结合孕育了珞巴族始祖阿巴达尼，从而繁衍了珞巴族。[①]天地生了儿子和女儿，斯金巴娜达明和金尼麦包结合，繁衍后代，成为珞巴族的祖先。大地母亲又生了两个小儿子，哥哥叫阿巴达尼，是珞巴族的祖先；弟弟阿巴达洛是藏族的祖先。祖先神阿巴达尼与太阳的女儿冬尼海依成婚，生四子，成为珞巴族的四大部落。《阿巴达尼》太阳（女）和月亮（男）姐弟结婚，生老虎"冬日"，冬日生阿巴达尼，阿巴达尼同太阳的女儿（姑）结婚，生珞巴族。天郎与地姑娘结婚，头胎生血水，后来生许多孩子，上天的成为神仙，地上的成为人。天郎与地姑娘的长子娶仙女，生藏人祖生达尼和珞

---

① 参见李贤尚《珞巴族门巴族民间故事选》，上海文艺出版社 1993 年版，第 120 页。

巴族祖先达绕。《天地的子孙》讲：天地结婚，地母生人类。《创世歌》尼英、尼洛两姐妹为传宗接代寻找配偶，分别与老虎和刀子变成的男青年结为夫妻，生儿育女，繁衍成巴德（虎）氏族和育唧（刀）氏族。珞巴族神话中的天地婚不仅生出人类，而且生出万物：天和地结婚，生许多孩子，其中包括太阳、月亮、星星、各种动植物和珞巴族祖先阿巴达尼。门巴族有类似神话：天和地结婚，生了草、树、人和动物。

天和地结婚，生太阳，太阳生老虎，老虎生两个儿子。西藏博嘎尔部落天父、地母结合生达蒙、达宁姐弟。弟弟对姐姐有了感情，太阳把他们关在鸡笼中，强迫他们成亲，结为夫妻。始祖母列德罗登是天的女儿，和居住在森林里的阿巴达尼结婚，生六子，发展成玛雅、巴依、达足、达能、崩如和苏龙六个部落。太古，田公与地母结成夫妇，生一个女儿，田公砍柴时，百片树叶变成五十对男女。

2. 日月婚

日月婚产生于日为阳、月为阴的观念，日月的拟人化的结果是将日月当作兄妹。珞巴族神话说：太阳（女）和月亮（男）姐弟结婚，生老虎"冬日"，冬日生阿巴达尼，阿巴达尼同太阳的女儿（姑）结婚，生珞巴族。[①] 西藏崩如部落天和地结婚，大地母生太阳、月亮、树。西藏米林博嘎尔部落太阳的儿子达西和月亮的女儿亚姆从天而降，婚生五子。分别是大哥汉人，二哥藏人，老三珞巴人，老四门巴人，老五僜人。大哥和二哥都与猴子结合，生很多后代。这是将天地婚与日月婚相结合的产物。

独龙族神话《卡窝卡蒲分万物》，相传，远古之时，一片空空荡荡。日月交配以后，乃有万物。最初的万物是无边无角的圆团，混沌无别。雪山之子卡窝卡蒲将雪山化为清水，用清水洗濯万物，去除赘瘤，才把万物区分开来。[②]

[①] 参见颜其香《中国少数民族风土漫记》，农村读物出版社2001年版，第95页。
[②] 参见姚宝瑄主编《中国各民族神话·水族》，山西出版传媒集团·书海出版社2014年版，第113页。

天地婚、日月婚除外，又有天地与日月交相婚配的。黎族神话说：太阳与月亮是两姐妹。太阳生得粗大壮实，但是勤劳勇敢。月亮妹妹生得白嫩美丽，但是十分懒惰。大地到姐妹俩家去做客，很快就把姐妹俩迷住了。大地犹豫不定，思考了二十三年，终于想通了，还是选择了并不漂亮的太阳姐姐，因为太阳姐姐勤劳朴实。于是，第二十四年，大地就与太阳姐姐结婚了。婚后生出许多儿女，会飞的、会走的、会爬的、会游的，还有树木、草藤等万物，其中包括人类。大地从此繁荣起来。月亮妹妹却很孤单，冷冷清清晚上才出来。

3. 人神婚

人神婚、人仙婚，如珞巴族神话说：珞巴族的崩如部落始祖是天的女儿，叫列德罗登，看到地上没有人，就来到地上，与居住在森林里的阿布达尼（即许多珞巴族神话中讲的珞巴族父系祖先）结婚，生六个孩子。[1]普米族神话说：洪水后，人与神女结婚。生了三个带翅膀的孩子，三兄弟成了普米、藏、纳西三族。还有一种与人神婚略有不同的神话为神与神的婚配，阿美族神话说：太古之时，在浩瀚的东海上，有一个叫波拉图的小岛，十分美丽。男神阿波苦拉扬乘风而来，与岛上的女神塔里不拉扬相会，两人从此亲密相处。一次两人在山上游玩时引发山火。大火熊熊燃烧，两位大神赤身裸体蹲在火旁，烤山薯吃。两神人偶然看见赤裸的对方有点异样。这时，飞来一雌一雄两只鸟，落在附近的草地上作交尾的样子。二神见状大悟，懂得了生儿育女的奥秘。他们也模仿鸟儿的行为，生儿育女。天长日久，岛上的人口渐渐多了起来。其中的一些人伐树造船，离开小岛，几经迁徙，来到宜兰塔基里村播下薯苗，定居下来，相传这就是阿美斯人的祖先。[2]

---

[1] 参见阿岗讲，于乃理整理《列德罗登》，廖东凡主编《神山之祖》，湖北少年儿童出版社2001年版，第202页。

[2] 参见姚宝瑄主编《中国各民族神话·高山族》，山西出版传媒集团·书海出版社2014年版，第6—7页。

第四章　原生态创世神话

4. 人物婚

人与无生命的物质成婚生人，包括植物、自然物、人造物等。在这类神话中，物质首先是以无生物形式出现，继而很快转化为人形，或男人或女人。从前，一男子削木头玩，把木头削成人形，木人变成女子，两人结为夫妻，繁衍后代，成为今天的布朗族。① 又说：有两个动物创造人类，是用泥巴造出一男一女，他俩从两只鸟的交配行为中得到启发，结为夫妻，生下八男八女，他们又结为夫妻，成为布朗族和各族人民的祖先。② 又有神话说：很早以前，天下只有男人，没有女人，岩胆把树干削成人形，与变成姑娘的人形木结成夫妻，生育子女，繁衍布朗族。傈僳族神话说：神匠造木偶，木偶在山林中与猿猴交配，产生了包括傈僳族在内的各种人群。

5. 非班辈血缘婚

非班辈血缘婚主要指母子婚与父女婚。母子婚与父女婚神话，均是一种更为古老的乱伦婚记忆的产物。之所以以这种婚姻形式来追溯先祖的起源，可能是因为溯源的结果必然将先祖的来历与人类早期历史上曾经有过的乱伦关系相联系的缘故。珞巴族神话说：麦冬海依是天的女儿，喝了几口天河里的水，生下了一个男孩，麦冬海依坚持要和自己的儿子结婚。母子婚后生下了许多孩子，繁衍人类。鄂温克族有父女婚神话：不知多少年以前，发生了一场大洪水，连高山都被淹了，世上的人也被淹了，只剩下父女俩。女儿对父亲说：咱们得传下后人呀。于是他们成婚，生下七个儿子。为了繁衍人类，他们给每个儿子取姓，还告诉他们，同姓之间可以通婚。③

---

① 参见《削木成人》，《布朗族文化大观》，云南民族出版社1999年版，第175页。
② 参见《岩布林嘎·伊梯林嘎》，《中国各民族宗教与神话大词典》，学苑出版社1993年版，第31页。
③ 参见姚宝瑄主编《中国各民族神话选·鄂温克族》，山西出版传媒集团·书海出版社2014年版，第124页。

6. 物物婚

按原始思维推理，万物皆有灵，万物分阴阳，所以万物皆可婚配，于是产生了有生物与有生物之间、无生物与无生物之间成婚生出人类的神话。纳西族神话说：天地初开时，天上下了霜，地上变成海。海中有岛，岛上一圆石崩裂，生出一对猴子。公猴、母猴相配生下了人类。① 怒族神话说：蜂与蛇交配，生下了别阿起女始祖"茂英充"，茂英充长大后与虎、蛇、马鹿等交配，生下的孩子后来就分别成了蛇、虎、马鹿、麂子、鸡等氏族的祖先。② 普米族神话说：天上降下一个叫"吉泽乍玛"的女神到大地上做人种（一说她是由炸雷撞碎的石头灰和石头粉相互裹合变成），她与生在石洞边的石头"巴窝"婚配，生育了众多儿女。儿女们长大成人后，又相互结合，繁衍人类。③ 彝族神话说：天边飞来一对银雀，叫"哎"与"哺"。哎与哺相配，产生了人类。独眼人生下竖眼人，竖眼人又生下横眼人。④ 壮族有神与神婚配生子的神话：布洛陀从大海中探身出来，口含海水喷向米洛甲，射中其肚脐。米洛甲怀海水孕，生下十二个孩子，繁衍了人类。⑤

五　小结

通过对以上原生态创世神话基本类型的分析，我们可以总结出原生态创世神话的如下特征：其一，原生态创世神话是原始初民对天地万物和人类起源的最初解释，叙事结构单一，篇幅短小。如果剔除历代讲述者的渲染、修饰和描

---

① 参见刘毓庆《"女娲补天"与生殖崇拜》，《文艺研究》1998年第6期。
② 参见攸延春《怒族文学简史》，云南民族出版社2003年版，第29—30页。
③ 参见《久木鲁》，《中国各民族宗教与神话大词典》，学苑出版社1993年版，第520页。
④ 参见《人祖的由来》，《中国各民族宗教与神话大词典》，学苑出版社1993年版，第679页。
⑤ 参见农冠品《女神歌仙英雄》，《壮族民间故事新选》，广西民族出版社1992年版。

第四章　原生态创世神话

述，原生态创世神话往往可以简化为三言两语式的构造，有的甚至可以简化为单个的判断说明句式。下面举若干具有代表性的例子予以证明：

  混沌神话：混沌之气中的轻气上升为天，浊气下沉为地。
  卵生神话：卵经孵化而生人。
  竹生人神话：竹裂开生人。
  制造神话：女娲用黄泥造出了最早的人类。
  兄妹婚神话：兄妹经过占卜成婚繁衍人类。
  盘古神话：盘古垂死，肢体各部分化成了万物。
  女子生人神话：女子生出了最早的人类。
  洪水神话：由某种原因发起的洪水毁灭了人类。

上述神话简化成的简单句式，表现了原生态创世神话单一的核心内容，原生态创世神话都是围绕单一的核心内容展开叙述的，这就直接导致了原生态创世神话叙事结构的单一。其二，神话是信仰观念的产物，然而神话所包含的信仰观念可多可少，而原生态创世神话包含的信仰观念比较单一，一种创世神话一般只包含了一种信仰观念。如水生人神话，就只包含了水生命力崇拜观念。婚配型创世神话只包含了两性生殖崇拜观念。造人神话只包含神人创造力崇拜观念。其三，原生态创世神话的产生并非原始初民的凭空捏造，而是有着坚实的现实基础，与原始初民的生产、生活、社会形态有着密切的关系：或者是某种生产形式的反映，或者是某种社会形态的产物，或者是某种生活习俗的升华。如葫芦生人神话，就与采集经济形式有着密切联系；卵生人神话、巨兽化生神话则与狩猎经济形式息息相关；水生人神话则明显带有原始农耕经济形式的胎记；泥土造人神话是制陶生产活动的产物。女子造人或生人神话带有母系氏族社会的印痕，兄妹婚神话则是血缘婚制的反映。巨人化生神话则可能源于原始初民的丧葬习俗。各种原生态创世神话产生于不同的社会生活土壤，代表了各种不同的创世方式，虽然各不相干，甚至于相互矛盾，但又能并行不悖，并且相互影响、相互融合，这就为再生态创世神话的产生奠定了基础。

第五章　原生态创世神话对后世文化的影响

英国著名人类学家创立了著名的原始文化遗留物学说，他认为，原始社会的文化不会随着那个社会的远去而消失，而是顽强地存在于已经发生变化的文化与社会中，或显或隐地对当代社会产生作用。他在《原始文化》中说："当一种风俗习惯、技艺或观点被充分地传播开来的时候，一些不利的因素正在增长，它可能长期地影响到这些习俗或者技艺如涓涓细流，绵延不绝，从这一代传到下一代。它们像巨流一样，一旦为己冲开一条河床，就成世纪地连续不断流下去。这就是文化的稳定性。然而极为有趣的是，人类历史的变革和革新，将会留下如此之多长流不断的涓涓细流。"神话作为原始文化中最具生命的一种形式，必然也会顽强地传承下来，沉潜于现代生活之中。事实上，我国原始时代产生的动植物创世神话、自然物创世神话，对后世的民俗文化产生了很大影响，一些原始神话的文化因子，一直顽强传承于民俗文化之中。

第五章　原生态创世神话对后世文化的影响

一　自然生人创世神话对后世文化的影响

（一）水生人神话在现代民族习俗中的沉积

水生人神话，即是讲述水生出人类或形成人类的神话，包括水的各种存在形式如江、河、湖、海、井、泉等与各种变形形式如雨、雪、水汽、雾露等分别生出或形成人类的神话。

水生型创世神话是中华民族童年时代探寻事物起源的产物之一。沧海桑田，岁月流逝，这一类型神话的因子和形式，却并没有完全成为历史的化石，而是以原来的状态或变形的状态存活、沉积于延续至现代乃至当今许多民族的民俗事象之中。

1. 水生型创世神话在婚俗中的沉积

由于水生型创世神话的影响，水在人们的信仰中便具有象征生命力、生殖力的功能。过去的时代，缔结婚姻的主要目的是生子。人们用水来乞求、祝愿婚姻目的的实现，便是十分自然的事了。

纳西族有以水还酒的订婚习俗。男女双方订亲时，男方要送礼品给女方。其中，一坛酒是必不可少的。女方的还礼居然是一坛清水，装清水的坛子是男方送酒的坛子。清水虽然不值钱，却是订亲的信物，因为它具有祝愿生子的寓意。这种以对婚姻目的的祝愿来表达对婚姻的承诺的婚仪，在我国汉族中早已存在。旧时，有些地方的汉族定亲，女方收到男方的礼物后，要以水为主要的回礼，称作"回鱼箸"，亦称"回鱼筋"。南宋·孟元老《东京梦华录·娶妇》说："女家以淡水二瓶、活鱼三五个、箸一双，悉送在元酒瓶内，谓之'回鱼箸'。"这种回礼无疑包含了祈求生子、祝福婚姻美满的吉祥意义。三样回礼，水的意义毋庸赘言；鱼的意义则与水密切相关，是与水同类的乞子之物；箸即筷子，在民间，添一双箸，具有添丁加口的象征意义。大概是由于水作为礼品毕竟过于菲薄，酒便作为水的替代物成了定亲的礼品。于是，男女定亲时，酒成了必不可少的礼品。由此看来，当今订婚送酒的习俗实则是由过去送水的习俗演变而来。白族男女订婚时，男方需送给女方以两瓶酒为主的礼品。白族称这种送酒的习俗为"送水礼"。有人推测其名取礼薄之义。其实不然，这种称呼是以水为订婚礼品的遗存。旧时，浙江绍兴有一种酒称作"女儿酒"，是专门用作女孩陪嫁礼品的。在女孩出生满月这一天，她的父母要酿制数坛美酒，埋入地下，待女儿长大出嫁时用于送礼和招待宾客。女儿酒寄托了父母对女儿年深日久的祝福。当然，这种祝福也潜含了祈子的意义。苗族有"送盼子坛"的婚俗活动。娶亲时，男方娶亲队伍中必有一挑担之人，担子一头是一只大公鸡，另一头则是一大肚子陶瓷坛，内装三五斤白酒。大肚子坛形似孕妇之腹，是生殖力的象征，坛中的酒自然有乞求生殖力的作用。娶亲队伍归去时，挑担人仍将公鸡带回，却将坛子送给女家。当新娘生下第一个孩子时，女方父母便用这个坛子装上自家酿造的米酒送往男家，同时，邀请亲朋好友一道去吃"祝米酒"。婚俗的多种活动都要用到酒，以至于人们把参加婚礼称作"吃喜酒"。新郎、新娘行交拜仪式，要"喝交杯酒"。此外，还有"喝订婚酒""做小酒"等等。这些用到酒的婚姻仪式，如今的主要作用是增添喜庆气氛，但也或多或少夹杂着祈愿得子的心理因素。

我国不少民族的婚典都有泼水仪式。广东潮阳汉族新娘离开娘家上轿时，她的母亲要端上一盆清水，一边往轿上洒水一边祝福说："钵水泼上轿，新娘变新样。"所谓"变新样"，大约是指变成孕妇的模样吧。贵州一带的仡佬族称婚典泼水仪式为"打湿亲"。娶亲之日，男方家要在大门边上放置两个盛清水的窝锣，一边一个，由青年妇女守候。新娘跨进屋时，妇女们便向她浇水。云南禄劝、武定一带的彝族也有泼水迎亲习俗。不过，泼水的对象已由新人扩大到迎亲队伍。当迎亲队伍进入女方村寨时，姑娘们便用大桶、大盆装上清水，向迎亲的小伙子们猛地泼去,小伙子们由此可以获得吉祥。这种特定时刻的水之所以吉祥,是因为它在人们的信仰中具有生殖的力量。有些地方或民族,女方举行泼水仪式时,男方还要给泼水银、泼水钱。以银钱酬谢姑娘们泼出的水,也显示出这水有特殊的价值。

福建畲族的喷床是在洞房举行的水的婚仪。迎娶之夜,一位长者端着一碗清水,进入洞房依次向床铺、被子、草席、木箱、衣柜等各喷出一口水雾,每喷出一口水雾,都要唱一首歌。如喷床铺时唱道:"喷床喷金房,大男细女闹哄哄,喷床原是仙人造,仙人造来喷红娘。"一般要唱十支歌。畲族喷床婚仪类似汉族等民族的撒帐婚仪。撒帐是边唱边将各种果子(如枣子、花生等)撒向床铺,以祈愿新人早生贵子;喷床是喷水雾于铺乞子,所谓"喷床喷金房,大男细女闹哄哄",即是认为喷床能使新人生下男女一大群。两种祈子婚仪工具不同,方式却惊人地相似,有着必然的内在联系。

我国一些民族还流行新媳妇挑水或背水的婚俗。水族新媳妇在过门后的三五天内,每天清晨除挑满自家的水缸外,还要为三家六房或全村各户挑一担水,称之为"挑新水"。这是借挑水来实行新媳妇与水的接触,让新媳妇获得生殖力。壮族把新娘挑的水称作月亮水,月亮水是指在凌晨月亮未落之时所挑之水。新娘挑水必须挑满家族所有的水缸,挑水时不能惊动家族中的长者,所以必须轻手轻脚,不穿鞋,不敲门,要低声呼唤开门,由家族中辈分最低的女性起床开门。由于此俗带给新婚女子的负担过重,渐渐发生了一些变化。原来,一个新媳妇挑月亮水要挑到下一个新媳妇接任为止,后来只挑一天;原来要挑满每缸水,后来一缸只需挑一担水,因为主人家头天已挑满大半缸水;原来需轻轻唤门,后来则可直接挑水进屋,因为主人家早已开门站在一旁恭候。风俗向文明方向进化的总趋势,由此可见一斑。云南红河一带的彝族有新媳妇背水习俗,背水时还要撒米祭祀水神。凌晨鸡叫头遍时,新媳妇便起床在姑子的带领下来到井边,新媳妇首先把手中握着的一把米撒进井里,以祭祀井中的龙神。撒完米,才能背水回家。与祭祀水神相联结的背水仪式,更明显地表现出对水的某种祈求。

婚俗中多种多样的有关水的仪式，都或隐或显地表现了对水的生殖力的崇拜，因而可以认定为水生型创世神话的遗存形式。

2. 水生型创世神话在葬俗中的沉积

由于受"灵魂不灭""灵魂转世"观念的支配，我国一些传统的葬俗往往包含祈愿死者"再生"或"转生"的内容。用水举行的葬仪便是其中一类。这类葬仪形式多样，原理却完全相同，即借助水的生命力来"实现"死者的"再生"。用水祈愿再生的葬仪，是水生型创世神话在葬俗中的变异沉积形式。

洗尸几乎是丧葬习俗中必不可少的仪式，许多民族的洗尸活动伴随着复杂隆重的礼仪。洗浴不仅仅是出于尸体洁净方面的需要，而且是出于更为重要的信仰方面的意义。这就是通过为死者沐浴，让生命之水接触死者的身体，为其注入再生的力量，促成其早日再生。一些民族在洗尸前，还要举行买水仪式，人们来到井、泉、河边，投掷钱币、焚香烧纸，算是向水神买水。只有买来的水才能用于死者的沐浴。洗尸的水为什么要买呢？这是因为人们相信只有付出一定代价换取的东西才有它可靠的价值，在此则意味着只有买来的水才能发挥生命的力量。在广西壮族地区，老人死后，孝子便来到河边挑洗尸水。挑水前要把几个铜板或银元丢入水中，谓之买水。瑶族称为死者买来的水为"阴水"。买"阴水"既要焚香烧纸，又要向河神投四枚铜钱。买水之后，便是烧水浴尸。各地浴尸方法大致相同，只有细微差异。值得提及的是，仡佬族为死者烧热的一锅水，只用一部分洗尸，另一部分则由死者的后人每人喝一口，称"喝救苦水"。据说，孝子们喝了这种水，可以减轻死者在阴间所受的痛苦。其实，仪式另有其意。在人们的观念中，用于浴尸的水具有特殊的价值，是生命之水，死者浴身可以获得再生之力，活人喝了则可以求得家族兴旺。水的生命力在此获得了双重效应。

水还被引入了我国一些民族的葬式中。白族有一种奇特的葬式，棺木放入墓穴之前，要在墓穴底中央安置一个水罐，内装水与活鱼，用红木封口。其意义在于借水与水神（鱼）的生命力帮助死者转世再生。类似的葬式还有在墓穴中放上两坛清水作为随葬品的安葬形式。

洗骨葬也是以水的再生力信仰为底蕴的一种葬式。这是一种二次葬,将墓掘开,取出遗骨,拿到河里洗干净,置于瓮或木匣内,再行安葬。有时,视情况的需要还要举行多次洗骨葬。举行洗骨葬,据称主要是为了除祟,即除去先人带给后人的灾祸。《梁书》卷五十二《列传》中记叙衡阳地区的洗骨葬说:"山民有病,辄云先人为祸,皆开冢破棺,水洗拓骨,名为除祟。"为什么用水洗遗骨就能除祟呢?这与人们相信死者能再生、水有使死者再生的功能有关。在人们的观念中,先人总是对自己的后裔给予保护的,之所以要作祟,大约是无法脱胎转世,需要后人的帮助,即需要后人给予再生的力量。于是,后人便重演浴尸故伎,掘墓洗涤遗骨。洗涤遗骨与浴尸有着同样的意义,即让遗骨通过洗浴与水接触而获取水的再生力,促使亡灵早日转世。在有关水生命力信仰的习俗中,人获取水的生命力的仪式主要有两大类:一是人与水的体外接触,主要指浴水或象征性的浴水;二是人与水的体内接触,主要指饮水或间接饮水。这两类仪式在婚俗中都得到了最普遍的运用,而要全部用于葬俗,则似乎难以实施,因为人们可以为死者洗浴,却无法让死者饮水,甚至无法让死者象征性地饮水。然而,现实生活中无法施行的仪式,却可以通过想象来弥补。黔东南苗族的赠死者买水钱葬仪就属这一类。老人过世后,房族子孙及亲友都要赶来为死者赠买水银。每人将各自所赠送的碎银子装入一条长长的布袋,袋子打上结,隔开各人所赠碎银。然后,置于死者身旁,供亡灵到阴间买水喝。苗族相信:一个人有三个灵魂。死后,一个灵魂留在坟里;一个灵魂进入家中住在神龛上,接受后人供奉;还有一个灵魂则要返回东方老家,上天堂拜会始祖蝴蝶妈妈和再生始祖炎公炎婆,然后再返回来投胎转世为人。这个灵魂在返回祖先身边的时候要经过天地交界处的一座高山。上得山顶,灵魂便会又累又渴,就要坐下来休息并找水喝。山顶上有一清一浊两口水井,喝了清水,才记得自己前世是人,也才会投人胎再生为人。若喝了浊水,则可能变得糊涂起来,投错胎变牛变马。但喝清水要用银子买,所以子孙及亲友要为死者赠买水银。这里,把水的功能说成是使亡灵头脑清醒而能投胎再生为人的功能,似乎与水的再生功能无直接关系,但从中仍可见人们是把水与亡灵的再生紧密联系在一起的,习俗潜含对水的再生力的信仰。

3. 水生型创世神话在诞生礼俗中的沉积

为新生儿举行的诞生礼,大都包含了祝愿、祈求新生儿健康生长的意义。我国许多民族传统的诞生礼都用水来举行仪式。这类诞生礼仪,包含了人们对水的生长力量的信仰。水的生长力信仰与水的生殖力信仰无根本区别,都是关于水的生命力信仰。因此,可以认定,包含水生长力信仰的诞生礼仪,是水生型创世神话水生殖信仰的变异沉积形式。

在我国历史最悠久、流布最广泛的诞生礼是各种形式的浴婴习俗。宋代就有关于这种礼仪的记载:"亲宾盛集,煎香汤于盆中,下果子彩线葱蒜等,用数丈彩绕之,名曰围盆。以钗子搅水,谓之搅盆。观者各撒钱于水中,谓之添盆。盆中有枣子直立者,妇人争食之,以为生男之征。浴儿毕,落胎发,遍谢坐客,抱牙儿入他人房,谓之移窠。"[①] 我们来分析一下这种礼仪的几个环节:以彩绸装饰浴盆,有祝吉、渲染隆重庆典气氛的作用,表明浴儿已不是一般的出于清洁卫生方面需要的日常生活行为,而是包含神秘的信仰与祈求的礼仪活动。用银钗搅水,朝盆水中投钱币,是带有巫术性质的仪式。按接触巫术的道理,接触过银钗、钱币的水便成了银水、富贵水,具有银或钱币般珍贵的价值。接下去的仪式是妇人争吃水中直立的枣子,据说由此可以生男孩。可见,盆水的珍贵价值在于具有生殖的力量。水的生殖力与生长力是紧密联系着的,所以又用盆水来洗浴婴儿。由此,生殖之水就成了生长之水。通观浴儿诞生礼的活动,可见其根本意义是祈求、祝福新生儿健康生长。

台湾少数民族,如阿美族、泰雅族、排湾族、布农族、卑南族、鲁凯族、曹族、雅美族、赛夏族、邵族等,有一种古老的浴婴习俗。新生儿诞生

---

① (宋)孟元老:《东京梦华录·育子》,贵州人民出版社2009年版,第92页。

后,要被带到山溪、河流用冷水洗浴。《台湾府志》卷七《风土志》记土番习俗说:"甫生产,同婴儿以冷水浴之。疾病不知医药,辄浴于河;言大士置药水中,以济诸番。冬日,亦入水澡浴以为快。"台湾少数民族的浴儿礼仪,更清楚地表明了这类礼仪祈求新生儿健康生长的意义以及人们对水的生长力的信仰。尽管台湾少数民族是以神灵撒药的说法来解释水的生长力的,但是这种解释也是由古老的水生殖信仰演变、派生而来。直到晚近,台湾土著民族仍有把新生儿抱到山溪行冷水浴的习俗。俗信认为水中有仙气和神力保佑小孩安康。对水的仙气、神力的信仰,是水生殖力信仰进一步神灵化的产物。清乾隆时,满洲人六十七奉命巡台,著《番社采风图考》。该书收有冷水浴婴图及说明文字。原书已佚。但其有关浴婴的说明文字在其他典籍中尚存节录:"番俗初产,产母携所育媳婴同浴于溪,不怖风寒,盖番性素与水习。"这段文字说明,台湾少数民族的洗婴礼仪,无论天寒地冻、刮风下雨、冷水刺骨都要如期举行,可见对水的育婴、护婴功能崇信到何等程度。与上述说明文字相配套的图画在台北故宫明信片第13辑第1组《台湾内山番地风俗图》中有收录,不过已是出于一无名画工的手笔。冷水浴婴习俗到20世纪初才慢慢改变,因为户外冷水浴婴对新生儿确实有百害而无一益。据说,是在当地警察的劝导下,才慢慢改用温水洗浴,并由户外改为室内的。有趣的是,改变后的习俗在无害的前提下仍保留了冷水浴婴的残迹。如雅美族在温水浴婴后,尚需滴几滴泉水在婴儿的头上,以祈祷孩子的生命如清泉般长流不息。又如曹族在温水浴婴前,要用少许冷水擦洗小孩的身体,其含义在于神所造的天然水是纯净不染的,可以永保孩子安康。擦洗时,助产老妇还在一旁念念有词:"祝他健康。"冷水擦身完毕,再行温水浴,洗净身上的污垢。冷水洗儿,表现了对自然水的生殖力、生长力的崇拜,应该是洗儿习俗的最原始的形式。

除上述三个方面外,水生型创世神话在民俗中的沉积还表现在乞子、成年礼等习俗中。如某些乞子习俗的仪式,就是女子浴水、饮水受孕生子神话情节的再现。在云南纳西族就有这类乞子仪式。久婚不育的妇女需由巫师、丈夫和伴娘陪同，来到有水的山洞乞子。在乞子过程中，乞子妇要到洞中水池洗浴，还要到洞旁叫"久木鲁"（乞子石之义）的石头旁，吸饮石凹中的水。当地习俗认为妇女由此可以怀孕生子。苗族有一种乞子活动，是在祭祖节祭祀枫树心里出来的始祖蝴蝶妈妈时举行的，叫"浴水花竹"或"淋花竹"。主要的活动是：一中年男子和一乞子妇女到河边，用带叶子的竹枝挑水相淋。"浴水花竹"的名称就是由此而来的，认为这样淋水可以使妇女怀孕，"淋水"其实就是象征性的"浴水"。又如某些成年礼俗的主要活动是让接受成年礼的少年到水里沐浴或涉水。习俗认为，受礼的少年由此可以获得生命的活力。

古老的水生型创世神话的因子之所以能沉积于现代诸多民俗事象之中，除了民俗本身的传承性方面的原因外，还与丰富多彩的水生型创世神话代代相传、至今不灭有关。正是借助了这类神话的代代相传，水生殖信仰才得以一种集体无意识的形态，传承于一代又一代中国百姓的精神世界，从而维系着相关民俗事象的存活与流变不息。

（二）洞穴生人神话与土家族生殖崇拜

洞穴生人，即是说最早的人类是由洞穴所出或所生。洞穴生人神话的产生，与人类早期居住洞穴留下的历史记忆有关，也与洞穴形似母腹或形似女阴，容易使人联想到女子生人有关。

佤族创世神话《司岗里》说：大神木依吉创造了动物、植物及人类。他将造好的人放在石洞里。小米雀将石洞啄开，老鼠叼走蹲在洞口的豹子，人才从石洞中走出。台湾布农族神话说：太古之时，尚无人类。那勒哈勒虫把粪团成团，并推入敏兜昂两洞穴内，洞穴遂诞生男女二人，自相婚配，繁衍后人。

对于寿命不长的原始人类来说，大量繁衍子嗣，无疑是维系氏族繁荣昌盛的根本保障。神秘的生殖现象始终是原始初民关注的对象。当人类直观地认识到女性的生殖作用时，直接孕育胎儿的母腹便受到顶礼膜拜。由于洞穴是早期人群的生存繁衍之所，与母腹有某种相似性，具有相似律思维头脑的原始初民，必然将它与母腹相提并论，并赋予它与母腹同等的生殖力量。当人们用这种洞穴母腹生殖观来探究人类的起源时，洞穴又被说成是人类诞生之源。于是，人类洞穴起源神话和洞穴乞子习俗在历史上便不绝如缕。

这种以象征母腹为特征的洞穴生殖崇拜，在土家族及其祖先巴人的文化中有着突出的表现。

1. 从赤穴、黑穴生巴人神话说起

关于土家族祖先巴人生于赤穴、黑穴的神话，最早见于《世本》，并遍载《世本》之后的典籍。此处引南朝·宋·范晔《后汉书·南蛮西南夷列传》的记载："巴郡南郡蛮，本有五姓：巴氏、樊氏、瞫氏、相氏、郑氏，皆出于武落钟离山。其山有赤、黑二穴，巴氏之子生于赤穴，四姓之子皆生黑穴。未有君长，俱事鬼神。乃共掷剑于石穴，约能中者，奉以为君。巴氏之子务相乃独中之，众皆叹。又令各乘土船，约能浮者，当以为君。余姓悉沉，唯务相独浮，因共立之，是为廪君。"研究土家族历史与文化的学者们常以此种记载作为巴人发源于湖北长阳武落钟离山的明证。这本无可厚非。问题是在引证此种资料时，应该清醒地认识到资料所反映的并非信史，而是仅仅包容了巴人某些史迹的神话。资料的神话色彩是显而易见的。如掷剑石穴投中者为君，乘土船能浮者为君，就属于竞技决雌雄的神话模式，而与远古氏族间的浴血兼并的史实相去甚远。在此，巴氏生于赤穴、四姓生于黑穴之说，应该理解为一种神话式的说法，而不能简单地解释为巴氏居住在赤穴，四姓居住在黑穴。所谓"生"，毫无疑义应理解为"出生"或"诞生"之义，结合全句理解，应为巴氏为赤穴所生，四姓皆为黑穴所生。赤穴、黑穴与佤族名叫"司岗里"的"出人洞"有着同类性质，都深深地烙上了母腹生殖崇拜的印记。由此可见，赤穴、黑穴之说实为渗透着巴人洞穴生殖观的氏族起源神话。唯其是神话，所以才随着巴人的迁徙得到变异性的传播。同治《施南府志》说廪君赤穴在恩施城东80里，黑穴在恩施城南200里。同治《来凤县志》卷五又说来凤县城西南有个地方叫"黑峒",黑峒应该就是"黑穴"。按《后汉书》等史籍的记载,"赤穴""黑穴"本应在长阳武落钟离山,怎么又会出现在恩施与来凤呢?这就说明,巴人迁到哪里,就会在哪里就地取材命名新的赤穴与黑穴。赤穴、黑穴已经不指具体的洞穴,而是巴人生殖崇拜的代名词。

有关赤穴、黑穴的其他记载,也从侧面反映了赤、黑二穴之说所蕴含的生殖崇拜观念。先录几种材料如下:

《荆州图[副]》说:"宜都(郡)有穴,穴有二大石,相去一丈,俗云其一为阳石,一为阴石。水旱为灾,鞭阳石则雨,鞭阴石则晴,即廪君石也。"①

该书又载:副夷县(《御览》作夷陵县)"县西一独山,有石穴,有二大石并立穴中,相去可一丈,俗名为阴阳石,阴石常湿,阳石常燥"。

《水经·夷水注》说:夷水"东径难留城南,城即山也,独立峻绝。西面上里余,得石穴。把火步行百许步,得二大石碛,并立穴中,相去一丈,俗名阴阳石,阴石常湿,阳石常燥"。

上引资料所记石穴均指廪君出生之穴。穴中二石被分别称为阴石、阳石,应该与生殖崇拜有关。我们知道,以崇拜女阴和男根来祈求生殖力曾是一种普及世界的原始文化现象。黑格尔曾指出:"对自然界普遍的生殖力的看法是用雌雄生殖器的形状来表现和崇拜的。"②以形似女阴或男根的石头来象征女阴或男根,并加以崇拜,在我国民间是司空见惯的。因此,廪君穴中的阴石应为女阴的象征,阳石则为男根的象征。资料所记二石的特征与作用也能证明这一点。二石的特征分别是,阴石常湿,阳石常燥,正分别与男女生殖器官的特征相吻合。二石的作用分别是主雨主晴,所谓鞭抽阴石就会止雨天晴,鞭抽阳石则会止晴降雨。为什么阴阳二石会与降雨天晴相联系呢?这要从生殖崇拜在农业生产中的运用说起。原来,原始人是把人的繁殖与农作物的繁殖当作同等事物看待的,因为两种繁殖在原始人看来都具有相似性,具有相似性的事物从来都是被他们当作同类事物看待的。在原始人的观念中,两种

---

① 《太平御览》卷五二《地部十七》。
② [德]黑格尔:《美学》第3卷上册,朱光潜译,商务印书馆1979年版,第40页。

繁殖既属同类，便可以相互产生交感作用，即人的生殖力可以作用于农业生产、促进农作物生长；农作物的生长力也可以作用于人的生育，促进人类繁衍子嗣。曾在世界范围存在过的以两性性交来刺激农作物丰收的事例正是将人的生殖力作用于农业生产的显证。在农业生产中，最大的威胁来自于水灾与旱灾，所以，以男女生殖力刺激农作物生长与丰收的手段，又被转借用来请雨止雨，以保证农作物顺利生长，获得好收成。如《路史·余论》引董仲舒《祈雨法》："令吏妻各往视其夫，到起雨而止。"这里所记载的就是以生殖力祈雨的巫术行为。以生殖力请雨止雨的巫术行为逐渐在人们的头脑中形成了男女生殖力与晴雨相对应的观念。阴主雨，女性生殖器官就和雨水相联系；阳主晴，男性生殖器官就与天晴硬扯在一起。这就是鞭阴石止雨、鞭阳石降雨的道理所在。据此，廪君穴中的阴石为女阴的象征，阳石为男根的象征，当确凿无疑了。

从阴石、阳石的生殖崇拜性质来看赤、黑二穴，答案就更加明确了。据载，二石同处于廪君穴中，其连带的关系是不言自明的，二石与廪君穴都是生殖崇拜的象征物。只不过它们分属于不同的时期，代表着不同的对象。廪君穴代表的是母腹，二石则分别代表着女阴与男根。事实上，二者是有着内在的演变联系的。最早记载赤穴、黑穴的《世本》中并无阴石、阳石之说，说明巴人早先的生殖崇拜为母腹生殖崇拜。六朝时的记载中方出现了阴石、阳石，说明此时巴人的生殖崇拜已转向女阴与男根崇拜，这是伴随着巴人对男女结合而生儿育女的认识所发生的演变。但尽管巴人生殖崇拜对象发生了转变，却仍有二石处廪君穴的记载，说明洞穴母腹崇拜的意识并未完全消失，而是与新的生殖崇拜意识纠缠在一起，构成一种复合的生殖崇拜形态。

综上所述，赤穴、黑穴之说是渗透着巴人母腹生殖崇拜观念的氏族起源神话，赤、黑二穴是巴人视为民族发端之源的崇拜对象，是母腹的象征。需要进一步指出的是，滥觞于赤穴、黑穴之说的洞穴生殖崇拜一直延绵后世，成为巴文化乃至后来的土家族文化的显著特征之一。

2. 以"洞""峒"为名称的佐证

"洞""峒"均指洞穴。在典籍中，屡有在巴人后裔的族称前冠之以"洞"或"峒"的称谓，在土家族土司建制的名称中，也大量出现带有"洞"或"峒"的地名，"洞"或"峒"又常用作土家族的各个部落的称谓。反映出洞穴生殖崇拜在土家族地区曾普遍存在。兹分别举例如下。

巴为秦所灭之后，其遗存势力，多被称为"蛮""夷"；史书上又常在"蛮""夷"之前冠之以"洞"或"峒"。如：

《续资治通鉴长编》卷五十六说："（真宗景德元年）夔州路转运使丁谓，招抚溪峒夷人，颇著威惠，部民借留，凡五年不得代。"

该书卷七十七说："真宗大中祥符五年（1012），洛浦、磨磋洞蛮酋田化琼等贡溪布。"

《宋史》卷十一说："（庆历五年）是岁，施州溪峒蛮，西南夷龙以特来贡。"

《元史》卷四说："文宗至顺三年（1332）正月，夔路、忠信寨峒主阿其什用，合峒蛮八百余寇施州。四月，四川师壁、散毛、大盘追出，三洞蛮野王等二十三人来贡方物。"

《元史》卷四说："顺帝四年（1338）十一月，四川散毛洞蛮反，遣使赈被寇人民。"

上引资料中的"溪洞夷""洛浦洞蛮""磨磋洞蛮""溪洞蛮""溪峒蛮""师壁洞蛮""散毛洞蛮""大盘洞蛮"等，均是以"洞""峒"为族称的组成部分。

在土家族土司建制名称中，更是出现大量带"洞"或"峒"的地名。如：

隶属于永顺土司的有腊惹洞、麦着黄洞、驴迟洞、施溶溪洞、白岩洞、田家洞等。

隶属于桑植、大庸、慈利土司的有：上峒、下峒等。

隶属于容美土司的有石梁下洞、上爱茶峒、下爱茶峒等。

隶属于施南土司的有摇把峒、金峒、忠峒等。

隶属于酉阳土司的有沿边溪洞、佛乡洞等。

"洞"或"峒"又常用作土家族各部落的称呼或计量单位。如生活于酉水流域的八蛮，为八个部落，今土家族俗称八部落首领为"八部大王"。八个部落又可称"八峒"。出土于今保靖县拔茅乡水坎村、现存于湘西自治州博物馆的一截石碑上即有此称呼："首八峒，历汉、晋、六朝、唐、五代、宋、元、明，为楚南上游……故讳八部者，盖以咸镇八峒，一峒为一部落。"这段碑文明确指出了在土家族地区，"峒"曾为部落的代称。

以"洞""峒"代称部落的实例还可以举出不少。《酉阳直隶州总志》同治版卷三记载了酉阳及邻界境内的九溪十八洞。九溪为九条溪流，十八洞即为散布在九溪流域的十八个土家族部落，分别是："西筹洞、息宁洞、宋农洞、晓森洞、鲁必潭洞、巴息洞、打砾家洞、容坪洞、感坪洞、治西洞、上际洞、云罗洞、地阡洞、南容洞、九灵洞、地宾洞。"按总数应为十八洞，此处少列两洞，可能是记载时的遗漏。

《元史》说："泰定帝泰定元年（1324）冬十二月，夔路容米洞蛮田先什用等九洞为寇。四川行省遣使谕降五洞，余发兵捕之。三年（1326）夏四月，容米洞蛮田先什用等结十二洞蛮寇长阳县……"文中的"九洞""五洞""十二洞"等说法，都是将"洞"用作了部落的计量单位。

无论是以"洞""峒"称族，或者是入土司建制名称，还是代称部落，都有着内在的联系和一致性。整个土家族，都曾以洞穴为生殖崇拜对象，故以洞为族称。在全民族共同崇拜洞穴的前提下，各部落又可以有本部落的具体的洞穴崇拜对象，故可以洞代称部落。土司建制，尤其是基层建制，多以部落群为划分单位，所以土司建制中多出现"洞"或"峒"的名称。总而言之，带"洞""峒"的名称，应是远古巴人洞穴生殖崇拜意识留下的遗迹，也是土家族曾存在过洞穴生殖崇拜的有力佐证。

3. 洞葬习俗中的洞穴生殖崇拜观念

洞葬，民俗学称岩墓葬，即将死者棺木置放于岩洞中的葬法。作为葬穴的天然岩洞、溶洞，或人工开掘的岩洞，多处悬崖峭壁之上，难以攀援。洞葬是土家族历史上颇有特色的葬俗之一。在土家族，之所以实行洞葬，是因为有洞穴生殖崇拜观念支配的缘故。按洞穴生殖崇拜观念，洞穴是孕育人类祖先的"母腹"，是生殖力、生命力的象征。将死者灵柩送置岩洞，有让死者魂归祖灵、回归祖先起源的"母腹"，以获得再生的意义。

在土家族地区，洞葬有着悠久的历史。晋《华阳国志》说：土家族先民的墓葬"冢不闭户，其穴多有碧珠，人不可取，取之不祥"。"冢不闭户"，即洞葬不闭洞口；"其穴多有碧珠"，指洞葬所放有碧珠之类的随葬品，因系死者之物，所以取之被认为不吉祥。可见，所记为洞葬。在土家族地区留有众多的洞葬遗迹。如酉水河保靖四方城河段两岸岩壁上均有洞葬遗迹。恩施市西北城郊也有洞葬遗迹。《施南府志》卷九说："城西北都亭乡崖高百丈余，岩腹有穴十二，皆藏柩之所。"恩施自治州利川市建南镇七孔子崖的"仙人洞"，内有拾骨葬棺4具，均系树木挖空构成。建始县长梁区下坝乡头坝堰，一道崖壁上凿有17个孔穴，其间尸骨犹存。土家族惯于把洞葬墓穴统称为"仙人洞"。以"仙人洞"为名称的洞葬墓穴还有不少。建始县长梁区三宝乡清河村柳树槽南侧的白虎山北侧悬崖上，有三个洞，被称作仙人洞。三个洞处半崖之中，难以攀上退下，洞壁人工凿痕朱红涂迹依稀可辨，应为古代洞葬葬所。来凤县卯洞东部的悬崖中，也有一处仙人洞，洞口距地面约120米，距崖顶约80米，险不可攀。清同治五年《来凤县志》对此洞有过记载："洞在山之半，门前八九木栏杆。"1992年8月，恩施自治州文物考古工作队对此洞进行发掘，测出洞深为71米，获文物130多件。初步认定这些文物分别属于两晋、南北朝、隋唐、五代、宋、元等朝代，是不同朝代放入洞中的随葬品，仙人洞是历代汇聚而成的洞葬葬群的场所。

悠久的洞葬历史，众多的洞葬遗迹，表明洞葬曾是土家族历史上持续盛行的一种重要葬俗。这种葬俗的持续盛行必然是与土家族曾普遍存在的洞穴生殖崇拜相联系的。要知道，将棺木放入千仞绝壁上的洞穴，是一项我们至今尚未完全弄清楚的技术难度很大的工作，其耗费人力、物力之大是难以想象的。支配着人们付出如此巨大代价的动机，必然与死者有着重大的关系，这就是祈愿死者再生。借助于人们认可的具有生殖力的洞穴，来安葬死者，就成了人们不辞千辛万苦来实现死者再生目的的途径。洞葬是一种以洞穴生殖崇拜观念为底蕴的葬俗。在洞葬习俗中，洞穴的生殖力转化为再生力。这种转化是顺理成章的，因为生殖力与再生力都是生命力。

（三）蛋生人神话与人生礼俗

在中国传统文化中，以蛋为中心形成的民俗事象，不仅极大地影响了中国各族人民的物质生活方式，而且对中国各族人民的精神文化，也产生了不容忽视的影响。

1. 生殖崇拜为底蕴的蛋俗

受"卵生人"观念的支配或潜移默化，蛋便成了繁殖生命的象征。在种种涉及生殖繁衍的习俗中，蛋常常是主要的角色。

中国民间乞子习俗，最能体现蛋的生殖功能。古代三月三日上巳节，要举行临水拔禊浮卵的活动。晋·张协《禊赋》说："浮素卵以蔽水。"潘尼《三日洛水作诗》说："素卵随流归。"素卵为煮熟的鸡蛋。将煮蛋放入流水上飘浮，目的是乞子。《汉书·外戚传》明确地揭示了上巳拔禊的乞子功能："武帝即位数年无子，平阳主求良家女子十余人，饰置家。帝拔霸上，还过平阳主。"武帝为乞子，采用的正是拔禊的方法。文中虽未提及浮卵，然通常拔禊已包含浮卵。上巳拔禊浮卵的乞子意义，还可从其变化形式——水族投蛋下井活动中得到证实。水族新娘第一次到井边挑水，要把煮熟的鸡蛋剖成两半，投入水中。然后根据鸡蛋的仰俯来预测子嗣的情况。投蛋下井为我们再现了曲水浮卵的某些细节。

以蛋乞子活动常常是伴随婚仪及生育习俗进行的。中国农村流行吃红鸡蛋的婚礼习俗。中原地区嫁女时，嫁妆里要有一个朱漆桶，桶里要放上几个煮熟染红的鸡蛋。嫁妆送到男家后，男家亲友中婚后久不生育的女人便要讨桶中的红蛋吃，以此来获得生育力。东南沿海一带，举行婚礼时，无论亲人或陌生人，都可以向新娘要红喜蛋。新娘对讨红喜蛋的人，要笑脸相迎，来者不拒，因为人们认为，红蛋赠送的越多，新娘的生殖力就越强。侗族还流行抢红喜蛋的婚礼习俗。新娘随嫁妆进入洞房后，要抖开花被，让男女老少来抢花被里预先放好的红喜蛋。据说，不孕的妇女抢到红喜蛋便可生育。在浙江金华，新婚之夜，新娘、新郎要吃"子茶"，"子"指蛋，又谐音孩子之"子"。所以，吃"子茶"也是祈愿早日生子之意。云南金平县境内的哈尼族，结婚吃鸡蛋的习俗更有趣。新娘到男家，要带两个糯米煮成的饭包，其中一个饭包要放一个鸡蛋。由邻居中老年妇女把饭包打开，再由老年男子将鸡蛋剖成两半，在两个饭包上各放一半。新娘、新郎面前各放一饭包。临吃时，又将新郎饭包上的半个鸡蛋取来叠放在新娘饭包上的半个鸡蛋上，让两半鸡蛋重新合为一体，然后再由新娘吃掉。这样做，据说是象征两性结合可以生儿育女。习俗中，剖蛋、移蛋、合蛋的过程，象征两性交合，说明习俗已融入了男女结合生子的意义，然而，新娘吃掉整个鸡蛋的行为又表明，该习俗仍然保留了"卵生人"的原始观念。婚后又有送催生蛋的习俗。在潮州，女子怀孕后，娘家要送催生蛋。到临月时，娘家又送一回鸡蛋，也是催生之意，意谓催促其平安生子。显然，蛋的催生作用来自蛋自身的生殖力。广东东莞也有用蛋催生的习俗，不过不用鸡蛋而用鸭蛋。妇女临产时，要用十二个鸭蛋请男巫解六甲以便催生。

青年男女缔结婚姻，也有以蛋为媒介的。蛋的媒介作用也来自蛋的生殖信仰。广西壮族农历三月三歌圩中，有青年男女碰蛋求爱的活动。事先，青年男女把鸡蛋煮熟，染成红色，用绳子串起来。届时，男女各提着鲜红的鸡蛋来择偶。当物色到意中人时，便拿自己手中鸡蛋去碰对方手中的蛋。对方若不中意，就会用手护住蛋，不让碰；对方若有情，便会主动让蛋碰破。蛋破后，两人便走到偏僻的地方去谈情说爱。为什么碰破蛋会成为男女双方缔结婚姻关系的重要前提呢？这是因为蛋破才能诞生新的生命，碰蛋具有祈愿意中人生殖力强的意义。蛋破事关生育子嗣，当然对婚姻至关重要了。此种习俗依然是"卵生人"观念的余绪。在桂黔交界的南丹一侧的瑶族，有埋蛋择婿习俗。习俗中，鸡蛋在某种程度上也起到了缔结婚姻的作用。姑娘成年后，如果求婚的人很多，姑娘的父母就要使用埋蛋择婿的方法。煮好十个匀称的鸡蛋，做上记号，悄悄埋在山上，然后通知求婚者寻找，谁找的蛋最多，谁就被选中为婿。这实际上意味着，得蛋多者便拥有了更强的生育力，将来一定多子多福，是当之无愧的乘龙快婿。

在保育和生日习俗中，也常常借助蛋的生殖力量保佑婴儿安然无恙、儿童健康成长、老人健康长寿。鄂西土家族有倒蛋壳的习俗，产妇在月子里吃鸡蛋留下的蛋壳，不能随便乱扔，须在婴儿满月后才能倒掉，而且要倒在十字路口，以示母子安康无恙。这同样是"卵生人"观念的遗俗。过去农村医疗条件差，未满月的孩子危险性很大，随时可能夭折，保留蛋壳成了保护婴儿的一种巫术。当婴儿满月度过危险期后，蛋壳又成了婴儿安全降生的象征，所以倒于路口，昭示众邻。立夏节有挂蛋袋的习俗。这天，儿童胸前都要挂一彩线织成的网袋，里面放上煮熟的鸡蛋。据说这样可以避免小孩染上瘟疫，也是一种保育习俗。蛋的生殖力在习俗中转换成了免疫力，但仍未离"卵生人"之根系。挂蛋袋的起源，还有一则故事：很古的时候，天上有个瘟神，一到立夏节就到下界传播瘟疫，小孩最易受害。女人们便到女娲娘娘庙烧香磕头，求她消灾降福，保佑后代。女娲便去警告瘟神，要他不要伤害她的后代。瘟神便问凭什么知道哪些孩子是女娲嫡亲后代。女娲便告诉他，凡是挂蛋袋的孩子都是她的后代。从此，一到立夏，孩子们都挂上了蛋袋，瘟神一个也不敢碰了。传说中，蛋成了女娲后裔的标志，可见女娲后裔皆从蛋生，正与"卵生人"观念相吻合。孩子过生日，要吃生日蛋，吃生日蛋的原始意义在于祝愿孩子健康成长。给60岁以上老人祝寿，亲朋好友要送12个鸡蛋，祝愿老人健康长寿。蛋的生殖力量又化作了增长和延长生命的功能。

可见，乞子、婚恋、保育、生日等蛋俗，都直接或间接来源于"卵生人"观念。透过这些蛋俗，我们还可以依稀窥见远古卵生殖崇拜文化的某些印记。

2. 蛋俗文化形式的变异

随着岁月的流逝，中国生殖蛋俗文化，在保持它的某些原始风貌的同时，也发生了种种衍化和变异，产生了许多新的形式和内容。

形式的变异，主要指以其他象征物代替了蛋生殖象征物。最典型的是以石代替蛋来乞子。以石乞子是一种普遍流行的习俗。《太平寰宇记》卷七十九说："石乳水在州东北二十一里玉女灵山。东北有泉，各有悬崖，腹有石乳房一十七眼，状如人乳下流，土人呼玉华池。每三月上巳日有乞子者，漉得石即是子，瓦即是女，自古有验。"向石乞子，是因为人们相信石能生子。《淮南子·修务训》："禹生于石。"《艺文类聚》卷六引《随巢子》："启生于石。"石生子应是卵生子的变异。人们不禁要问，石为何能取代卵呢？可能是由形体相似所致。山区河流中有一种卵石，似拳头大小不等，光滑润泽，颇似卵，故称卵石，又称鹅卵石。最初，人们可能是以卵石来代替卵求子，后来才扩大到向无论何种形状大小的石头乞子。《古小说钩沈》辑《幽明录》说："阳羡小史吴龛，有主人在溪南，尝以一日乘掘头舟过水，溪内忽见一五色石，取内床头，至夜，化成一女子，自称是河伯女。"生出河伯女的五色石，应是卵石。这卵石与简狄神话中的五色卵同为五色，恐怕不是偶然的巧合。同类记载还见《北史·高琳传》："高琳字季珉……琳母尝祓禊泗滨，遇见一石，光采朗润，遂持以归。……及生子，因名琳，字季珉焉。"光彩朗润，正是卵石的形质特征，也证明所乞为卵石。这些记载，清楚地展现了由石取代卵乞子的演变痕迹。

以果实代替蛋乞子，是生殖蛋俗的另一类变异形式。枣子的形体特征与卵相似，加上枣子又是"早子"的谐音，所以常取代蛋乞子。梁代萧子范《三月三日赋》中的"浮绛枣于洓池"，庾肩吾《三月待兰亭曲宴》中的"参差降浮枣"，江总《三日待宴宣猷堂曲水》中的"浮枣漾清漪"都证明，人们早已在上巳节中用枣代替蛋乞子。不仅枣，凡与蛋形体相似或近似的果子，如栗子、桃子、李子、橘子、石榴、花生等都被用来代替蛋乞子，都被赋予了生殖力。在民间流传的撒帐结婚礼仪中，各种果子均可作乞子之物。宋代孟元老《东京梦华录》说："凡娶妇，男女对拜毕，就床，男向右，女向左坐。妇以金钱彩果散掷，谓之撒帐。"撒帐的目的是乞子，已人所共知。总之，不少以果实乞子的习俗，都是由蛋俗变异而来。

此外，还有以编织物取代蛋的变异形式。布依族有戴假壳的婚俗。青年男女成婚后，男家若需新娘来家长住，便要给仍住娘家的新娘戴上假壳。假壳，是一种形似畚箕的女帽，用竹笋壳为架，用青布包扎而成。戴假壳时，男方要提一只鸡去。新娘一戴上假壳，就标志她要到夫家长住了。假壳实际上是一种生育的标志，之所以称假壳，恐为假蛋壳之意，因为要戴在头上，又不可能酷似鸡蛋。可见，假壳是鸡蛋的象征物，戴假壳时要提一只鸡，就表明了假壳的象征意义。仡佬族有打篾鸡蛋的游戏。篾鸡蛋，用竹篾编成，形如鸡卵，内塞稻草。男女双方以篾鸡蛋手掷足踢，以掷中对方。仡佬族青年男女常以此作为求爱方式，用篾鸡蛋掷向意中人。这种习俗，在较远的时代，恐也有祝福意中人生育力强的意义。篾鸡蛋既是仿造的鸡蛋，也是生殖象征物，这一习俗与前所述壮族碰蛋有异曲同工之妙。在中国各民族婚恋习俗中，还有不少抛掷或赠送编织物的活动，如傣族的丢包、布依族的丢花包、壮族的抛绣球、汉族的赠荷包等。这些习俗活动也都是生殖蛋俗的变异形式。

3. 蛋俗文化对中华民族精神文化的影响

中国蛋俗文化源远流长，波及面广，形成了一个纵跨数千年、横贯东西南北的文化圈。这种文化，虽然主要存活于民间，但对中华民族传统文化与民族心理等也产生过较大影响。

首先，蛋生殖崇拜形成了道教天、地、人合一的哲学思想。在原始初民的信仰中，人从卵生，天地万物均从卵生，整个宇宙就是一个巨大的卵。《艺文类聚》卷一引徐整《三五纪历》说："天地混沌如鸡子，盘古生其中。万八千岁，天地开辟，阳清为天，阴浊为地。"阳清乃蛋白，阴浊乃蛋黄，是由"卵"对宇宙的联想。这种由"卵"联想而生的"宇宙卵"观念，直接影响了道教学说。《老子》说："有物混沌成，先天地生。"沿着宇宙卵的观念发展，便形成了道教天、地、人合一的思想。《太平经》说:"人、天及地,号为三才……三才后一。得一者生,失一者死。"这是把天、地、人平等称为三才,并要求将三者统一起来。三者统一则太平,三者不统一则危险。这种观念的根源是有迹可寻的。之所以会认为天、地、人合一则太平,应该是基于这样的前提认识:天、地、人原本为一体,同属宇宙卵,有着同样的属性,合一则是顺乎自然。

其次,蛋生殖崇拜促成了中国人尚圆心理的形成。蛋是一个圆,宇宙是一个圆,人与万物皆从圆生,圆便具有至高无上的地位。于是,中国人逐渐形成了尚圆心理。如表现在节日习俗中的尚圆。一轮中秋明月,不知引发了多少人思亲盼团圆的情愫。苏东坡"但愿人长久,千里共婵娟",表达了多少人不得团圆而遥祝亲人平安的情意。春节,万千游子为了除夕团圆,不惜千里跋涉,奔波在回家途中。表现在审美习惯方面的尚圆,中国人的戏曲、小说总希望有一个大团圆的结局。表现在民族意识上的尚圆,中华民族具有强烈的向心力和凝聚意识。历史上,有多少爱国的仁人志士,为了祖国的统一,为了九州方圆,不惜以身殉国。蛋俗文化也造成了中国人的封闭心理,使中国在两千年封建社会中,长期奉行闭关锁国的政策,窒息了民族的蓬勃生机。蛋生殖崇拜还直接产生了种种生殖迷信观念。值得庆幸的是,这些有害影响的残余,已经或正在随着文明的发展而逐渐消亡。

(四)竹生人神话与祖先崇拜

竹生人神话讲述从竹的空心中诞生人的故事,主要产生在南方多竹地区。陶阳、钟秀指出:"原始先民们所以会想竹生人,除了受生命一体化这一普遍观念支配外,还因为本身有它的特点,如竹笋生长神速、竹子空心等。生长神速是生命力旺盛的表现,空心又易引起可以容人和母腹的想象。"[①]

[①] 陶阳、钟秀编:《中国创世神话》,上海人民出版社1980年版,第219页。

第五章 原生态创世神话对后世文化的影响

1. 南方各民族竹生人神话

我国南方各民族受竹生人神话影响，不少民族以竹为图腾，以竹王为祖先神，多有竹王神话。

彝族有竹生人族源神话：太古时代，一条河上漂来一节楠竹筒，漂到岸边爆裂，从中爆出个人来，称名阿槎。他与一女子婚配，繁衍成彝族。广西彝族也有类似的神话："远古时，有一株金竹突然爆炸开，飞出一对有手脚有眼睛的人来。后来这一对人生下四兄弟，其中之一便是彝族的祖先。"[①] 台湾少数民族多竹生人神话。卑南族神话说：卑南与槟榔两村的始祖原是海外巴那巴那扬的竹子所生，成人后下海，遭遇台风，才漂到台湾定居。[②]

另外一则卑南族神话则将竹生人与其他因素相联系：巴那巴那扬的鲁奴勒神拿一根翠竹插到地里，霎时，青竹的第一节生出个小伙子，叫布古玛莱；第二节生出漂亮女孩，叫帕古姆西。二人结为夫妻，繁衍人类。[③] 在神话中，神与土地对于竹生人起到了一定的作用，显然是神话在流传过程中附会上的成分，但神与土地并没有构成致孕因素，没有导致竹生人神话发生根本性变化，因此该神话仍属原生态竹生人神话。雅美族神话说：天神降临兰屿岛，他触动不巴特山的巨石，从巨石里走出尼摩达兹罗里男神。天神走到树林里，触动了一根大竹，从竹子里走出尼摩达兹洛卡瓦里男神。一天，两个男子膝盖发痒，他们用手去摸，从膝盖里就各生一堆男女。从此，兰屿岛就有了雅美人。[④]

排湾族神话说：古代有一女神，右手投石块，石头里生出了马兰始祖，左手植竹，竹中生出了卑南祖先。

贵州威宁马街的彝族中自称"青彝"的一支有神话说："古时候，有个人

---

① 广西壮族自治区编辑组：《广西彝族、仫佬族、水族社会历史调查》，广西民族出版社1987年版，第61页。
② 参见陈国均《台湾东部山地民族》，国立北京大学民俗学会丛书专号2民族篇，1957年编，第120—121页。
③ 参见施联朱、许国良《台湾民族历史与文化》，中央民族学院出版社1987年版，第439页。
④ 参见陈国均《兰屿雅美族》，台北出版社1956年版，第1—2页。

在山上耕牧,在岩脚边避雨,见几筒竹子从山洪中飘来,取一竹划开,内有五个孩子,他如数收养为子。五人长大后,一个务农,子孙繁衍成白彝;一人铸铁制铧犁口,子孙发展为红彝;一人制竹器,子孙发展为后来的青彝。因竹子从水中取出是青色的,故名曰青彝。"①竹生人神话在我国南部、西南部以至东南沿海一些地方和国家都有分布,形成了一个以我国西南部为中心的竹生人神话文化圈。

蜀地的竹王崇拜是一种与竹图腾崇拜有着脐带联系的神灵崇拜,其产生的文化背景是我国西南地区广泛存在的竹图腾崇拜。我国西南山区多竹,曾盛行竹图腾崇拜,其显著的标志就是在这一地区的不少民族都有竹生人、保佑人的生命、人竹互变的神话和传说。

贵州苗族神话说:"古时候,在一片竹林里长出一棵竹笋,待有一人多高时就向横里长,十个月后竹笋破裂,里面有一个胖娃娃。时值一位妇女去竹林里取竹笋,忽然听到娃娃的哭声,取其回家抚养,取名'多同',即为苗族祖先。"②这则神话反映了竹生人的信仰观念,说明创造该神话的苗族曾以竹为图腾。彝族也有竹生人神话:"古时有个在山上耕牧之人,于岩脚边避雨,见几筒竹子从山洪中漂来,取一筒划开,内有五个孩儿,他如数收养为子。五人长大后,一人务农,子孙繁衍成白彝;一人铸犁铧口,子孙发展成红彝;一人编竹器,子孙发展成青彝……由于彝族从竹而生,故死后要装菩萨兜,以让死者再度变成竹。"③

云南楚雄彝族,有竹子护卫人的生命的神话:古时候发生了一起火灾,把整个世界烧光了。只有老老实实的一对男女因躲在竹丛里而没有被烧死。后来他俩结为夫妻,繁衍人类。他们的子孙为感念竹子护卫祖先的功劳,就用茅竹制作祖灵。④把茅竹当作祖灵,是茅竹图腾信仰的遗存。

---

① 何耀华:《彝族的图腾与宗教起源》,《思想战线》1981年第1期。
② 李廷贵、张山、周光大:《苗族历史与文化》,中央民族大学出版社1996年版,第177页。
③ 何耀华:《彝族的图腾崇拜》,中国民族事务委员会《中国少数民族宗教初编》,云南人民出版社1985年版,第93—94页。
④ 参见杨和森《图腾层次论》,云南人民出版社1987年版,第83—84页。

第五章 原生态创世神话对后世文化的影响

贵州苗族传说《思荞思妹》中有人竹互变的情节，也是图腾崇拜观念的体现。传说苗族女英雄思荞思妹的声威引起了朝廷的恐慌，朝廷派兵来追杀她，她东躲西藏，"跑到竹子冲，老兵追赶不停，她看势不对，变成了竹子"①。

广西壮族传说《莫一大王》也残存有竹图腾崇拜观念。该传说中的莫一大王是一位民族英雄，他有一种特殊的本领是通过种植竹子生成神兵："莫一夫妻种竹了，挖山锄地汗淋淋，竹子种得满山岭啊，两人越种越精神……莫一越看越欢心，竹节里面有神兵，时间够数神兵勇，定能斩妖退皇兵。"② 种竹子让竹子里生出神兵的情节，显然包含了竹生人的观念，说明壮族也曾有竹图腾崇拜。

在西南广为盛行的竹图腾崇拜文化背景中，衍生出了竹王崇拜。《后汉书·南蛮西南夷列传》载："西南夷者，在蜀郡徼外。有夜郎国……夜郎者，初有女子浣于遁水，有三节大竹流入足间，其中有号声，剖竹视之，得一男儿，归而养之。及长，有才武，自立为夜郎侯，以竹为姓。"《华阳国志·南中志》也有同样的记载："有竹王者，兴于遁水。有一女子浣于滨，有三节大竹，流入女子足间，推之不肯去。闻有儿声，取持归，破之，得一男儿。长养，有才武，遂雄狄夷。氏以竹为姓，捐所破竹于野，遂成竹林，今竹王祠竹林是也。王与从人尝止大石上，命作羹，从者曰：'无水。'王以剑击石，水出，今竹王水是也，破石存焉。"竹王崇拜的流传范围包括了巴蜀在内的广大区域，显然，竹王也曾是巴人所崇拜的对象。巴人的后裔进入湘西的土家族仍保留了变形形态的竹王崇拜，也可证明巴人曾经崇拜竹王。在湘西土家族，竹王崇拜已演化为对竹王三子的崇拜，尽管崇拜对象已经置换转移，但仍清晰可见其渊源演变关系。清道光四年《凤凰厅志》："按《通志》，汉时夜郎城在北，或即所谓竹郎三郎神也。"土家族的竹王三子崇拜，又称白帝天王崇拜。古人根据东、西、南、北、中五个方位配上五种颜色，设立了所谓五帝，分管五方辖区。白帝，

---

① 贵州六枝特区民族事务委员会：《夜郎同亭》，贵州民族出版社1992年版，第137页。
② 欧阳若修、周作秋、黄绍清、曾庆全：《壮族文学史》第1册，广西人民出版社1986年版，第124页。

为西方之帝，也是西方被尊为帝的神灵的统称，可以指处于西方的任何具有管辖一方之地神力的神灵。巴人之时，已有白帝天王崇拜；巴人的白帝天王是否指竹王，暂不可考，但巴人已有白帝天王崇拜，却是不争的事实，处于巴人曾经立国过的地域的奉节，是白帝天王崇拜的中心，即为明证。据《奉节县志》载，奉节有白帝山，山上有白帝寺、天王庙、白帝城于白帝楼。由此可见，土家族的白帝天王崇拜是由其祖先巴人传承而来，而土家族以竹王为白帝天王，也应是巴人白帝天王的原意。

土家族地区的白帝天王庙，也有称为竹王庙的，相关的传说解释说白帝天王为夜郎的竹王三子。这说明，土家族白帝天王崇拜受到了古夜郎文化的影响。

清乾隆四年《乾州厅志》（乾州，今湘西的泸溪县）载："竹王庙，在州北五里鸦溪，俗称白帝天王者也。按《后汉书·蛮夷传》：'夜郎者，初有女子浣于豚水，有三节大竹流入足间，闻其中有号声，剖竹视之，得一男儿，归而养之。及长，有才武，自立为夜郎侯，以竹为姓。武帝元鼎六年，平南夷，为牂牁郡，夜郎侯迎降，天子赐其王印绶。后遂杀之。夷獠咸以为竹王非血气所生，甚重之，求为立后。牂牁太守吴霸以闻，天子乃封其三子为侯。死，配食其父。今夜郎县有竹王三郎神也。'"这一地方志记白帝天王的传说，直接引用古籍中有关古夜郎国的竹王传说，说明一部分土家族地区的白帝天王崇拜被夜郎竹王三子崇拜所置换。夜郎是战国至西汉初期在西南夷地区出现的一个较大的部落联盟。古夜郎国的所在地，《史记·西南夷列传》有记载："夜郎者，临牂牁江，江广百余步，足以行船。"牂牁江即今北盘江。夜郎国曾有广大的疆域。《史记·西南夷列传》："西南夷君以什计数，夜郎最大。"《后汉书》记夜郎的疆域说："东接交趾，西有滇国，北有邛都国"，大约包括今贵州的西部、西北部，云南东部、东北部，四川南部和广西西北部。夜郎国的立国所在地应为今夜郎县。夜郎疆域达到的这些地方和巴人及其后裔土家族聚居的湘、鄂、渝、黔边地带十分靠近，所以夜郎人与巴人的文化交流必然十分密切，土家族接受夜郎国的竹王三子崇拜就是这种文化交流的结果。

第五章 原生态创世神话对后世文化的影响

竹王崇拜的对象既包括夜郎王，也包括竹王三子。晋人常璩《华阳国志·南中志》载：竹王本出于遯水。一女子浣沙于水滨。有三节大竹流入女子足间，推之不去。闻有小儿啼哭声，将其带回家，剖开大竹，得一男儿。长养，有才武。遂雄夷狄。其氏族即以竹为姓，将产儿之竹置于野外，即长成一片竹林。这就是竹王祠的所在地的竹林。竹王和他的随从人员在一块巨石上休息，命其从者煮汤喝，从者说没有水。竹王便以剑击石，石破，泉水从破洞中涌出。这泉水后来被称为竹王水，竹王击破的石头还依然在那里。所记竹王诞生神话和竹王遗迹传说，都属竹王崇拜的组成部分。在夜郎所属地域，祭祀竹王与祭祀竹王三子应该是并行不悖的。但是大部分竹王庙所祀神灵应该是竹王三子，因为竹王为始祖神，而三子则为祖先神，前者的神话色彩较浓，与人间有一定的距离，后者的现实感较强，易为人们所接受。

夜郎竹王崇拜影响广泛，在西南广大区域都有竹王庙，形成了一个以夜郎县竹王庙为中心向四周辐射的大文化圈，范围涉及贵州、四川、重庆、云南、湖北、湖南、广西等省市。贵州除有关夜郎竹王庙的记载外，又有杨老驿、黄丝驿等竹王庙的记载。陈鼎《黔游记》："竹王祠在杨老驿，在清平县西三十里，三月间香火极盛。……黄丝驿亦有其庙，香火亦盛。"四川有荣州、邛州、大邑等地的竹王庙。《太平寰宇记》卷一百六十引《蜀记》："荣州有竹王庙。"又载：邛州"有竹王三郎庙"。是书卷七十五载：大邑"有竹王庙"。云南有通海县竹王庙，见于徐松石《傣族僮族粤族考》。湖北有施州卫（即恩施，今恩施土家族苗族自治州州府所在地）竹王庙。《续道藏》引明人《搜神记》："王即夜郎侯也。庙在施州卫城东南东间山下……宋崇宗神宁中赐庙额曰'灵惠'。后其子孙蔓延，崇祀益谨。本朝正祀典，止称曰夜郎王神。"湖南有乾州厅（即泸西县，今属湘西苗族土家族自治州州府）竹王庙。光绪《湖南通志》卷七十七典礼七："竹王庙在厅（指古乾州厅）北五里鸦溪，祀夜郎侯。"广西有苍梧竹王庙。清同治十三年《苍梧县志》：三月"'三日'为'北帝诞'，士民贺神酬愿"。其中"北帝"疑为白帝之讹。这是以竹王为白帝。

2. 竹王祖先崇拜祭祀仪式

竹王崇拜有特殊的祭祀仪式。这种仪式的显著标志就是唱竹枝歌。巴人的竹枝词，就是由此而来。白居易在他的《竹枝词》中透露出了巴蜀之地的人们唱竹枝歌祭祀白帝天王的消息：

瞿塘峡口冷烟低，白帝城头月向西。
唱到竹枝声咽处，寒猿晴鸟一时啼。

又：

白帝城头春草生，白盐山下蜀江清。
南人上来歌一曲，北人陌上动乡情。

在白帝城听巴人唱竹枝词，恐怕不是偶然的巧合，它表明那正是巴人在白帝庙祭祀白帝天王的歌。推广竹枝词最为用力的唐代诗人刘禹锡在夜郎属地所接触的竹枝歌也是祭祀歌。《旧唐书·刘禹锡传》："禹锡在郎州十年，唯以文章吟咏陶冶性情。蛮俗好巫，每淫祠鼓舞，必歌俚辞。禹锡或从事于其间，乃依骚人之作为新辞，以教巫祝。故武陵溪间率多禹锡之辞也。""每淫祠鼓舞，必歌俚词"中的"俚词"即为竹枝词，当是淫祠鼓舞时唱的祭祀歌。《新唐书》则说得更为直接清楚："宪宗立，叔文等败，禹锡贬连州刺史。未至，斥郎州司马。州接夜郎诸夷，风俗陋甚，家喜巫鬼，每祠，歌竹枝，鼓吹裴回，其声伧佇。禹锡谓屈原居沅湘间作九歌，使楚人以迎送神，乃倚其声，作竹枝词十余篇。于是武陵夷俚悉歌之。"文章指出刘禹锡被贬的地方与夜郎靠近，意在说明他所接触的祭祀歌竹枝词最初应该来自夜郎，与夜郎竹王有关。他推广这种竹枝词，是因为他认为其性质与屈原依据沅湘民歌所作九歌一样，都是祭祀歌，只不过祭祀对象不同而已。《夔州府志》也记载了蜀地唱竹枝歌祭祀神灵的习俗。万州："正月七日乡市士女江南峨眉碛上作鸡子卜，击小鼓，唱竹枝词。"开州："风俗皆重天神，春则刻木虔祈，冬则用牲报赛，邪巫击鼓以为谣祀，男女皆唱竹枝词。"这些记载明确说明了竹枝词的祭祀歌谣性质。唱竹枝词祭祀神灵还要用短笛伴奏，短笛为竹制品，可能与神话说竹王诞生于竹有关。刘禹锡《竹枝词》引说："四方之歌，异音而同乐。岁正月，余来建平，里中儿联歌竹枝，吹短笛以起节。""吹短笛以起节"，说明唱竹枝歌要用短笛伴奏。刘禹锡《洞庭秋月》引："荡桨巴童歌竹枝，连樯后客吹羌笛。"羌笛，即上文所说短笛。这种乐器也就是后来的土家族的"咚咚喹"，用竹枝削制而成，筷子粗细，长约三寸，正是刘禹锡所谓短笛。"咚咚喹"除为青少年平时吹奏外，主要用于跳摆手舞，是为摆手舞伴奏以祭祀神灵的管乐器。清代土家族诗人彭勇行描绘过跳摆手舞吹"咚咚喹"唱竹枝歌的情景："摆手堂前艳会多，姑娘联袂缓行歌。咚咚喹杂喃喃语，末尾一声嗬月嗬。""嗬月嗬"，即唱竹枝歌时的和声。兹录一段敬神竹枝歌：

　　无人唱歌我起头，嗬月嗬，
　　我今起个万花楼，嗬月嗬，
　　老者敬神添福寿，嗬月嗬，
　　少者敬神无忧愁，嗬月嗬。

用夜郎竹王神话传说来解释白帝天王的身份，便形成了一系列与竹王相关的祭祀文化，并且产生了名满中华的竹枝词。竹枝词应该源自古夜郎祭祀竹王的仪式，经过巴人及土家族的再创造，成为一种清新自然、以表现民俗生活为主要内容的民歌体式。这种民歌体式在唐代经几代诗人的推广而逐渐广泛传播。

3. 竹生人神话与人生礼俗

竹生人还导致了一些人生礼俗的形成，这些礼俗涉及丧葬、诞生、祭祀等习俗，至今仍在南方不少民族人民生活中传承。

南方流传竹生人神话的民族都有以竹为祖灵的习俗。布依族认为人死以后要魂归灵竹，所以死者的亲人要在门前插一棵数丈高的带叶楠竹，供酒、大米、鸡、鸭等于底部,由布摩安排孝子跪拜。然后还要到村外砍牛砍马祭祖,布摩口中念念有词:"请你从水竹口来,请你从楠竹口来,来享儿孙酒,来吃子孙鱼。"①

江口县的仡佬族人家将一件四尺长、内装一副小竹卦的竹筒作为祖灵,平时藏于屋中,春节祭祖时插于火塘边以祭祀。上山打猎时,也要插于火塘边祭祀,求祖灵保佑平安。苗族有枫树妈妈的神话,枫树便成为苗族的女始祖。台湾少数泰雅人有枣树生人神话,所以北溪上游白石山中一棵枣树便被奉为祖灵。不少南方民族以竹为生命力的象征物,认为它能护佑新生儿成长,保护人们的生命。部分流传竹生人神话的苗族视竹为生命的保护神。在盖房屋时,要在新房附近插两三根完整的竹子,竹子上拴许多棉条、米袋、竹花(竹编)和一些纸人,竹下放一小木凳,用河光石固定凳脚。据说,这种做法能保家宅平安,子孙繁衍,孩子安康。②

贵阳市花溪区金竹镇一带的布依族在小孩出生满"三朝"时,要举行"栽花竹"仪式。仪式由"布摩"(巫师)主持。先祭神,再栽竹。生男孩,栽金竹篷;生女孩,则栽水竹两棵。意为"让竹神与儿作伴,护儿生长"。③

(五)葫芦生人神话与母腹崇拜

葫芦生人神话最早产生于采集经济时代的葫芦崇拜。原始人崇拜葫芦,主要是因为人们在长期食用葫芦、以葫芦为器皿的过程中观察到葫芦多籽,而且形似母腹。多籽,就能有更多的繁衍,原始人便认为葫芦具有旺盛的生命力,而且希望人类也具有这样的生命力,于是对其产生了崇拜。葫芦形似母腹,使原始人将其当作母腹来加以崇拜。隆起的母腹是怀孕的形象,所以成为原始生育力崇拜的对象。母腹崇拜可能产生于母系氏族社会早期。世界许多母系氏族

---

① 肖万源:《中国少数民族哲学史》,安徽人民出版社1992年版,第164—165页。
② 参见宋兆麟《雷山苗族的招龙仪式》,《世界经济研究》1983年第3期。
③ 武文:《"濮越人"与牂牁、夜郎关系考》,《贵州民族研究》1989年第3期。

第五章 原生态创世神话对后世文化的影响

社会遗址出土过大量的凸显母腹的女神像,就是明证。我国红山文化遗址也出土过女神雕像,那些雕像也突出表现了其孕育生命的腹部。正是基于对葫芦多籽的生命力崇拜和形似母腹的生命力崇拜,原始人创造了葫芦生人神话。我国许多民族都有葫芦生人神话,如汉、彝、傣、怒、白、苗、瑶、畲、黎、水、侗、壮、哈尼、布朗、布依、土家、仫佬、仡佬、毛南、德昂、纳西、拉祜、基诺、佤等民族以及台湾少数民族。

布朗族神话说:远古之时,有一大葫芦,装满了人。一天,来了一只天鹅,啄开葫芦,人就出来了。① 不少葫芦生人神话还粘附上了其他神话因子,但葫芦还是生人的主体。傣族神话说,大神英叭派他所创造的一对夫妻神到人间创造人类,交给这对夫妻一个葫芦,并说:"一切活的生命都在葫芦里面。"两神下到人间,打开葫芦,将葫芦里的生命撒向大地。霎时,大地便有了花草树木、飞禽走兽及各种生命。葫芦籽用完了,就是没有人类。两人只好用泥巴造出人类。② 在神话中,神说:"一切活的生命都在葫芦里面"。为什么唯独没有人呢?这是葫芦生人与泥土造人神话相结合时所造成的情节的置换与矛盾,葫芦生人被说成了泥土所造。拉祜族葫芦生人神话被附会上了更多情节:天神厄莎种了一棵葫芦。野牛踩断藤,葫芦滚到海里。螃蟹将葫芦夹上岸,葫芦上半截被螃蟹夹成了细脖子,下半截被海水泡得又圆又大。厄莎将葫芦搬回家。七十七天后。葫芦里发出人声。厄莎叫两只老鼠啃葫芦,啃了三天三夜,啃出两个洞,一男一女从洞里爬出。男的叫扎笛,女的叫那笛。两人结为夫妻,繁衍人类。③

在民俗活动中,葫芦既是民族始祖神的象征,也是家族祖灵的象征。在彝族,葫芦与祖先完全同义,都称为"阿普"。一些彝族家庭供奉的祖灵,即是葫芦。

在他们的民俗活动中,葫芦常被用作护佑新生儿生命的灵物、行医济世的

---

① 参见袁珂《中国民族神话辞典》,四川省社会科学出版社1989年版,第321页。
② 参见祜巴勐《论傣族诗歌》,岩温扁译,中国民间文学出版社1981年版,第15—16页。
③ 参见马学良、梁庭望、张公瑾主编《中国少数民族文学史》上册,中央民族大学出版社2001年版,第88页。

法宝。滇西巍山县的彝族妇女怀孕后,她的母亲要送一个葫芦给她,悬挂在床头上方的墙壁上。她要与这个葫芦终身相伴。据说其意义在于葫芦能保护新生儿健康成长。旧时中医诊所或药店往往要在门口的招牌上悬挂葫芦或绘葫芦图纹,有的还要在门楣上悬挂书有"悬壶济世"字样的横匾。其中所包含的正是葫芦生命力信仰,其用意显然是要借葫芦的神力来驱除病魔,让病人早日恢复健康。直到当代,彝族仍有祭祀葫芦以驱魔治病的习俗。

葫芦生人神话在我国有着广泛的传承,产生了深远的影响,以至于有学者将神话中的葫芦称之为中华创世葫芦。

二 兄妹婚神话传承的心理机制与社会功能

兄妹婚神话反映了人类历史上存在过的血缘婚制,血缘婚制是群婚制的进化形式,在这种制度下,排除了不同辈分人群之间的婚姻关系,同辈有血缘关系的兄弟姊妹皆可通婚。正如恩格斯在《家庭、私有制和国家的起源》中所说:"血缘家庭——这是家庭的第一阶段。在这里,婚姻的集团是按辈数来划分的……同胞兄弟姐妹、从(表)兄弟姐妹……都互为兄弟姐妹,正因为如此,也一概互为夫妻。"[1]

在兄妹婚神话中,兄妹要实施婚配实际上处于两难境地,一方面,为繁衍人类兄妹必须婚配,但另一方面,两人的婚配就意味着乱伦。这说明兄妹婚神话产生于血缘婚制逝去的时代,当时已有了兄妹不能通婚的禁忌。

为什么在已有兄妹婚禁忌的时代会产生兄妹婚神话,而且这一神话对后世一直有着深远的影响?对此,学术界已做出了多方面的解释。这里则在吸收已有研究成果的基础上,从文化人类学的视角,做出较为全面的阐释。

---

[1] 《马克思恩格斯全集》第21卷,人民出版社1979年版,第47—48页。

第五章　原生态创世神话对后世文化的影响

（一）兄妹婚神话的传承心理机制

兄妹婚神话是创世神话发展到一定阶段的产物，即人们已经认识到了男女结合生子道理时期的产物。但是兄妹婚神话的形成，却与此前产生的自然创世神话、大神创世神话、人兽婚神话等有着不可分割的联系，其中与人兽婚神话的关系更为密切，兄妹婚神话是人兽婚神话的直接演化形式。

人兽婚神话产生于两性生殖崇拜的初级阶段，兄妹婚神话则是两性生殖崇拜发展阶段的产物。在人兽婚神话阶段，人们已经朦胧地认识到了两性结合生子的道理，但是还不能摆脱自然生人、图腾生人观念的影响，所以在两性结合的关系中，将其中的一方说成是兽类，这样便产生了人兽婚神话；在兄妹婚神话阶段，人们已经具备了较完整的自我意识，已经有了男女两性结合生子的认识，而这一时代距兄妹婚制消失的时代较近，人们便用兄妹婚故事来解释人类的起源与氏族的繁衍。可以说，兄妹婚神话是对人兽婚神话的一种否定形式。兄妹婚神话替代人兽婚神话也经历了一个发展过程，在这一发展过程中又产生了由人兽婚向兄妹婚过渡时期的神话。如珞巴族蛇妖杀兄娶妹神话：很久以前，有兄妹俩。一天，兄打死一条蛇，埋于住房的地下。后来，蛇复活，与妹相爱。蛇与妹合谋杀兄。蛇娶妹为妻。兄尸被抛入海中六天，得到动物们的救助而复活。力大无比的善鬼珍布吞食蛇与妹，为兄复仇。这一神话讲述的绝不仅仅是离奇古怪的故事，而是潜含人兽婚神话向兄妹婚神话过渡时期的人们的矛盾心态：兄杀蛇，表现了人们希望人（兄）能取代蛇的地位，成为两性婚配的一方，而蛇复活并娶妹，是人兽婚神话的复活，表现了旧有观念对人们思想的束缚，最终蛇与妹的灭亡，则表现了人们对人兽婚的否定。在由人兽婚神话向兄妹婚神话的过渡时期，这类过渡性的神话应该还有不少。这类神话是后世许多人兽婚传说的先导。如《太平广记》引唐代《博异志》中的《李黄》与《李琯》两则白蛇精故事。前一则说：陇西李黄在长安见一犊车，上有一白衣之姝，绰约有绝代之色。李子尾随至其宅。于宅中盘桓三日,归家后身中头旋,口难语,但觉被底身渐消尽。揭被而视,空注水而已,唯有头存。后来家人寻至旧所发现一空园,询问当地人,答曰:"往往有巨白蛇在树,便无别物。"后一则说:凤翔节度使李听从子李官于安化门外遇一车,"从二女奴,皆乘白马,衣服皆素,而姿容婉媚,李官尾随而去,于女宅中留宿一晚,归家后便觉脑疼,斯须益甚,至辰巳间,脑裂而卒"。其家仆人"于是昨夜所止之处覆验之,但见枯槐树中,有大蛇蟠屈之迹"。两则蛇精传说本为说明美色的危害,但就其人兽成婚害人性命的情节而言,当与历史上过渡时期的人兽婚神话有渊源关系。当人们完全打破人兽婚生殖崇拜观念的束缚之后,兄妹婚神话就产生了。兄妹婚神话产生之后,就成为反映两性生育崇拜的定格形式。在后世再生态创世神话中,兄妹婚神话就成为一种反映两性生育崇拜的固定母题。

当然,兄妹婚神话代替人兽婚神话后,并不等于人兽婚神话的完全消失,它仍然作为一种古老的神话存活于民间,以至于有时人们在表达生殖愿望的时候,竟将其观念与兄妹婚神话观念混杂在一起。汉画像砖和石刻上的伏羲、女娲人身蛇交尾像,就是这种混杂的产物。伏羲、女娲既为夫妻,又为兄妹,这在许多神话记载中多有言明。唐·卢仝《与马异结交》诗:"女娲本是伏羲妇。"明说伏羲、女娲为夫妻。李冗《独异记》说:"昔宇宙初开之时","天下未有人民",女娲、伏羲兄妹"议以为夫妻"。说明伏羲、女娲是兄妹成婚。石刻伏羲、女娲对偶神像,正是兄妹婚神话的反映。而伏羲、女娲对偶生殖神像又具有蛇的局部形体,而且是两蛇交尾的形体,这就只能是人兽婚神话观念的产物。可见,伏羲、女娲对偶神神像,是人兽婚与兄妹婚神话相混合的产物。

(二) 兄妹婚神话传承的社会功能

功能神话学派的代表人物马林诺夫斯基指出:"神话不是为了满足某种科学兴趣的解释,而是为了满足深切的信仰需求、道德渴望、社会服从、社会主

第五章 原生态创世神话对后世文化的影响

张甚至实际需要而经由叙事加以再现的原始现实。"① 兄妹婚神话的产生与传承，也是与其实际的社会功能分不开的。

兄妹婚神话反映的是血缘家庭的婚姻制度，血缘家庭排除了不同辈分之间的婚姻，只允许同一辈分的兄弟姊妹通婚。马克思指出："血缘家庭是第一个'有组织的社会形式'。"虽然血缘家庭时代早已过去，但是由于这种制度与中国社会长期存在的家族制度在深层次上有某种契合之处，所以并没有完全消失。在中国传统社会，存在多种兄妹婚的遗存形式，这些遗存形式就构成了兄妹婚神话赖以生存的基础。

兄妹婚的重要遗存形式是龙凤胎信仰，即认为一胎所生男女为天生或前世夫妻。《搜神记》卷十四记载："昔高阳氏有同产为夫妇，帝放之于崆峒之野，相抱而死。神鸟以不死草覆之。七年，男女同体而生，二头，四手足，是为蒙双氏。"② 在神话传说中的颛顼时代，有一对龙凤胎男女结为夫妻，被放逐，两人相拥而死。结果神鸟用不死草使他们复活，复活后的男女再也无法分开，成为同体。故事中夫妻的神奇复活，表现了龙凤胎信仰潜在的力量。

龙凤胎信仰至现当代仍有残存。周宗贤《残存在壮族社会中的原始婚姻家庭形式》记载："在解放前的壮族社会中，也还存在着兄妹婚的残迹。如在广西邕江县和云南麻栗坡县的壮族民间，都流传着孪生兄妹（一男一女的双胞胎）是天带来的姻缘，注定要结为夫妻的说法，并在现实生活中确有其事。"③ 文章还以实例加以证明：麻栗坡县某村寨的陆某，生了一对双胞胎兄妹。兄妹长大后，妹妹嫁给一侬姓男子，婚后不久该男子即死。村民认为女子出于龙凤胎，姻缘已为天定，不该嫁给外人。后来，该女子又转头嫁给了她的同胞哥哥。

据《环球时报》报道：2012年6月9日上午9时30分，泰国董里府一对

---

① [英]马林诺夫斯基：《神话在生活中的作用》，阿兰·邓迪斯主编《西方神话学读本》，朝戈金等译，广西师范大学出版社 2006 年版，第 244 页。
② （晋）干宝著，黄涤明译注：《搜神记全译》，贵州人民出版社 1991 年版，第 381 页。
③ 《民族学研究》第 5 辑，贵州民族出版社 1983 年版，第 286 页。

5岁的龙凤胎兄妹在父母主持下，举行了盛大的结婚仪式，亲朋好友、乡邻200余人见证了这一喜庆时刻。泰国法律明确规定，同父母或同父异母或同母异父的兄妹禁止结婚。原来，这对兄妹的成婚并非真正意义上的结婚，而是龙凤胎信仰支配下的一种仪式。泰国人认为龙凤胎上辈子是夫妻，临死前祈求下辈子继续在一起，所以今世才会投胎成为龙凤胎兄妹（姐弟）。龙凤胎兄妹本为夫妻，如果分离就会夭折其中之一，但现实制度又不允许兄妹成婚。为了让龙凤胎兄妹（姐弟）双双活下去，破解之道便是在他们未成年时举办婚礼，而且越早越好，这样他们就都会身体健康并长命百岁。虽然是象征性的婚礼，但也要像正规婚礼那样有严格而完整的礼仪。如：下聘礼，择定吉日吉时举办婚礼，请僧人诵经祈福，请亲朋好友和乡亲们吃喜宴、闹洞房等。只有这样才可以打破龙凤胎兄妹（姐弟）不能同时存活的"魔咒"，使他们幸福安康。据了解，这一古老信仰习俗在当今泰国的许多地方仍有延续。这种习俗包含了龙凤胎为天定夫妻的观念，为兄妹婚制度的残痕。

表亲婚也是兄妹婚的遗存形式。表亲婚又称舅表婚，曾流行于全国广大地区。表亲婚指兄弟的子女与姐妹的子女即姑舅表兄之间互相缔结的婚配形式。表亲婚有两种情况：一种是舅父子女和姑家子女可以互相婚配，其中，舅父之子可以优先娶姑母之女。土家族俗语说："姑妈女，顺手娶；舅舅要，隔河叫。"壮族某些地区流传着"除了青岗无好柴，除了郎舅无好亲"的说法。广西天峨县白定乡壮族称这种姑舅表婚为"借姑还表"，即把舅家娶姑家女作为当年姑出嫁的一种补偿。即使舅表身为残疾，或者年龄过小或过大也不能拒绝，若有拒绝，便用强硬手段逼迫成婚。只有舅家不愿意娶甥女时，甥女才可嫁给别人。贵州苗族多有舅家娶姑家女之俗。清道光十七年刻本《永宁州志》记苗俗："凡姑之女定为舅媳，或舅无子，必婚于他舅族之远者。"民国二十一年《八寨县志稿》记苗俗："婚亦用媒妁，率以甥女为子媳，谓'还娘头'。"瑶族在舅父无子，姑之女嫁给他人时，要将一部分聘礼送给舅家。门巴族称为"撒参木"；达斡尔族称为"他拉里"，即回头婚；纳西族称"阿舅则美该"，其意便是舅家的儿子理应娶姑母家的女儿为妻。另一种是只许舅家的女儿嫁给姑家的儿子，称"认姑做婆"，而禁止姑家的女儿嫁给舅家儿子的单向表亲婚。认为姑家的女儿回嫁舅家为"骨血倒流""血脉回头"，被严格禁止。这种婚俗在汉族和一部分少数民族地区也很流行。据考察，表亲婚存在的依据有三：第一，认为表亲婚是亲上加亲，有利于家庭亲情的维系；第二，维护血缘家庭物质利益，不让财产流入非血缘后代手中；第三，认为舅家娶姑家女儿为媳是对当初姑出嫁的一种补偿。总之，表亲婚包含维护血缘家庭的意义。

龙凤胎信仰、表亲婚习俗与兄妹婚神话的长期传承有着密切联系，同时兄妹婚神话由于其蕴含的最原始家庭形式与封建社会的家族制度存在精神相通之处，所以成为满足人们子嗣繁衍、家族兴旺愿望的象征性表现形式；兄妹婚神话反映的乱伦婚姻尽管为现实伦理所不容，但由于能够满足人们的心理愿望而获得了强健的传承动力，因而代代传承不衰，兄妹婚神话的代表人物伏羲、女娲成为世代人们祈求子嗣繁衍的偶像，祭祀烟火千年不绝。

在中国创世神话不断发展的历史长河中，古老的原生态创世神话始终在民俗文化中传承，具有顽强的传承性。当然，其内涵并不像形式那样始终不变地传承，而是随着时代的更迭，不断发生演变，这种演变主要体现在其象征意义方面。这种演变使得各种原生态神话的象征意义能够适应时代风尚的变化，不断获取新的生命力。古老神话的信仰观念也由此而能与历史相伴相随，在不断更新中而获得新生。可以说，在现代生活中，也不难找见原始神话的蛛丝马迹，若稍加留心，则可发现民俗文化中处处洒落的古老神话碎片。

第六章 衍生形态创世神话

随着人们思维的综合能力与概括能力的不断提高，人们认识事物的方式逐渐由单一性视角向整体性视角方向发展，由此，单一的释源神话逐渐发展成为整体性释源神话即系统形态的创世神话。在这一发展过程中产生出的过渡性的创世神话，我们称之为衍生形态的创世神话。衍生形态创世神话的形成，遵循了多种组合方式。我们根据这些组合方式，将衍生形态创世神话分为以下几种类型。

一 串联型

串联型，是指将两个以上的创世神话按照一定的逻辑顺序串联成的创世神话。为了故事情节结构安排的需要，参与组合的各种创世神话往往会有情节上的减省和变形，但是仍保留了各自相对独立的结构单元。

《苗族古歌》中的《古枫歌》说："树干生妹榜，树心生妹留。""妹"在苗语中义为母亲，"榜"与"留"均为蝴蝶，妹榜、妹留即为蝴蝶妈妈之义。这里是说枫树生出了蝴蝶妈妈。蝴蝶妈妈出生后，跟泡沫婚配，生下十二个蛋，从蛋中孵出姜央、雷公、老虎、水龙等。[1] 很显然，这段神话是由枫树生蝴

---

[1] 参见田兵编选《苗族古歌》，贵州人民出版社1979年版，第185—209页。

第六章 衍生形态创世神话

蝶，蝴蝶婚配生蛋，蛋孵化出人与动物等神话串联而成，是苗族不同时期的事物起源观的累积叠合。

傣族神话《金葫芦生万物》[①]说：远古时代，大地一片荒芜。天神派一母牛和一鹞子来到地上。母牛活了三年，生下三枚蛋。鹞子来孵这三个蛋，结果孵出一个葫芦，从葫芦里出来好些人。这则神话显然是由蛋生人神话与葫芦生人神话串联而成。

侗族姜良姜妹再造人类说（湖南地区侗族）：洪水发生后，姜良和姜妹乘坐葫芦上天与雷公做斗争取得胜利，洪水退去，太阳和月亮照耀天下。姜良、姜妹兄妹俩回到大地，四面看去，人类已经绝迹，仅剩一只老乌龟。姜良、姜妹顺应天意结为夫妻。婚后三年，姜妹怀孕，后来生出个肉坨，有口无眼，有气无力，无脚无手，圆溜溜，肥胖胖，像个冬瓜。兄妹俩伤心欲绝，闭上眼睛，用石斧将肉坨砍烂，将肌肉抛向溪边，骨头丢到山坡，五脏六腑被抛到平原大河旁，将皮肤、毛发扔到树林、草丛、石岩上。过了几天，平原、大河边，小溪旁，山坡上，树林里，处处冒出烟火，处处都有喊叫声，处处有鸟飞兽行。平原、大河的人成为汉族祖先，崇山峻岭的人成为苗瑶先人，山坪、小溪旁的人成为侗族祖宗。[②]此则神话，分两部分，第一部分为姜良姜妹兄妹婚神话，第二部分为化生神话，兄妹婚后生出的肉坨，化生为各个族群，是盘古化生母题的变异形式，盘古的身体各部分化生为天地万物，肉坨的各部分化生为各种族群，略有变化。两个神话通过生育关系串成一个神话，虽已浑然一体，但其串联关系仍有迹可循。

施甸布朗族人类二次起源神话，也是由两个神话串联而成。先是讲洪水兄妹婚神话：远古之时，洪水泛滥，万物及人类全被淹没，只有兄妹因躲进牛肚皮而幸免于难。兄妹通过滚磨、滚簸箕等测得神灵之意，结为夫妻繁衍人类。接着讲述葫芦生人神话，兄妹结合后生下一个葫芦，葫芦剖开后，从里面走出很多人，他们便是各个族群的祖先。显然，此则神话是由兄妹婚神话与葫芦生

[①] 参见《中国各民族宗教与神话大词典》，学苑出版社1993年版，第82页。
[②] 同上书，第117页。

人神话串联而形成。[①]

布依族《赛胡细妹造人烟》说：洪水消退了，赛胡、细妹走出葫芦，大地上一片冷清，没有人烟。在太白星君的撮合下，通过滚石磨、穿针眼等方式占卜，得到神的允许，兄妹结成夫妻。婚后半年生下一肉团，赛胡用刀砍成一百零八块，撒向四面八方。其中的一百块变成了不同姓氏的人类，另外八块变成了山河、水井、山坡、野岭、河沟和森林，从此世间有万物，人烟繁盛闹盈盈。此则神话也是由于兄妹婚神话与身体化生神话串联而成，其化生部分还保持了比较原始的状态，身体的组成部分不仅化生成各种姓氏的人群，还化生成自然万物。

台湾赛夏族神话：太古之时，大神创造了人类。一场洪水毁灭人类，仅剩一男子。神灵乌兹帕赫崩恐人类灭绝，将男子杀死，碎成肉块，抛撒洪水中，肉块漂至各山头，化为赛夏人。神还把肠子切成段，投进洪水中，各节肠子漂到平地，化为汉人。最后，将骨头砍成块，投进洪水中，漂到陆地，化为泰雅人。[②] 该则神话由大神创世神话、洪水神话、化生神话串联而成。

怒族创世神话"腊普与亚妞"则是将洪水兄妹婚神话情节与人兽婚情节串在一起构成衍生型神话。相传，远古之时，洪水泛滥，人类灭绝。大神见天下无人烟，就派腊普与亚妞兄妹来到人间。兄妹想要结合繁衍人类，但又碍于是兄妹关系疑虑重重，后来商议测定天神之意。哥哥以弩射中妹妹的织布机，即为天神准许结合。结果，兄妹成为夫妻，生下七个子女，子女长大后，有的兄妹结为夫妻，有的与蜂、蛇、熊等交配，生下各个氏族的祖先。一般而言，兄妹婚神话的产生晚于人兽婚神话，此处却将人兽婚神话情节嫁接于兄妹婚神话后，显然是受血缘婚禁忌影响的缘故。由此可见，串联型神话在串联神话情节时，有时并不顾及其产生的先后顺序。普米族神话也有将异类婚情节置放于洪水神话之后的。普米族神话说：远古时发生大洪水，一位正在喂猪的老妈妈跳进猪食槽在水上漂流才得以逃生。她的三个儿子中的老三因为爬上了一棵通天树的树冠而得以生存。为了繁衍后人，母亲用牦牛粪做了一个姑娘，给儿子做

[①] 参见《中国各民族宗教与神话大词典》，学苑出版社1993年版，第31页。
[②] 同上书，第146页。

媳妇。那粪做的人一接触男子就有了气息,她与老三结婚后,生下了许多儿女,儿女们自相婚配,繁衍人类。

串联型衍生态神话常常将几种不同的人类起源神话串在一起,这是因为一个民族同时具有多种人类起源神话的缘故。如佤族既有洞穴生人神话,也有葫芦生人神话。洞穴生人神话主要流传于西盟地区,西盟地区有一个叫司岗里的地方,就被说成是生人的洞穴。葫芦生人神化主要流传于沧源县班洪地区,班洪古称葫芦王地。因为人类起源神话在佤族同时存在,所以就产生了将两种神话串联起来的神话。佤族衍生态神话说:洪水滔天时,从远处漂来一只葫芦。后来,葫芦沉入水中,变成葫芦山,山上有个洞,佤族人就是从这个洞里走出来的。神话将葫芦生人神话与洞穴生人神话结合在一起,形成了一种串联关系,即葫芦变成洞穴,洞穴生人。串联神话的形成,体现了创世不断融合、不断系统化发展的趋向。

串联型中的若干神话之间似乎包含一种事物起源的谱系关系,在结构上与汉族典籍所载远古帝王谱系神话类似。如《山海经·海内经》载:"西南有巴国,太皞生咸鸟,咸鸟生乘厘,乘厘生后照,后照是始为巴人。"又载:"黄帝生骆明,骆明生白马,白马是为鲧。帝俊生禹号,禹号生淫梁,淫梁生番禺,是始为舟。番禺生奚仲,奚仲生吉光,吉光是始以木为车。"这类神话表现了帝王的谱系关系,但是创世神话与此不同,只有谱系的形式,并无谱系之实,其表现的"谱系"关系是不合乎逻辑的。事实上,串联型创世神话是不同时期、不同地域的人们关于事物起源解释的拼凑之物。

二 化合型

化合型,是由两个以上的创世神话融合而成的衍生态创世神话类型,参与融合的各种创世神话在新的结构中已不再具有独立结构单元,而是成为新故事的构成要素，并且彼此达到了水乳交融般的融合。

盘古神话就是典型的由化合方式组合成的神话。徐整所撰《三五历纪》与《五运历年纪》：

> 天地混沌如鸡子，盘古生其中，万八千岁，天地开辟，阳清为天，阴浊为地。盘古在其中，一日九变，神于天，圣于地，天日高一丈，地日厚一丈，盘古日长一丈，如此万八千岁。天数极高，地数极深，盘古极长。后乃有三皇。

> 首生盘古，垂死化身：气为风云，声为雷霆，左眼为日，右眼为月，四肢五体为四极五岳，血液为江河，筋脉为地理，肌肉为田土，发髭为星辰，皮毛为草木，齿骨为金石，精髓为珠玉，流汗为雨泽，身之诸虫，因风所感，化为黎甿。

由以上两则记载可见，盘古开天辟地神话是由宇宙卵神话与化生神话融合而成的，这种融合已经不是简单相加式的组合，而是打破原有结构的相对独立性，实行了情节与情节之间的相互渗透与连接。其中的宇宙卵已经失去独立的形成天地万物的功能，只是保留了形成天地的因素，阳清为天，阴浊为地，而天地的形成则要靠盘古经过万八千岁的变化去完成。两则神话达到了水乳交融般的融合，所以称其为化合式融合。

我国完整的洪水神话是由下列各部分组成的。

（1）洪水发生的多种起因。

（2）洪水滔天，毁灭人类。

（3）兄妹（多数神话中的兄妹是伏羲与女娲）逃脱，逃脱洪水所依赖的工具有多种，比如牛皮鼓、木箱、葫芦等，但占据绝大多数的是葫芦。

（4）兄妹经过多种占卜应验后成亲。

（5）兄妹成为再造人类的始祖，生儿生女，儿女婚配繁衍人类；生肉团，被剁碎后撒在野外，挂在李树上的变成李姓的人，挂在山石上的变成石姓的人……百家姓就是这样来的；生葫芦，葫芦里走出汉族和几个少数民族；生其他怪胎等。

由洪水神话的结构可见,洪水神话已非单一的原型神话,而是一种由多种创世神话融合而成的复合型的再生神话。它是在原型的洪水神话的基础上,融合水生人神话、葫芦生人神话、兄妹成婚生人神话而形成的。当然,这些神话的组合不是简单的叠加,而是经过了化合式的融合,形成了一个浑然一体的整体。拆开这一整体,还原组成部分的原型,并分析它们结合时的变异,以便于了解化合式组合的具体情形。

(一) 洪水神话与水生人神话的化合

原型洪水神话与人类再造无关,主要叙述洪水的威力、造成的巨大灾难以及神灵对洪水的治理。它表现了先民对洪水极大的恐惧和由此引发的战胜洪水的强烈愿望。

原型洪水神话可分为两类:第一类重在揭示洪水发生的原因;第二类重在叙述对洪水的治理。第一类如共工发洪水神话。共工发洪水神话明显可分为两个系列,一个系列叙述共工通过振滔发起了洪水;另一个系列叙述共工触倒不周山而引发洪水。古今学者已经注意到了两种共工神话的不同。古人高诱注《淮南子·原道训》所载共工触不周山神话说:"共工以水行霸于伏羲、神农间者,非尧时共工也。"明白说明有两个共工。今人朱芳圃论共工神话说:"其神话当分两系:一、《淮南子·天文训》言:'共工……触不周之山,天柱折,地维绝。'此盖先民解释天象地形之神话,谓日月星辰之移于西北,水潦尘埃之归于东南,由于天倾西北,地不满东南,其原因为共工触不周山,使天柱折,地维绝所致。二、《淮南子·本训经》言:'共工振滔洪水,以薄空桑。'"① 两类共工神话的区别在于发起洪水的方式不同,即振滔与触倒不周山天柱两种不同的方式。它反映了先民对洪水起因的不同解释。振滔发洪水,是掀起波涛引

---

① 朱芳圃:《中国古代神话与史实》,中州书画社1982年版,第10页。

发洪水。波涛之掀起，必然是由于淫雨不止、山洪暴发所致。这是先民从天降暴雨现象的角度对洪水起因的神话式的解释。触不周山而致地倾东南引发洪水，是说由于天柱折断、地势倾斜的原因，各条水系汇集东南低处而形成洪水，这是从中国地势由西北高处向东南低处渐次降低的状态所做出的关于洪水起因的神话式的解释。第二类原型洪水神话如女娲、鲧、禹治水神话。女娲补天及其他事迹主要是治理洪水。《淮南子·览冥训》说："往古之时，四极废，九州裂天不兼覆，地不周载，火爁炎而不灭，水浩洋而不息，猛禽食颛民，鸷鸟攫老弱。于是女娲炼五色石以补苍天，断鳌足以立四极，杀黑龙以济冀州，积芦灰以止淫水。苍天补，四极正，淫水涸，冀州平，狡虫死，颛民生。"天穹的四边倾倒、九州大地陷塌，引起洪水泛滥，虽属神话式的说法，但也有一定的现实依据。这种说法应该出自先民对当时发生的特大洪水所产生的错觉或幻觉：洪水滔天，无边无际，人们便以为天的四边倾倒了，大地陷裂了。当人们渴望征服这滔天的洪水时，就自然而然地幻想出了补天平水患的神话。因此，神话中女娲补天的行为，实际上是为了治理水患。此外，杀鳌、黑龙等水怪，是为了消除水患，积芦灰则是为止淫水。都属治水的行为。鲧、禹治理洪水神话，更多带有历史的影子。《山海经·海内经》说："洪水滔天。鲧窃息壤以湮洪水，不待帝命，帝令祝融杀鲧于羽郊。鲧復（腹）生禹。帝乃命禹卒布土以定九州。"两类原型洪水神话，无论是探究洪水的起因，还是赞美治水的神灵，都表现了先民渴望战胜洪水的愿望，其主题与人类再生并无关涉。

原型洪水神话之所以能够融合其他神话，演变成为表现人类再生主题的神话，与一种更为古老的与水有关的创世神话有着必然的联系，这种古老的创世神话就是水生人神话。在水生人神话中，水是孕育人类的物质，也是孕育天地万物的物质。水生人神话与原型洪水神话原本是有着不同历史文化内涵的神话，但由于它们都是关于水的神话，因此在流传过程中很容易导致误读，水生人神话的观念很容易被融入洪水神话之中。这样，先民对洪水的看法就有了两面性：洪水既是灭绝人烟之水，也是孕育生命之水。洪水神话中那泛滥成灾的洪水，也具有了孕育生命的意义。这就是为什么再造人类的辉煌伟业总是在大洪水的背景下展开的。可以说，当先民将原型洪水神话与水生型神话混同起来的时候，以表现人类再生为主题的洪水神话便开始进入形成的历程，葫芦生人神话、兄妹成婚繁衍人类神话等便渐次纳入洪水神话越来越庞大复杂的建构之中，共同彰显着再造人类的主题。

（二）洪水神话与葫芦生人神话的化合

在洪水神话中，葫芦对于人类的再生起着至关重要的作用。当年，闻一多先生分析了49则洪水神话，认为"葫芦是造人故事的核心"，葫芦既是大多数故事中兄妹"避水的工具"，也是"造人的素材"；他还认为：其他的避水工具如鼓、桶、臼、床、舟，似乎说得更为合理，但却是后来修正的结果。[①] 从目前所搜集的南方各少数民族的洪水神话来看，葫芦同样是主要的避水工具，而且也与人种有着某种若隐若现的联系（见表6-1）。

表6-1　　　　　　　　　　洪水神话因素分析

民　族	神　话	洪水遗民	避水工具	工具的来源	相关的信仰
白　族	兄妹成亲	兄妹	葫芦	天然	葫芦是白族的圣物
布依族	洪水滔天	伏哥与羲妹	葫芦	雷公所送葫芦籽生成	
德昂族	螃蟹发洪水	男人	葫芦	天然	信仰葫芦生人
侗　族	雷公发齐天洪水	姜良与姜妹	葫芦	雷公所送葫芦籽	
独龙族	洪水滔天	兄　妹	山		

---

① 参见闻一多《伏羲考》，转引自苑利编《二十世纪民俗学经典·神话卷》，社会科学文献出版社2002年版，第207页。

续 表

民　族	神　话	洪水遗民	避水工具	工具的来源	相关的信仰
仡佬族	阿仰兄妹制人烟	阿仰兄妹	葫芦	杉木做成的木葫芦	
哈尼族	天地人的形成	佐罗、佐卑	葫芦	天然	
基诺族	玛黑、玛妞	玛黑与玛妞	鼓		信仰葫芦生万物
拉祜族	传人种	热尼搓拉	葫芦	天然	有葫芦育人神话
怒　族	洪水滔天	兄妹	木桶		
黎　族	螃蟹精	兄妹	葫芦	天然	
傈僳族	创世纪	兄妹	葫芦	天然有多种葫芦避水神话	
纳西族	人类迁徙记	崇仁与丽恩	皮鼓		
苗　族	奶傩、爸傩	傩公、傩母	葫芦	葫芦籽生成	有多种葫芦避水神话
仫佬族	伏羲兄妹的传说	伏羲兄妹	葫芦	雷公牙生成	崇拜雷公牙
毛难族	盘古和古妹	盘古与古妹	葫芦	雷公牙生成	
羌　族	造人类	兄妹	葫芦	天然	也有说用木桶避水的
水　族	造人歌	兄妹	葫芦	老人牙生成	崇拜瓜（葫芦）
土家族	雍尼补所	雍尼与补所	葫芦	雷公所送葫芦籽生成	
佤　族	洪水滔天	兄妹	葫芦	天然有葫芦生人神话	
瑶　族	伏羲兄妹	伏羲兄妹	葫芦	雷公牙生成	有兄妹、姑侄借葫芦避水神话
彝　族	洪水淹天	阿卜笃慕兄妹	葫芦	天然崇拜葫芦灵祖	

由表 6-1 可知，南方绝大多数民族的洪水神话都以葫芦作为人种保存的工具，说明葫芦是洪水神话标准的避水工具，而其他的则是变异的形式。为什么采用葫芦作为避水工具呢？这是由于洪水神话在传承发展过程中，融入了葫芦生人神话的结果。葫芦生人神话在我国南方许多民族普遍存在。表 6-1 所列有洪水神话的民族，不少也同时存在葫芦生人神话。德昂、彝、基诺、拉祜、佤等民族还保存有原始的葫芦生人神话。拉祜族神话说：远古，有一个葫芦，从葫芦里出来一男一女，长大后兄妹成亲，繁衍后代。① 傣族神话《布桑嘎西与雅桑嘎赛》说：天神英叭用身上的泥垢捏成一男一女，让他们结为夫妻，并派他们到大地上去创造万物。临走时，英叭送给他们一个金葫芦，告诉他们："一切生命都在金葫芦里面。"夫妻两人来到地面，打开金葫芦，将葫芦籽撒遍大地，千千万万的生命变成了花草树木和鸟兽虫鱼。葫芦籽用完了，就是没有变出人来。两人只好用泥捏人，才获得成功。② 显见，此则葫芦生人神话融入了泥巴造人神话的因子。还有一则傣族神话说：天神派一头母牛和一只鹞子来到地上。在天上生活了几十万年的母牛来到地上只活了三年，生下三个蛋就死了。鹞子来孵蛋，将其中的一只蛋孵成了葫芦，葫芦中走出了人类。此则神话又融入蛋生人神话的因子，但在神话中葫芦终究还是人类的诞生之所。③ 白族、水族、彝族等都有与生殖相关的葫芦信仰。将南方民族广泛盛行的葫芦生人神话、葫芦生殖信仰与洪水神话结合起来分析，就不难看出洪水神话中出现的葫芦并非一般的载人工具，而是具有生殖象征意义的神物，葫芦的出现，是洪水神话与葫芦生人神话相融合的结果。

当然，葫芦生人神话在与洪水神话相黏合时，也必然发生变异，这种变异就使生殖繁衍人类的葫芦成了人们保存生命的工具。这种变异是经历了一个发展过程的。最初，当两种神话相结合时，葫芦还是繁衍人类之物。在南方民族的神话中，还保留了洪水神话和葫芦生人神话相结合的最初的形式，那就是两

---

① 参见何星亮《中国图腾文化》，中国社会科学出版社 1992 年版，第 286 页。
② 参见谷德明编《中国少数民族神话》，中国民间文艺出版社 1987 年版，第 346—248 页。
③ 参见陶阳、钟秀《中国创世神话》，上海人民出版社 1989 年版，第 220 页。

种神话的简单叠加,其基本情节是,洪水中漂来葫芦,葫芦生出人类的祖先。傣族《金葫芦生万物》说:在洪荒时代,洪水泛滥之时,从远方漂来一个大葫芦,葫芦里走出八个人。一个仙女将其中的四个变成了女人,让她们和另外四个男人结为夫妻,于是世上便有了人类。① 佤族《洪水滔天》神话有两种说法:一种说法是,洪水滔天时,从远方漂来一只大葫芦,后来,从葫芦里走出了人。另一种说法是,洪水滔天时,从远方漂来一只大葫芦。后来,葫芦沉入水中,变成了一座高山,而后从高山的洞里走出了人。显然,后一种说法又加进了在佤族影响较大的洞生人神话,但洪水神话与葫芦生人神话相结合的痕迹还是清晰可辨的。② 德昂族也有类似的神话,《葫芦与人》说:相传,天王曾到天宫去寻找粮食种子。他从天上带回苞谷、稻子、大豆、小麦、瓜果、葫芦等种子,分别种在地上、山坡上和海边。种在海边的葫芦,它的藤却长在海中心,后来结出一个葫芦,浮在海面中央。它长得如大山,里面还有人在闹。有一天,突然来了一阵暴雨,电闪雷鸣,劈开了这个葫芦,里面一共有103人,有男有女,此外还有一些动物。这些人乘葫芦来到陆地后便各奔东西,他们便是汉、傣、回、傈僳、景颇、阿昌、白等民族的祖先。这则神话稍有变形,洪水被置换成了海水。③ 这类神话很清楚地说明,最初在洪水神话中出现的葫芦还是生人的葫芦,只是后来才变成载人的工具,那是洪水神话进一步演化的结果;同时也表明,洪水神话确实融入了葫芦生人神话。后来演变成载人工具的葫芦,所具有的生殖力的象征意义并没有消失,而是转化成了生命力的象征意义。葫芦遂在滔天的洪水中成为最有效的保护兄妹生命的工具。瑶族洪水神话《伏羲兄妹》中说,洪水到来之后,兄妹俩躲进以雷公牙为种子结成的大葫芦中而安然无恙,而大圣藏身于水上漂着的猪槽中则被大水淹死。这样,在洪水神话中葫芦便由生命的诞生之所转换成为生命的承载之舟,葫芦奇特的护佑生命的功能便可以得到合理的解释,那并不仅仅是因为葫芦是当时条件下较为安

---

① 参见《中国各民族宗教与神话大词典》,学苑出版社1993年版,第82页。
② 同上书,第591页。
③ 同上书,第94页。

全的运载工具，而更为重要的是因为在葫芦生人神话中，葫芦是繁衍人种的神物。即使是在洪水神话中，仍残留着葫芦繁衍人种的意识。许多洪水神话中的葫芦都是以雷公的牙齿为种子而结成的，雷公的牙齿是人种的象征，由这种牙齿结成的葫芦则应与人种有着密切关系。可见，在洪水神话中，变异后的葫芦生人神话仍残存部分零碎的原型。这也足以证明洪水神话在流传过程中融入了葫芦生人神话。

（三）洪水神话与兄妹婚神话的化合

洪水神话再生人类的主题，主要是通过兄妹结合的情节来体现的，兄妹婚的情节在洪水神话中占有主体的地位。实际上，兄妹婚情节原是一独立存在的神话。兄妹婚神话是人类历史上存在过的血缘婚史实的产物，也是人们认识到了男女媾和生子道理后的产物。它的出现必然导致洪水神话的演变，这就是洪水神话与兄妹婚神话的融合。

兄妹婚神话作为一种独立存在的神话原型是有材料可证的。唐代李冗《独异志》说："昔宇宙开初之时。只有女娲兄妹二人在昆仑山，而天下未有人民。议以为夫妻，又自羞耻。兄即与妹上昆仑山，咒曰：'天若遣我二人为夫妻，而烟悉合；若不，即烟散。'于烟即合。其妹即来就兄。乃结草为扇，以障其面。今时取妇执扇，象其事也。"在台湾高山族创世神话中也混杂有原型兄妹婚神话的残存。高山族排湾人神话《人间万物的由来》说：太阳神生两卵，孵生出那玛达乌与那玛依德两兄妹。由兄神口授，妹神点化，孕育了天地万物与人类。显然，在这则神话中就包含了兄妹婚神话的原型。高山族泰雅人神话《刺青的来历》说：相传，太古时代，人间仅姐弟二人。为繁衍后人，姐欲与弟婚配，遭到拒绝。后以黑灰涂面，改变其容貌，遂与其弟交合，生儿育女。由此，泰雅人就有了少女婚前黥面刺青的习俗。高山族赛夏人神话《厄帕·那奔兄妹传说》说：太古时，尚无人类。厄帕·那奔与玛雅·那奔兄妹结为夫妻，后生一子。为繁衍人类，兄妹毅然杀子碎尸，投入河中，每投一块，化生为一赛夏人的始祖。① 在兄妹婚神话中，兄妹被当作了最初的人类，是繁衍人类的始祖神，即通常所说伏羲、女娲。由这些神话可见，兄妹婚神话原是独立存在的，只是由于后来与洪水神话融合，才丧失了其独立的形态，演变成了洪水神话中的一个情节，以至于我们很难再见到单纯的兄妹婚神话了。我国南方民族的洪水神话普遍存有兄妹婚情节，说明南方民族洪水神话普遍融入了兄妹婚神话。兄妹婚神话融入洪水神话之后，也发生了变异，兄妹由始造人类者变成了再造人类者，其身份也发生了相应的变化，由繁衍人类的始祖神变成了再造人类的祖先神。

洪水神话中的兄妹婚情节主要叙述兄妹婚前的羞耻心理以及为战胜这种羞耻心理所做出的种种努力和经历的千辛万苦。洪水之后，为繁衍人类，兄妹往往用种种难于实现之事来占卜，以验证兄妹成婚是否符合天意，这是用巫术的方法来克服羞耻心理的行为。在这一过程中，兄妹是经历了种种磨难的，反映出他们为繁衍人类所做出的艰苦卓绝的努力和付出的巨大牺牲。南方民族洪水神话都用大量的篇幅叙述了兄妹反复占卜的过程，突出表现了占卜之事的不可行性，并由此反映出兄妹成婚的艰难。布依族《洪水滔天》说：洪水过后，人烟灭绝，只剩下伏哥、羲妹。太白金星要兄妹成婚繁衍人类，兄妹不肯。太白金星要伏哥和羲妹一个拿线，一个拿针，同时抛向空中，如果线穿进了针眼中，就表明兄妹结婚是天意。结果占卜灵验，但兄妹还是不肯成婚。太白金星又要伏哥背一扇磨子爬到南山上让磨子滚下，羲妹背一扇磨子爬上北山让磨子滚下，如果两扇磨子合在一起，两人就成亲。结果果如所卜，但他们还是不肯。太白金星又要兄妹俩绕着一座山跑，如果后面的迎面追上了前面的，兄妹俩就成亲，结果兄妹俩撞个满怀，就结为夫妻繁衍后代。② 侗族《捉雷公引起的故事》说，洪水过后，世上没有了人烟，姜良欲与其妹姜妹成亲繁衍后代。姜妹为难，提出三种要求，实际上是三样测天意的占卜。一是东边西边烧起两堆火，火烟要汇合；二是岭南岭北两条河，河水要汇合；三是东山西山两扇

---

① 参见《中国各民族宗教与神话大词典》，学苑出版社1993年版，第144—145页。
② 参见谷德民编《中国少数民族神话》，中国民间文艺出版社1987年版，第620—621页。

第六章 衍生形态创世神话

磨，滚下坡脚要能合。姜良在神灵的指引下，达到了姜妹提出的要求。姜妹知道有神灵相助后不服气，又提出兄妹围着圆坡跑三圈，妹在前，兄在后，兄若能对面将妹抱住，就可成亲。跑了两圈，姜良远远落在后面，神龟告诉他："反转来，反转来！"姜良恍然大悟，转身就跑，正好与姜妹碰上，就面对面地将她抱住。姜妹只好答应成亲。结婚时为了遮羞，姜妹就用雨伞遮住脸。受这一神话的影响，在侗族地区至今有新娘进屋时用雨伞遮脸的习俗。① 毛南族神话《盘兄和古妹》说：洪水灭绝人类后，只剩下盘兄和古妹两人。土地神劝两人结为夫妻繁衍人类。古妹很害羞，后来通过烧两堆艾火看火烟相交，滚石磨看两扇石磨相合等验证了天意，两人遂结为夫妻。② 在南方各民族洪水神话中出现的兄妹反复占卜的情节，实际上表现了兄妹为克服血缘近亲婚导致的羞耻与恐惧心理，完成人类再造的神圣重任所进行的一系列抗争。在兄妹成亲的问题上，有的神话中是兄主动些，有的则是妹主动些，但不管是哪种情况，要完成那些高难度的验证，没有兄妹的默契配合是难以想象的。那些有关兄妹反复占卜过程的叙述，实际上是突出表现了洪水神话再生人类或再造人类的主题。

有关兄妹婚后怀孕再传人类的情景也是兄妹婚情节的重要组成部分。其中有多种情况，数量最多的是妹妹生出怪胎，有肉团、肉坨、肉包、皮囊等。由于兄妹生气或是受神的启示，他们将肉团剁成碎块撒在原野山谷，这些肉块就变成了活人。这类情节具有双重意义：一是对兄妹婚的谴责。陶阳、钟秀在《中国创世神话》中说："显然，洪水神话中有关兄妹婚的传说不会产生在实现兄妹婚的当时，而是产生在由族内血缘婚向族外婚过渡时期。只有在这种过渡阶段才有可能产生谴责兄妹婚的社会观念。"③ 二是反映了当时人们对人类生育的混乱的认识，既包含了男女婚媾生子的观念，也包含了更为古老的人种繁衍人烟的观念，肉块就是人种，就像植物的种子可以繁衍出植物一样，人种也可以繁衍出人类。这是因为当时的人们对于男女结合生子的认识仅仅只停留在

---

① 参见杨通山等编《侗族民间故事选》，上海文艺出版社1982年版，第18—19页。
② 参见谷德民编《中国少数民族神话》，中国民间文艺出版社1987年版，第156—158页。
③ 参见陶阳、钟秀《中国创世神话》，上海人民出版社1989年版，第241页。

形式上，而并无实质性了解的缘故，所以只能以植物的种子生出植物的现象来填充认识的缺环，想象肉团之类的人种繁衍人类。有的洪水神话甚至借用更为古老的神话中的泥巴造人和葫芦生人的情节来解释兄妹婚所致结果。毛南族神话《盘兄和古妹》说：盘兄和古妹结婚三年，还没有生娃仔，就用泥捏成人仔，叫乌鸦衔去丢。盘和古捏泥人捏了七七四十九天，乌鸦却整整衔了十九年。从此，不论是峒场和村庄、山上和河边都有了人烟。用黄泥、白泥、红泥和各种各样泥土捏成的人仔，就成了三百六十行各种各样的人。① 基诺族神话《祭祖的由来》说：洪水过后，麻黑、麻妞兄妹结为夫妻。二人因为太老不能生育，遂种下一葫芦籽。后长成的藤叶布满九重山，结大小葫芦无数，结果所有的葫芦都枯萎，只剩下一巨大葫芦。兄妹遂将其悬挂于屋檐。一日，二人隐约听见葫芦中有人声。欲烙一洞察看，小刀刚近葫芦，即闻有声曰："勿烙我！"换别方位亦然。正无计可施，忽听一老母于葫芦底曰："汝等烙我可也！"于是，烙葫芦底部，成为一洞。遂有人陆续从洞口跃出。② 这则神话说兄妹是因为太老才采用种葫芦来繁衍人类的方法的，其实这是后人附会的说法。基诺族还有一则相似的神话《玛黑和玛纽》③也讲到兄妹婚后用打开葫芦的方法来繁衍人类的事情，但并没有说那是因为他们太老。这类兄妹婚后用泥造人或通过打开葫芦造人的情节，显然是用更为古老的神话所蕴含的生殖观念来解释兄妹结婚生子原理的产物。这表明，在洪水神话中，以表现人类再生主题的兄妹婚情节，渗进了原始的自然物生人、植物生人观念。兄妹婚后再传人类的种种情景，反映了先人蒙昧混乱、新旧交织的生殖观念。而这些杂乱的观念，都与洪水神话再造人类的主题息息相关，所以一并纳入。

由以上论述可见，洪水神话复杂的故事系统是在原型洪水神话的基础上，汇集多种人类起源神话建构而成的，洪水神话再造人类的主题，融聚着多种多样的生殖崇拜观念。

---

① 参见谷德民编《中国少数民族神话》，中国民间文艺出版社1987年版，第158页。
② 参见袁珂编《中国少数民族神话传说词典》，四川省社会科学院出版社1989年版，第379页。
③ 参见《中国各民族宗教与神话大词典》，学苑出版社1993年版，第353页。

洪水遗民神话也属化合型。这类神话从总体结构而言，多数是由天地开辟神话、洪水神话、葫芦生人神话、兄妹婚神话几个神话化合而成的。化合型与串联型神话的不同之处在于：化合型神话中的若干神话已经融为一个整体，各神话已经转化为情节的构成要素；而串联型中的若干神话则保持着相对独立性，彼此之间构成一种前后承接的关系。

三 箭垛型

箭垛型，是指以某个创世大神的基本事迹为基础，不断累积添加创世业绩而形成的衍生态创世神话。"箭垛"系借用民间文学中的传说学的术语"箭垛式"而来。"箭垛式，是指民众把一些同类情节集中安置在某一个人物身上的现象"[1]。在神话领域，也存在这种现象，某个创世大神，由于被奉为民族始祖神，所以民众不断为其添加新的业绩，以至于逐渐衍生出多个有关该创世大神的神话。人们所熟悉的女娲神话系列即为典型一例。我国少数民族多有此种类型的神话。如水族牙巫神话，其构成就采用了箭垛型方式。牙巫是水族远古至上女神，"牙"在水族语言中为"婆""奶"之意，"巫"为其名。水族若干神话叙述了她一系列创造天地万物的事迹，这些事迹是不同时期的人们累积上去的。

《牙巫造天地》讲牙巫造出天地，但是造出的天地是连在一起的，她用全身的力气掰开天地，朝中间吹了一口气，天地一声巨响，就分开了。

《开天地造人烟》说，天地造好后，摇摇晃晃，牙巫急忙去锻炼铜柱、铁柱来撑天。

《牙巫造人》神话说，牙巫见天地无人，就剪纸压在木箱中来造人。一

---

[1] 刘守华、陈建宪主编：《民间文学教程》，华中师范大学出版社2002年版，第135页。

说掐木叶藏在土罐中造人。牙巫性急,不到规定的十天时间,第七天就揭开封盖,结果造出的人矮小、瘦弱,胸腔是空的。矮人不能劳作,牙巫放老虎与老鹰将他们吃掉,又重新造出健壮的人。

《十二个仙蛋》也讲牙巫创造人的故事,不过采用的方法已与生育相关,显然是后来的产物。神话说牙巫与风神相配,生下十二枚蛋,孵化出了人与雷、龙、虎、蛇、猴、牛、马、猪、狗及凤凰。人最先找到火,就与凤凰化成的美女成婚。

《旭济·造人》讲牙巫创造人则隐含男女交合之事,这显然是人们认识到男女结合生育的道理之后的产物。神话说:"初造人,在干罕洞脚,在熬洞口,干罕造粮,熬洞造人。"干罕意为舂碓,熬洞意为粮食洞。运用舂碓与碓窝舂粮之劳作,隐喻男女交媾之行为。这则神话又晚于《十二个仙蛋》。[①] 不同时期的牙巫神话累积相加构成了箭垛型牙巫神话,这些神话之间虽然有重叠矛盾之处,但是却共同塑造了牙巫创世大神的形象。同类结构的创世大神神话还有不少,如傣族大神英叭神话、独龙族最高神格蒙神话、鄂温克族祖先神来莫日根神话、基诺族女神阿嫫腰白神话、傈僳族天神木布帕神话、佤族至上神木依吉神话等。箭垛型衍生神话不断发展,最后便形成了系统创世神话中的系列类型。

四 派生型

派生型,是指在原有创世神话基础上,经过意义上的引申与情节的增添并置换变形而形成的新的神话类型。新神话虽然出现了新的创世主体,但是仍与原生态神话在内涵上保持着某种程度的一致性。

如蛋生人神话派生出女子沐浴食蛋生人神话。《史记·殷本纪》载:"殷

[①] 参见《中国各民族宗教与神话大词典》,学苑出版社1993年版,第555—556页。

第六章　衍生形态创世神话

契，母曰简狄，有娀之女，为帝喾次妃。三人行浴，见玄鸟堕其卵，简狄取吞之，因孕生契。"当人类的自我意识逐渐觉醒后，便开始关注女子生人现象，蛋生人神话必然发生演化，蛋再也不能直接生出人类。这样便产生了女子食蛋生人神话，蛋生人置换为女子生人，但是蛋仍是女子致孕的因素，表明古老的蛋生人观念并没有完全消失，而是通过新神话的产生而延续，因此简狄食蛋生人神话可以看作蛋生人神话的派生形式。同理，女子感竹生人神话也是由竹生人神话派生而来。《后汉书·南蛮西南夷列传》："西南夷者，在蜀郡徼外。有夜郎国……夜郎者，初有女子浣于遁水，有三节大竹流入足间，闻有号声，剖竹视之，得一男儿，归而养之。及长，有才武，自立为夜郎侯。以竹为姓。"显然，这已经不是单纯的竹生人神话。竹子生人是经过女子的感应才能实行的。按置换变形原理，夜郎侯应产自母腹，而此处仍是产自竹节，这是由于竹节与母腹相似，竹生人神话没有进行完全置换所导致的结果。

又如，原始的水生型创世神话派生出女子感水生子神话，女子感水生子神话又派生出女子感水神生子神话。原始水生型创世神话基本情节为人与万物起源于水，彝族典籍《六祖史诗》说："人祖来自水，我祖水中生。"① 哀牢山哈尼族聚居区流传的哈尼族史诗《哈尼阿培聪坡坡》开篇讲述哈尼族祖先在水中诞生的情形："大水里有七十七种动物生长；先祖的诞生也经过七十七万年。"又说："先祖的人种在大水里，天晴的日子，他们骑着水波到处飘荡。"接下来叙述像螺蛳、蜗牛一样的人种在水中爬行，经过二十三次换爹换娘，才变成塔婆始祖。② 神话展现了人类在水中诞生的过程，所谓最初的"人种"其实还不是真正意义上的人，只是可以变成人的水生动物，由于哈尼族认为人是由这类水生动物变化而来的，所以将其称为人种。水有水汽、雾、露水、云、雨、雪等变形形式，所以又有水汽、雾、露水、云、雨、雪等形成天地万物、生成人类的神话。其中云气或雾气生成天地万物的神话在我国西南少数民族普遍存在。当人类逐渐将自身与自然界区分开来，逐渐认识到女子在生育中的重要作

---

① 刘尧汉：《中国文明源头初探》，云南人民出版社1985年版，第37页。
② 史军超、芦朝费等：《哈尼阿培聪坡坡》，云南民族出版社1986年版，第6页。

用的时候，就不会再单纯地相信人类诞生于水或雾气之类的物质，水生型创世神话必然和女子发生联系，于是衍生出了女子接触水而怀孕生子的神话，分为两种情况，一是女子水中沐浴而怀孕生子。《山海经·海外西经》说："女子国在巫咸北，两女子居，水周之。一曰居一门中。"郭璞注："有黄池，妇人入浴，出即怀妊矣。若生男子，三岁辄死。"同类的记载还见于《梁书·东夷传》："扶桑东千余里有女国，容貌端正，色甚洁白，身体有毛，长发委地。至二三月，竞入水则妊娠，六七月产子。"《太平御览》卷三九五也记载了同类神话："方丘之上，暑湿，生男子三岁而死。有潢水，妇人入浴，出则乳矣。"《太平广记》卷八一《梁四公》载："勃律山之西有女国，方百里，山出台虺之水，女子浴之而有孕，其女举国无夫。"二是女饮水而怀孕生子。独龙族神话《马葛棒》说：很久很久以前，有个女子去竹林采笋，回家途中很渴，喝了大象脚印中积留的水，不久就怀孕了。五个月后，生下一个儿子，取名叫马葛棒。生下后的第一天就能吃一碗饭，两天后就能说话，三天后就会走路，四天后就会跑，五天后就长得跟大人一样，会上山砍柴、打猎。神话明确表现了饮水与致孕的因果关系，揭示了水的致孕功能。不过，致孕之水出自大象脚迹，又暗示了女子怀孕与大象有关，这是女子感水生子神话粘附上大象生殖崇拜的结果。这与独龙族崇拜大象有关。珞巴族的《麦冬海依》神话讲，天的女儿麦冬海依成天在河里洗澡游玩。一天，她口干舌燥，捧起天河里的水喝了几口。自那以后，麦冬海依的肚子渐渐大了起来。又过了些日子，麦冬海依生下了一个男孩。在这类神话中，女子替代水而成了生人的主体，水则转化为女子致孕的因素。从水生人神话与女子触水生子神话之间的置换变形关系中，我们可以清晰地辨识出后者与前者之间的派生关系，所以，我们将女子触水生人神话看作是水生人神话的衍生形态。

女子感水生子神话后又派生出女子感水神生子神话。当女子感生的对象逐渐由水这种自然崇拜对象发展为神灵崇拜对象之时，女子感水生子神话必然发生转变，即感生的对象由水变为水神，这样女子感水生子神话就衍生出了女子感水神生子神话：以下这些即为女子感水神生子神话。

第六章　衍生形态创世神话

（一）女子感雷神生子

《太平御览》卷七八引《诗纬·含神雾》："大迹出雷泽，华胥履之，生宓牺。"大人迹出自雷泽，应为雷神之迹，因为雷泽之所以称作雷泽，是因为那是人们心目中雷神生存的地方。《山海经·海内东经》说："雷泽中有雷神，龙身而人头，鼓其腹。在吴西。"雷神生于水泽，又有龙的身躯，应该是人们创造出的水神。事实上，雷虽然因其撼天动地的力量而被人们奉为威力无边的神灵，但是在雷神崇拜包容甚广的观念中，雷神作为水神或司雨水之神的观念占据首要地位。这是因为，雷电往往与雨水相伴相随，一阵电闪雷鸣之后，就会哗哗啦啦下起大雨，古人以为雨水是雷电所为。以雷神为司雨之神，在习俗中也有反映。古时有向雷神祈雨的习俗。《夷坚支志》说："淳熙丙申，桂林连月不雨。府守张钦夫试谴驭卒持公牒诣雷州雷王庙，问何时当雨。"问雷神雨事，是以雷神为司雨水神灵。由此可见，华胥感雷神而生，实际上是感水神而生。

（二）女子感虹生子

《诗纬·含神雾》说："握登感大虹，意感而生舜于姚庐。"《竹书纪年》也说："帝舜有虞氏，母曰握登，见大虹意感而生舜于姚虚。"虹在传统信仰观念中也是水神。古人根据虹常现于河泽的特点，将虹想象成饮于河泽的龙蛇。《说文》："虹，状似虫。"段玉裁注："虫者，蛇也。虹似蛇，故从虫。"甲骨文反映了虹饮于河的观念："……出虹〔自北〕饮于河"（《前》7.43.2）。殷商以降，虹饮于河的观念代代相传。《汉书·燕王旦传》说："虹下属宫中，饮井水，井水竭。"《古今图书集成》引《穷怪录》记录了南北朝时的虹神传说："后魏明帝正光二年（521）夏六月，首阳山下有晚虹下饮溪泉。"清人郝懿行注释《山海经·海外东经》："虹有两首，能饮涧水，山行者或见之。"至近现代，民间仍残留虹饮河水的说法。可见，虹是渊源甚远、影响甚久的水神。

（三）女子感电生子

《诗纬·含神雾》说："大电绕北斗，照郊野，感附宝而生黄帝。"《河图·始开图》也说："黄帝，名轩，北斗黄帝之精。母地祇之女附宝之郊野，大电绕斗枢星，耀感附宝，生轩，胸文曰'黄帝子'。"《史记正义》也说："黄帝……母曰附宝，祈野，见大电绕北斗枢星，感而怀孕，二十四月而生黄帝。"黄帝的母亲附宝是经绕着北斗枢星的大电的照耀后而怀孕生下黄帝的。大电即闪电。闪电伴随着雷鸣，而且往往与降雨相关，所以与雷一样也被古人奉为司雨水的神灵。最初的闪电神即为水神龙的形状。《左传·桓公二年》说："火龙黼黻，昭其文也。"闪电在漆黑的天空发出耀眼的白光，显示其龙的形体。的确，闪电稍纵即逝的光亮很像蜿蜒游动的龙。据此，附宝是感闪电水神而生黄帝，而且黄帝由于这样的出生，也就具有了水神的血统，被视为掌管雨水的神灵。《河图帝纪通》说："黄帝以雷精起"，明确说明黄帝为雷电之神。《春秋合诚图》则说明了黄帝的水神职司："轩辕，主雷雨之神也。"

（四）女子感风生子

《异域志》说："其国乃阴纯之地，在东南海上，水流数年一泛。莲开长丈许，桃核长二尺。皆（若）有舶舟飘落其国，群女携以归，无不死者。有一智者，夜盗船得去，遂传其事。女人遇南风裸形，感风而生。"这则记载，包含了女子国神话：女子裸体沐浴南风，即能怀孕生子。风常常伴随着雨水而至，古人认为风是导致雨水的重要因素，所以也将风神奉为降雨水神。《山海经·大荒西经》："蚩尤作兵伐黄帝，黄帝乃令应龙攻之于冀州之野。应龙蓄水。蚩尤请风伯、雨师，纵大风雨。"古人相信风神与雷神合作，就能遍降甘霖，滋润万物生长。《风俗通义·祀典》说风神"鼓之于雷霆，润之于风雨，养成万物，有功于人，王者祀以报功也，戌之神为风伯，故以丙戌日祀于西北"。可见，感风生子也即是感水神生子。

第六章　衍生形态创世神话

（五）女子感月而生子

感月而生，是女子经过月光照耀而生子。《诗纬·含神雾》说："摇光如霓贯月正白，感女枢生颛顼。"《河图·著命》说："瑶光之星如虹贯月，正白，感女枢于幽房之宫，生黑帝颛顼。"瑶光为北斗七星的第七星。瑶光贯月，应该是瑶光星之光与月光交相辉映的景象。女枢所感正是与瑶光星之光交相辉映的月光。感月光而怀孕生子的神话对后世影响很大。近世在中秋节，有妇女照月得子的习俗。民间认为：久婚不孕的妇女，为求得子，可于八月十五日的夜晚月到中天之际，独坐于庭中，静沐月光，不久定能得子。类似的习俗还有女子在月光下走动，以照月得子，称为"走月亮"。民国二十二年《吴县志》："十五日为'中秋节'。作月饼相饷、祀月……妇女亦盛妆出游，曰'走月亮'。"民国十年《宝山县续志》："'中秋'，食芋艿、豆荚，妇女玩月，以走三桥为例。"走月大概是为了获取更多的月光吧。同时，女子在月光下出游，更符合节日的特性，所以能够广为流传。为了生男，人们又在走月亮习俗中融入摸象征男性生殖器的圆木的活动。民国十九年《嘉定县续志》："'中秋'：比户竞焚香斗，并陈瓜果，月饼祀于庭中。妇女踏月摸丁东。摸丁东者，夜至孔庙门上扣其圆木，谓可宜男。"中秋沐浴月光祈子习俗，是女子感月生子神话在习俗中的遗存。女子感月生子神话的形成也与水神信仰相关。在古人的观念中，月为水气之精，反过来月精又能生水。《淮南子·天文训》说："积阴之寒气为水，水气之精者为月。"《春秋纬·元命苞》说："太阴水精为月。"《太平御览》卷四引《抱朴子》说："月之精生水，是以月盛而潮涛大。"这就是说月精也即月神，是掌管雨水的神灵。

（六）女子感龙生子

女子感龙而生子的神话最多，这一方面是因为龙有着神圣而崇高的地位，另一方面也是因为龙是最具代表性的水神。有炎帝母感龙首而生炎帝的神话。

《春秋纬·元命苞》说:"少典妃安登游于华阳,有神龙首,感之于常羊,生神农。人面龙颜,好耕,是谓神农。"唐代司马贞《史记·补三皇本纪》也说:"炎帝神农氏,姜姓,母曰女登为少典妃,感神龙而生炎帝,人身牛首,长于姜水,因以为姓。"《玉函山房辑佚书》辑《春秋纬元命苞》说:"少典妃安登游于华阳,有神龙首感于常羊,生神龙。"感龙与感龙首实际上没有什么差别,都是指感龙。又有女子感赤龙生子神话,属感龙生子之一种。《诗纬·含神雾》说:"庆都与赤龙合昏,生赤帝伊祁尧也。"在中国信仰文化中,蛇常被当作龙的化身,所以感龙生子又可以说成是感蛇生子。华胥感龙生伏羲的神话中的"龙"又被说成"蛇"。《路史》卷十注引《宝椟记》说:"帝女游于华胥之洲,感蛇而孕,十二年生庖牺。"感蛇生子即为感龙生子。在中国,无论龙具有如何繁多的职司,具有何等荣耀显赫的地位,但始终保持着最基本最主要职司——司水降雨,龙始终没有改变其水神的身份。龙是中国最有代表性、最有权威性的水神,因为它是集众多水神,主要是动物水神的形象而构成的。在过去的时代,几乎所有的水域,举凡江、河、湖、海、井、泉、溪、潭等无不被认为有龙神居住掌管。《左传·昭公二十九年》说:"龙,水物也。"与掌管水域相关的神职是兴云布雨,所以古时曾盛行向龙祈雨的习俗。女子感龙生子神话,虽然包含了出生者(多是帝王)神圣高贵的含义,但仍是建立在龙的水神信仰基础上的,女子感龙生子,也是感水神生子。

(七)女子感长人生子

长人,身长之人。古人以身长为美,长人当为俊美之神灵。与人形神灵相感而生子的神话是极为少见的。但是这人形神灵与上述女子所感神灵有共通之处,即同为水神。《河图·著命》说:"太任梦长人感己,生文王。"《竹书纪年》沈约注也记有同一神话:"季历之妃曰大任,梦长人感巳('巳'应为'己'),溲于豕牢而生昌,是为周文王。"长人是什么神灵呢?《尸子》(清代孙星衍辑本)卷下说:"禹治水,观于河,见白面长人鱼身出,曰:

'吾河精也。'授禹河图，还于渊中。"河精，即为河伯，黄河水神。晋代张华《博物志·异闻》说："昔夏禹观河，见长人鱼身出，曰'吾河精'。盖（盖原作岂，从《绎史》卷十一改）河伯也。"女子感长人生子，即为感黄河水神河伯生子。

我国少数民族感生神话更为丰富多样，不仅大多数少数民族都有感生神话，一个民族又往往有多种感生神话。傣族感荞麦神话：古时有一女子，因食荞而受孕，生下的后代就成为荞氏族的祖先。[1] 傣族又有感椰汁生子神：巴阿拉吾的母亲因食牛王吃过的半个椰子而孕。[2] 又：女子吃牛王啃剩的椰子，怀孕生牛孩巴阿拉武。傣族还有感象生子神话：古代有一妇人，误喝了神象之尿而有了身孕，生下一个女婴。[3] 又：古时，一傣族妇女喝了神象撒下的尿怀孕，生一个女儿，长大后与一个青年产生了爱情，生育了许多儿女，都是神象的后裔。傣族还有感龙生子神话：一女儿在河中感金龙化作的木头，生10子，第9子见金龙不惧，被称为王，这10子与同样感金龙而生的10女结婚，西北大地上有了龙的子孙。彝族有感鹰生子神话：天地初开时，女神蒲么列日因神鹰之血滴到身上而孕育了彝族始祖尼支呷洛。[4] 哈尼族有感风生子神话：天和地分开时，只有一个叫塔婆然的妇女，被狂风吹而孕，生下老虎、野猪、麻蛇、泥鳅等动物和77个小娃娃，小娃娃分别成为哈尼族、彝族、白族、汉族等。[5] 又说：妇人它朋然夏阿玛，在树荫下休息，风使妇人从肚子、脚、大腿、手、膀子、脚指头、手指头，统统怀了孕，生下了77种飞禽走兽和人。[6] 又：洪水后，二女子幸存。一阵春风吹来，她们全身上下都怀了孕，胸以上部位生飞禽，腿以下部位生走兽。[7]

---

[1] 参见《荞氏族的由来》，《中国各民族宗教与神话大词典》，学苑出版社1993年版，第387页。
[2] 参见张公瑾《傣族文化研究》，云南民族出版社1988年版，第44页。
[3] 参见《象的女儿》，《中国各民族宗教与神话大词典》，学苑出版社1993年版，第85页。
[4] 参见孙正国《中国族源性女神母题的文化阐释》，《思想战线》2003年第3期。
[5] 参见陈布勤讲《始祖塔婆然》，《山茶》1986年第6期。
[6] 参见毛佑全整理《它朋然夏阿玛》，《中国少数民族神话》，中国民间文艺出版社1987年版，第325页。
[7] 参见兰克《原始的宗教和神话》，《民间文艺集刊》第4集，上海文艺出版社1985年版。

女子感生神话是派生类衍生型创世神话中的重要一类，这类神话中的感生对象原本是生命诞生的主体，或是图腾崇拜对象，或是生殖崇拜对象，在派生演化过程中，由于与女子生人神话情节发生置换变形，遂演变为其与女子相感而致使女子怀孕生子的神话。

创世神话派生式发展，不仅产生了新神话，而且还促进了自然神话向人神神话方向的转变，从而推动了神话情节的发展，因为以人神为中心的神话较之于以自然为中心的神话而言，能够演绎出更为丰富复杂的情节。

五　化生型

化生型创世神话是讲述巨大的生命躯体化生为万物和人类的故事，认为天地万物是由巨人或巨兽的身体各部分所化，主要包括巨人化生与巨兽化生两大类。原始人为什么相信生命躯体能化生天地万物和人类？这恐怕有两方面的原因：一是，原始人生死观方面的原因。原始人出于对死亡的恐惧，便总是试图从现实生活中寻找各种不死的根据，以期对死亡现象做出能够给人们带来心理安慰的解释。他们观察到：春夏秋冬四季的循环更迭，日月永不停止的升落，月圆月缺的周而复始，由卵孵化动物到动物产卵的不断循环等，便认为事物只有主体存在形式的变化，而没有主体的消亡。据此，在他们看来，人的死亡也只是生命形式的转换，即化生神话中人的身体各部分化成万物，如盘古的垂死化生。二是，原始人思维方式方面的原因。原始人具有以己推物的思维方式，即将自己的身体看作一个与外界宇宙相对应的独立的小宇宙，并以自己身体各部分去对应大自然中的天地万物，这就是人体化生自然万物神话产生的思维基础。化生型创世神话是人类早期生死观和以己推物思维方式的产物。

第六章 衍生形态创世神话

(一) 人体化生

人体化生神话中最典型的是盘古化生神话。最早记载汉族盘古神话的是三国徐整的《五运历年纪》。清·马骕《绎史》卷一引《五运历年纪》："首生盘古，垂死化生，气为风云，声为雷霆，左眼为日，右眼为月，四肢五体为四极五岳，血液为江河，筋脉为地理，肌肉为田土，发髭为星辰，皮毛为草木，齿骨为金石，精髓为珠玉，汗流为雨泽，身之诸虫，因风所感，化为黎甿。"盘古将死，身体的各个部分，化为风雨雷电、日月星辰、四极五岳、江河山脉、花草树木、金石珠玉以及飞禽走兽等，表现了原始思维中的物我一体、生死互化的观念。盘古神话在后世传承中，一方面和其他创世神话融合，构成再生态创世神话，但也保留了其原生态的传承。明代周游《开辟衍绎通俗志传》说："（盘古氏）将身一伸，天即渐高，地便坠下。而天地更有相连者，左手执凿，右手执斧，或以凿开。自是神力，久而天地乃分。二气升降，清者上为天，浊者下为地，自是混沌开矣。"此神话明确将盘古开天地事迹描绘得更加生动、细致，盘古开天辟地之说即由此出。

我国南方少数民族多有盘古化生神话。苗族盘古神话说：盘古为卵生……盘古眨眼成闪电，呼吸成风吹，淌汗成雨水。盘古死，身为山峦，发为草木，肠为江河。

布依族化生神话则具有伦理精神，神话说布依族创世大神力嘎甘愿为人类做出贡献，所以自己动手，用自己的器官化成了自然与人类，这显然是在传承过程中打上了后世伦理思想所致。神话说：洪荒时代，漆黑一团。布依族始祖神力嘎把自己的两只眼睛挖出来钉在天上，一只变成了太阳，一只变成了月亮。又将自己的全部牙齿拔下来把天钉牢，后来这些用作钉天的钉子就变成了满天星星，天还是摇晃，他又把自己的四肢截下来把天撑住。他拔下头发遍地撒，就变成了森林。

(二) 兽体化生

我国少数民族又有巨兽化生神话。流传于四川的藏族神话说：很久以前，没有天和地，到处一片昏沉、苍茫、朦胧。不知过了多少年，一只人面大鸟，摇动左翅，出现了天空；摇动右翅，出现了大地。它的左眼变成了月亮，右眼成了太阳，骨骼变成了大地上的石头，筋络变成了山脉，血液成了水，肉成了泥土，头发成了森林、花草、庄稼。此则化生神话与盘古化生神话如出一辙，只不过是化生者由人体变成了兽体。

普米族神话《杀鹿歌》说：开天辟地之前，没天没地，没有日月星辰。猎人驱群狗猎鹿，以鹿造天造地。猎人获一鹿杀之，砍头，剥皮，开膛破肚。瞬间，鹿分解成的各部分发生变化，头变成天，牙变成星辰，身体变成大地，心、肝、肺变成千山万谷，肠变成江河道路，骨变成地脉，胆变成彩虹，血变成深潭湖海，皮变成草坝平地，毛变成草木，身上的斑点变成牛羊，肋变成仓房，胃变成皮囊，脚变成房屋支柱，尾变成祭天神之松树。此则神话中的兽类化生，由一般化生神话的主动化生变成了被动化生，即猎人肢解鹿体使其化生，这种变化应该是神话转述者为使其故事情节更为合理所做的加工，但神话仍保留了生命体垂死化生的原型，只不过是增加了生命体垂死化生原因方面的内容。猎人为造天地而杀鹿，杀鹿导致鹿垂死化生。显然，这一神话的产生与狩猎经济形式有着密切联系。

不少巨兽化生神话都包含了神人杀兽使其化生的情节。彝族史诗《梅葛》说：格兹天神造天造地，天地造好后，捉公鱼来撑地角，捉母鱼来撑地边，地的四角撑起来后，大地稳实了。可是，还没有撑天柱，天还在摇摆。格兹天神说：山上有老虎，用虎的脊梁骨撑天心，用虎的脚撑四边。虎头作天头，虎尾作地尾，虎鼻作天鼻，虎耳作天耳。虎眼莫要分，左眼作太阳，右眼作月亮。虎须莫要分，虎须作阳光。虎牙莫要分，虎牙作星星。虎油莫要分，虎油作云彩。虎气莫要分，虎气作雾气。虎心作天心地胆，虎肚作大海，虎血作海水，大肠变大江，小肠变成河，排骨变成路，虎皮变地皮，硬毛变树林，软毛变成草。于是造天的五兄弟射了老虎，用四根大骨作撑天的柱子，天才稳住了，又让虎的各个部分分别化作各类事物。

哈尼族创世史诗《奥色密色》说：远古之时，天王派九人造地，派三人造天。他们杀翻了一头山大的龙牛，牛皮变成天，牛肉变成地，左眼变成太阳，右眼变成月亮，牛牙变成星星，牛骨变成梯田，牛角变成打雷工具，牛毛变成树木花草，牛泪变成雨，牛舌变成闪电，牛血变成江河，牛肚变成龙潭，牛肺作雾露，牛心作地心，牛死时吼声成雷，喘气成风。

也有小型动物化生天地万物的神话。怒族神话说：地洞里有只癞蛤蟆，它一动，地就动。仙人将它捉来杀了，癞蛤蟆的血流出来，就变成了大地。仙人将它的骨头变成石头，血脉做成金银铜铁，埋在地下。又将癞蛤蟆的毛变成树木。剩下两只眼睛，一只腐烂了，一只没有腐烂。仙人就把没有腐烂的那只眼睛变成了太阳，将腐烂了的那只变成了月亮。这则化生神话中掺杂了仙人的作用，癞蛤蟆各部位的化生终究是通过仙人的制作而实现的，显然融合进了制造神话的因子。[①] 藏族有鸟化生神话，不过神话中说是大鸟：相传，很久以前，没有天，没有地，昏昏沉沉一片。不知过了多少年，出现了一只人面大鸟，名曰马世纪。它摇左翅膀有了天空，它摇右翅膀有了大地。它的左眼变成了月亮，右眼变成了太阳。骨骼变成了大地上的石头，筋络变成了山脉，血液变成了水，肉变成了泥土，头发变成了森林、禾苗、花草。神话中动物不仅仅是让身体化生，而且带有中国主动制造的意味。

六　采借型

采借概念，源自文化学概念中的文化采借。文化采借是一种文化吸收另一种文化的某些元素或文化集丛而融入本文化的过程，两种文化接触后发生传

[①] 参见姚宝瑄编《中国各民族神话·门巴族、怒族、珞巴族》，山西出版传媒集团·书海出版社2014年版，第54页。

播，在传播过程中互相采借对方的文化，是文化发展的普遍现象。中国各民族创世神话发展过程也采用了文化采借，形成了采借形态的衍生创世神话。这主要体现在各民族在创世神话母体、情节、结构上的相互借用，也包括创世神话在活态传承中对各种文化的采借。

汉族殷商祖先诞生神话的基本情节即为满族所借用，编造出本民族始祖神话。殷商祖先神话见于多种汉族典籍。《史记·殷本纪》："殷契，母曰简狄，有娀氏之女……三人行浴，见玄鸟堕其卵，简狄取吞之，因孕生契。"此神话在上古典籍多有记载。

《楚辞·天问》："简狄在台，喾何宜？玄鸟致诒，如何喜？"

《楚辞·离骚》："望瑶台之偃蹇兮，见有娀之佚女……凤鸟既受诒兮，恐高辛之先我。"

《吕氏春秋·音初》："有娀氏有二佚女，为之成之台，饮食必以鼓。帝令燕往视之，鸣若嗌嗌。二女爱而争搏之，覆以玉筐。少选，发而视之，燕遗二卵北飞，遂不反。"《太平御览》卷八二引《尚书中候》，《史记·三代世表》褚少孙补引《诗含神雾》等纬书也记录了这同一神话。晚商青铜器《玄鸟妇壶》上有"玄鸟妇"三字合书的铭文，或可表明做此壶的持有者系以玄鸟为图腾的妇人。这些材料都证明，汉族玄鸟始祖诞生神话很早就有较多记载。满族入主中原后，借用此则神话来编造满族始祖的神圣诞生，基本情节照搬，只是对细节做了一些改变，比如，三姊妹说成满族人，沐浴地点在天池，特别是将玄鸟改成了朱果，似乎更符合满族人的信仰。《清太祖实录》："先世发祥于长白山，是山，高二百余里，绵亘千余里。树峻极之雄观，萃扶舆之灵气。山之上，有潭曰闼门，周八十里。源深流广，鸭绿、混同、爱滹三江之水出焉，鸭绿江自山南西流入辽东之南海；混同江自山北流入北海；爱滹江东流入东海。三江孕奇毓异，所产珠玑珍贝为世宝重。其山风劲气寒，奇木灵药应候挺生。每夏日，环山之兽毕栖息其中。山之东，有布库里山，山下有池，约布尔湖里。相传有天女三：曰恩古伦，次正古伦，次佛库伦。浴于池，浴毕，有神鹊衔朱果置季女衣，季女爱之不忍置诸地，含口中，甫被衣，忽已入腹，遂有身。告二姐曰：吾身重，不能飞升，奈何！二姐曰：吾等列仙籍，无他虞也。此天受尔娠，俟免身来，未晚。言已别去。佛库伦寻产一男。生而能言，体貌奇异。及长，母告以吞朱果而有身之故。因命之曰：汝以爱新觉罗为姓，名布库里雍顺。天生汝以定乱国，其往治之。汝顺流而往，即其地也，与小舠乘之。"

这种神话借用情况在我国各民族普遍存在，这中间既有少数民族对汉民族神话的借用，还有汉族对少数民族神话的借用，还有各少数民族神话的互相借用，这种借用促进了中国各民族创世神话的发展成熟。如南方不少民族往往借用汉族女娲抟黄土造人神话母题，创造本民族女神造人神话，其基本方法无非是在抟黄土情节的基础上做一些情节的添加、置换或变形而已。

壮族米洛甲造人神话，米洛甲为壮族女始祖神，汉语又译作姆六甲，她造完天地后，见大地毫无生气，便想造起人来。她撑开两脚，站在两个大山上，突然吹来一阵风，觉得尿很急，便撒一泡尿，尿湿了土地。她便用手把泥土挖起来，照着自己的样子捏了很多泥人，用乱草蒙盖起来。经过七七四十九天，打开蒙盖的乱草一看，这些泥人活起来了。

独龙族的创世神嘎美和嘎荷，用泥捏了一对男女，吹了口气，泥人就有了血肉和生命。佤族《人类祖先》中说，世上原来只有一个人，他觉得孤寂，就以泥巴捏了两个人，用嘴一吹，就变成了活人。拉祜族神话《扎努扎别》说，人类是天神厄莎用身上的垢泥创造的。土家族、蒙古族、苗族、瑶族、独龙族、傣族等都有女神用泥土造人神话，其基本情节与女娃抟黄土造人基本相同，可见其与女娲神话的采借关系。

这与女娲神话中"女娲抟黄土造人"的情节基本相似。在土家族、蒙古族、独龙族、傣族等少数民族的神话里，也有泥土捏人的母题。

汉族著名的盘古化生神话与少数民族神话也存在采借关系，至于谁采借谁，在学术界尚存争议。盘古之名最早见之于三国吴人徐整的《三五历纪》《五运历年纪》的记载。《三五历纪》云：天地混沌如鸡子，盘古生其中。万八千岁，天地开辟，阳清为天，阴浊为地。盘古在其中，一日九变，神于天，圣于地。天日高一丈，地日厚一丈，盘古日长一丈。如此万八千岁，天数极高，地数极深，盘古极长。后乃有三皇。数起于一，立于三，成于五，盛于七，处于九，故天去地九万里。(《艺文类聚》卷一引，并见《绎史》卷一引)

《五运历年纪》云：元气蒙鸿，萌芽兹始，遂分天地，肇立乾坤，启阴感阳，分布元气，乃孕中和，是为人也。首生盘古，垂死化身，气成风云，声为雷霆，左眼为日，右眼为月，四肢五体为四极五岳，血液为江河，筋脉为地理，肌肉为田土，发髭为星辰，皮毛为草木，齿骨为金石，精髓为珠玉，汗流为雨泽，身之诸虫因风所感，化为黎甿。(《绎史》卷一引，明代董斯张《广博物志》卷九引)传为南朝梁人任昉所作的《述异记》所记盘古神话更为细致生动，而且所涉及盘古夫妻墓，似乎说明了盘古神话起源南方少数民族。盘古氏，天地万物之祖也。然则生物始于盘古。昔盘古氏之死也，头为四岳，目为日月，脂膏为江海，毛发为草木。秦汉间俗说，盘古氏头为东岳，腹为中岳，左臂为南岳，右臂为北岳，足为西岳。先儒说，泣为江河，气为风，声为雷，目瞳为电。古说，喜为晴，怒为阴。吴楚间说，盘古氏夫妻，阴阳之始也。今南海有盘古氏墓，亘三百余里。俗云后人追葬盘古之魂也。

我国南方少数民族保有丰富的盘古化生型神话。白族的《创世纪》中说，世界是盘古、盘生两兄弟创造的。盘古变成天，盘生变成地，并化身为巨人木十伟，木十伟又变万物：左眼变太阳，右眼变月亮，大牙变石头，小牙变晨辰，头发变树木，耳朵变顺风耳，鼻子变鼻架山，大肠变大河，小肠变小河，心变明星，肝变湖泊，肺变海洋，肚脐变大理海子，气变成风，肌肉变成土，汗毛变成草，骨头变成大崖石，手指脚趾变成飞禽走兽。

彝族长诗《梅葛》中也有类似的记载：盘古的老虎牙是钉天针，胡子是钉天线。盘古的四大骨头撑天，盘古筋撑地。盘古硬毛变成树，软毛变成草，骨头变成石头，虱子变五谷。盘古的肚子变成海，大肠变成大河，小肠变成井，盘古尿变成水，脑子变成盐。

少数民族又有兽类化生神话，较汉族更为丰富。《梅葛》中说，古时候天与地都是空空的，什么也没有，于是人们打死了一只老虎，用虎骨撑天，剩下的老虎的左眼作太阳，右眼作月亮，虎须作阳光，虎牙作星星，虎肚作大海，虎血作海水，大肠变大江，小肠变成河……虎皮作地皮，硬毛变树林，软毛变成草，细毛作秧苗。后世学者也正是根据任昉志记载并结合现有的丰富的口头传承及相关地名、风俗，判定盘古神话起源于南方少数民族。但也有学者认定盘古神话起源于中原地带河南省桐柏县，该地也有盘古墓、盘古庙、大量口承盘古神话以及相关地名与习俗，2005年3月，桐柏县被中国民间文艺家协会正式命名为"中国盘古之乡"。"盘古庙会"被确定为国家第二批非物质文化遗产之一。2006年10月30日，桐柏举办了"全球华人首次祭祀盘古大典"，并将每年农历九月初九定为祭祀盘古日。盘古庙会在盘古山举行。盘古山位于豫南桐柏、泌阳两县交界的泌阳县陈庄乡境内。盘古山又称九龙山，山上有盘古庙，供祭祀盘古举行庙会所用。据说，盘古山古庙会在旧时代从未间断。"文革"期间庙宇被毁坏，庙会也就此停止。20世纪七八十年代，当地山民为了纪念神话中的人类始祖盘古，自发地成立了盘古社，在山上又建起了庙堂，再续香火。近年来，又建有盘古大庙，来塑盘古神像，香火更加旺盛，并与经济贸易、文化活动相结合，规模越来越大。每年的三月三，豫南及周边省市的人群蜂拥而至，烧香拜祖，祈子求安。庙会一般五至七天，农历三月三前三天为头会，三月三为正会，参加人数逾十万之众。更有远道而来的人们为了赶上当天的祭拜，头天就到达，露宿于盘古庙内。足见当地崇拜盘古风气之盛。

中原汉族与南方少数民族，谁是盘古神话的源头，目前尚无定论。根据中原和南方少数民族都有盘古神话及相关习俗传承的情况，却也可以说明，必然是一方采借了另一方的盘古神话，只是这种采借相当复杂，中间也可能存在回流情况。

各少数民族之间创世神话的互借也很常见，如天地形成于云气、雾气的神话，为我国南方许多少数民族所共有，已很难分清谁采借谁了。

拉祜族创世史诗《根古》①说混沌未开之前，宇宙是一片雾露，雾露生成了天神厄莎。史诗然后叙述厄莎化生天地万物及培育人种的故事，在神话中，

---

① 参见《中国各民族宗教与神话大词典》，学苑出版社1993年版，第353页。

天地万物及人类虽然是由天神造出，但天神却是由雾露生成，说明雾露仍然是万物及人类的最初源头。

彝族有多种多样的雾气形成天地万物的神话。《彝族古歌·天地论》说："天、地、万物是由云丝、雾线编成的。"① 《门米间扎节》也说："云彩来造天，雾露来造地……雾露和云彩，造天的时候，天像一顶篾帽，地像一扇簸箕。"② 两则神话都把天、地想象成篾帽、簸箕一样的东西，用以编织的材料便是云和雾。由于云在天上飘荡，所以被说成是造天的材料，雾在大地上弥漫，自然被说成是造地的材料。这是将雾和云结合起来解释天地万物的形成。彝族又有水气形成天地万物的神话。《人祖的由来》开篇说：相传很古的时候，没有天，没有地，只有清、浊二气。后来，清气上升变成天，浊气下沉变为地。这里将气分为清、浊，显然是受到了后世阴阳观念的影响。该则神话接下来叙述了天地形成后银雀繁衍人类的故事。显然，银雀也只能是在天地形成之后才有可能出现并繁衍人类。所以在这里，气体仍然是天地万物及人类的最初源头。

景颇族创世神话说：远古时代，世界是一片蒸腾的雾气，没有天，没有地，整个世界是混沌的……不知过了多少年，雾气升腾……世界朦朦胧胧的，有了一些光亮，开始显现出不太明显的轮廓。③ 这则神话意在说明世界是从混沌的雾气中诞生的，雾气孕育了世界万物。在神话中，雾气形成世界，经历了一个十分漫长的过程，似乎比较符合地球生成的历史。布依族《赛胡细妹造人烟》说：很古很古的时候，世间只有清气，凡尘只有浊气，清气浊气乱纷纷，清气呼呼蒸蒸腾腾，浊气卜卜往上升，清气浊气同相碰，交粘成个葫芦形。

布依等民族崇拜葫芦，认为天地是个葫芦形。说清气浊气粘成个葫芦形，等于说清气浊气交粘成了天地。另外，清气浊气之说已经打上了阴阳观念的烙

---

① 韦兴儒：《论贵州天地神话中的宇宙星云观》，《贵州神话史论集》，贵州民族出版社1988年版，第69页。

② 同上。

③ 参见李子贤编《云南少数民族神话选》，云南人民出版社1990年版，第373页。

印，显然是因为神话在代代口头传承过程中吸收了后世文化因子所致。布依族另一则神话《混沌王和盘果王》[①] 也有类似的说法：远古的时候，宇宙间混沌渺茫。混沌王哈气成雾，扇气成风，宇宙间仍是混沌一气，天地相连。盘果王一鞭子把宇宙劈成两半，上浮者成为天，下沉者成为地，天上有日月星辰，地上有河流山川，这样天地就形成了。在神话中，气体已经不能自然形成天地，而是在大神的作用下形成天地。这是神话在传承过程发生变异所致。

土族创世史诗《混沌周末歌》说："周天一气生混沌，无天无地并无人；混沌无极生石卵，混沌初分一元生。石卵它在石地圆，滚来滚去八百年；有朝一日石卵破，内中走出盘古仙。"接下来，史诗还叙述了盘古仙开出天地，南音神人用风作柱，用一水梁撑住天地。红镜神造日月，伏羲、女娲兄妹婚配、繁衍人类等诸多情节。显然，诗史的情节是由多种创世神话融合而成的。这种融合并不显得矛盾，而是形成了一个有机的统一体。其原因就在于史诗将各种关于事物起源的解释排列组合成了一个有序的生物链，即混沌生卵，卵生盘古，盘古生天地，于是有了伏羲、女娲，伏羲、女娲便开始繁衍人类，等等。这个生物链的起点是混沌，混沌即是水气，所谓"天地一气生混沌"。可见，史诗表达的是水气为万物初始的观念。

傣族创世神话说：距今几亿年以前，没有天地，没有日月，宇宙无盖无底，空间滚动着气体、烟雾、狂风，动荡了一万亿年，变成三种气体组合成的圆球，即今天的地球。接着剩余的气体、烟雾和大风经千变万化而成为人形的神，那是最早的天神，称英叭。英叭造出一对男女神，男女神又造出一对普通男女。从此，这对普通男女开始繁衍人类。[②] 神话中虽然融入了神造人的观念，但天地仍是气体、云雾所化，而且最早的神也是气雾所化，说明其基本观念仍是气雾生成万物与人类。

壮族神话《天地分家》说：天地没有分家时，一团大气在宇宙间旋转，后来变成一个蛋。蛋炸开分成三片，一片飞到上边成为天，一片落到下边成为

---

① 贵州省社会科学院文学研究所主编：《布依族文学史》，贵州人民出版社1983年版，第35页。
② 参见李子贤编《云南少数民族神话选》，云南人民出版社1990年版，第165页。

海，一片留在中间就成为大地。[①] 此则神话融入了卵宇宙观，但卵是由气体生成，所以在神话中，宇宙的本原仍然是气体。

苗族《苗族古歌》说："雾罩生最早，雾罩生白泥，白泥生成天。""雾罩生黑泥，黑泥变成地"，"天地才又生成万物"。"雾罩"即"云雾"。苗族先民把天地想象成是用泥巴做成的，泥巴在当时大概是原始先民所能想象到的造天地的最基本的材料了。然而造天地的泥巴又是由云雾形成的，白云形成白泥，造成了天。黑云形成黑泥，造成了地。说明神话仍然是以云雾为天地的起源。

白族等民族的《刀薄劳谷与刀薄劳胎》的第一支歌《天分地现》说：古时候天和地相连，天地间只有混沌的云雾。云雾贴着海面在翻，雾气裹着海面在滚。一天大海突然发生海啸，狂涛把云层往上托，黑浪把雾气往下压，云在海上空变成天，雾在海下面变成地。海中升起一座大山，就是支撑天的天柱螺峰山。天上落下三个圆球，一个是太阳，一个是月亮，一个是金球。接下来是第二支歌《万物出世》，讲述金球落下后撞成粉末，粉末变成万物：悬在空中的变成鸟雀，落在海中的变成海藻和鱼虾，飞洒在高山上的变成野兽，飞洒在平原上的变成花草、蜜蜂和蝴蝶。金球核破成两半，落地变成两个人。先落地的是女人，叫刀薄劳胎；后落地的是男人，叫刀薄劳谷。两人结合，过了一年，生下第一代，一胎生十双儿女。后来十双兄妹结合繁衍人类。刀薄劳谷与刀薄劳胎成为始祖，被称作天公、地母。史诗中，直接化成人类的是金球，但是，金球则是由云雾形成的天所生成，所以，在此云雾不仅是天地的起源，也是人类最初的源头。

云彩是与雾气相关的事物，也是创世神话中天地万物的源头。彝族史诗《阿细的先基》说：云彩有两层，云彩有两张，轻云飞上去，就变成了天，重云落下地就变成了地。

为什么南方众多民族多有雾气、云气形成天地的神话呢？这只能有一种解释，南方山地多雾气环境，促进了各民族对雾气形成天地神话的普遍采借。

[①] 参见蓝鸿恩《壮族神话简论》，《三月三》1983年第1期。

第六章 衍生形态创世神话

我国南方不少民族都有洪水兄妹婚神话，应该也是文化采借的结果，都可以称之为采借型衍生态神话，当然其采借的渊源关系就更加模糊了。

纳西族《创世纪》：洪水滔天，只剩下纳西族祖先从忍利恩孑然一身，藏身于牦牛皮革囊，用九条铁链子，三头拴在柏树上，三头拴在杉树上，三头拴在岩石上，才得以死里逃生。洪水过后，世上所有的人都死光了，只剩下从忍利恩一个。他在黑白分界的地方，与仙女衬红褒白相遇，两人相亲相爱。他们一同去到天上，向天神子劳阿普索取万物的种子。子劳阿普为了阻止从忍利恩他们重建人间的幸福生活，设下了种种陷阱。于是从忍利恩百折不挠，当他最后把三滴虎乳取到天神面前时，阿普目瞪口呆地问他："你是什么种族呀？你是谁的子孙？"结果，天神只得被迫交出种子、牲畜和家禽，从忍利恩夫妇双双转回人间，重建家园，繁衍后代，创造了幸福美好的生活。

毛南族洪水神话，流传于广西环江毛南族自治县。传说远古时，雷公管天上，土地管地上。雷公脾气恶，百草、百鸟、百兽都从天上跑到地上。雷公反怪土地骗走他的宝物，率天兵天将与土地大战。土地连败两仗，第三仗智擒雷公，将其绑在石柱上暴晒。盘兄古妹喷水于雷公身上，雷公得水生力，挣断铁链上天，临行为报恩，取下两颗牙齿让盘兄古妹栽种。兄妹种下雷公牙，结出两个大葫芦。雷公下暴雨，洪水滔天，土地带财宝躲进一只葫芦。葫芦太重，将要下沉，土地便将宝物抛出，于是龙王得宝成了富翁。盘兄古妹躲进另一只葫芦，水退走出，天下只剩兄妹二人了。两人长大后，土地叫他俩婚配。古妹害羞，用力推土地，土地跌进树下小石洞，从此，土地神便住在地下。乌龟叫他们烧两堆艾草，如果火烟相交就成家，结果两股浓烟交成一团。后来，他俩决定从山上向山下滚磨扇，如果磨扇重合便结婚。结果两扇磨盘重合，他俩便结了婚。古妹捏泥成人，叫乌鸦衔往四方，让他们成了三百六十行中各种各样的能人。

布依族神话说：天下暴发了滔天的洪水，其他的人都被淹死了，只剩下迪进、迪颖兄妹两人了。为了繁衍人类，两人被迫结成夫妻。婚后，妹妹生下了一个没有鼻子眼睛的肉团。他们把这肉团砍成碎块，然后拿去到处乱撒。这些

— 203 —

碎肉块撒到哪里，哪里就有了人烟。迪进、迪颖就分别成了布依族的男始祖、女始祖。

苗族神话《洪水滔天》说：传说洪水消除后，姜央回到地上，荒无人烟。为了繁衍子孙，再造人类，姜央与妹妹结婚。他俩婚后，生了一个肉坨，姜央将其砍碎，撒到坡上，才变成现在的人类。

云南彝族洪水神话说，阿卜独姆是一个半人半神的人物，他在涅浓撒萨的启示下，藏身葫芦，躲过了洪水灾难。洪水过后，世上只剩下阿卜独姆兄妹俩，在涅浓撒萨的劝导下，配成夫妻，繁衍人类。

云南兰坪白族支系勒墨人洪水神话：洪水过后，兄妹在天神阿白的护佑下，躲进了葫芦，成为留下的人种。兄妹结婚后，重新繁衍了人类。

云南傣族有多种洪水神话。西双版纳的傣族洪水神话：讲述了三次创世：第一次是初始的开天辟地，天地开辟后不久便被一场大火烧毁了，神灵只好再次创造天地万物，但随后发了一次大洪水，又把天地万物冲毁湮灭了。神只好进行第三次创世。三次创世分别产生了三代人。第一代人种称为"污垢泥人"，他们被那场大火灭绝。第二代人种叫"神果园人"，被大洪水淹灭了，遗留下来的第三代人种叫"葫芦人"。神话说：洪水上面漂着一个金葫芦，洪水涨，葫芦往上漂，洪水落，葫芦往下沉，洪水流到哪里，葫芦就漂到哪里，一直漂了一万年。后来，神不发怒了，天空晴朗了，大地温暖了，金葫芦碰在一个石头上，"轰"一声炸开，从里面走出一男一女两兄妹。不久，这兄妹俩结成了夫妻，又开始繁衍人类。这就是第三代人——葫芦人。

我国各民族洪水神话情节各异，但是基本结构相同，显然是相互影响、相互采借所致。

创世神话在活态传承过程中还采借佛教、道教的文化因子，主要表现有二：一是将创世神话中的古老创世大神置换为佛教、道教中的人物。如傣族神话说：一棵大树树洞里有五颗神蛋，第一个神蛋由鸡孵出第一个佛祖。第二个神蛋投胎到牛肚子，生出第二个佛祖；第三个神蛋由龙孵出第三个佛祖；第四个神蛋，滚到江河里，跳出一个少年；最后一个神蛋是最后的佛祖出世。① 二是掺入了佛教的轮回观、道教的成仙思想。创世神话对佛、道的采借虽然破坏了其原始性的特征，但是由于融入了文明时代的宗教内容也更容易为人们所接受，从而增强了创世神话的发展活力。

中国各民族创世神话相互采借是十分普遍的文化现象，各民族在创世神话相互采借的过程中，形成了你中有我，我中有你的创世神话格局，既体现了中华民族创世神话的整体性，又表现出了各民族创世神话的独特个性，形成了中国创世神话多元一体的格局。同时，各民族创世神话的相互采借与对多种文化的借用，也有力推动了创世神话向系统性方向的发展，并最终形成大致相似的系统型创世神话。

七　变异型

变异型，是指原生态创世母题在重新组合中发生变异而形成的新神话类型。母题是文化传统中具有传承性的文化元素。就神话范围而言，母题是神话中最小的叙事元素与意义元素，它们具有一定的独立性与繁衍能力，在神话中不断被复制，表现为反复出现的行为与观念，并能够通过不同的排列组合或与新的叙事元素的组合，构成新的情节，推动神话的发展。神话母题还能组合入其他文学体裁和文化形态之中，不断传承、延续，表现出人类共同体的集体意识或集体无意识，并往往成为一个族群的关键性的文化符号，如民族图腾神话中的图腾母题。

汤普逊指出："一个母题是一个故事中最小的，能够持续在传统中的成分。要如此它就必须具有某种不寻常的和动人的力量。"② 汤普逊强调了母题必须

---

① 参见姚宝瑄主编《中国各民族神话·哈尼族、傣族》，山西出版传媒集团·书海出版社2014年版，第351页。
② ［美］汤普逊：《世界民间文学分类学》，郑海等译，上海文艺出版社1991年版，第415页。

具有某种不寻常和动人的力量，比较符合创世神话的情况。在中国创世神话中，主要有如下一些母题具有较强的组合能力：水生母题、洞穴生人母题、石生母题、竹生母题、葫芦母题、树生母题、蛋生母题、兽生母题、人生母题、人造母题、人兽婚母题、兄妹婚母题等，这些母题大体表现了早期人类关于人类起源的基本观念。

原生态母题在组合成新神话的过程中常发生的变异主要有内涵的增殖、主体的替换、功能的转换等。

（1）内涵增殖式。主要是指人类早期社会产生的一些单一释源母题，随着社会的发展，人们综合思维能力的提高，由单一释源演变为综合释源，这样，单一释源母题就会发生内容的增加。最常见的情况是生人母题由单一的生人扩到生其他物。如葫芦生人母题，经过变异式演变后由生人扩张到生万物，在生人之外增加了生万物的内容，这是内容的增殖。同理，水生人母题、蛋生人母题、石生人母题等也发生了同类的变异，扩张了创世的内容。

（2）主体替换式。主要指原生态母题与其他母题相结合的时候，原生态母题中的生人主体为其他母题生人主体所替代，因而退化为新故事中的附属部分。这种变异起到了推陈出新的作用，也促进了创世神话的发展。水生人母题与女子生人母题相结合，就形成了女子沐浴吞食某物而怀孕生子的新情节。在新的情节中，水生人置换为女子生人，而水就成为女子生人的附属条件。

（3）功能转换式。主要指早期母题的生人功能，转换为其他功能。如葫芦生人母题中的葫芦在洪水神话中转换为救生的工具。

衍生形态创世神话的多种类型表明中国创世神话经历了多种发展方式，有着旺盛的生命力、生长力；衍生形态创世神话遍见于典籍与口头传承，表明中国创世神话经历了漫长的发展历程。

第七章　中国创世神话系统形态分析

在多种形态的创世神话中，如何去分辨系统形态的创世神话，是一个饶有趣味的问题。解决了这个问题，就能分辨系统与非系统创世神话的界限，确立系统创世神话的判定标准，同时也能让世人了解中国神话逐渐成熟的特性，正确全面认识中国神话的形态，摒弃中国神话残缺不全、不成系统的观念。

一　中国创世神话系统形态的构成

分析中国创世神话的系统形态的构成，需首先了解系统的基本含义。奥地利生物学家冯·贝塔朗菲在《一般系统论——基础、发展和应用》中指出：系统可以定义为"相互作用着的若干要素的复合体"[1]。复合体也可以理解为整体。我国学者乌杰在贝塔朗菲等的系统理论的基础上，从哲学层面解释了系统的概念："作为哲学意义上的系统概念是指相互联系、相互作用的若干要素或部分结合在一起并具有特定功能、达到同一目的的有机整体。"[2] 根据系统理论的概念，我们可以对中国创世神话的系统形态做出如下定义：中国创世神话

---

[1] ［奥］冯·贝塔朗菲：《一般系统论——基础、发展和应用》，林康义等译，清华大学出版社1987年版，第51页。

[2] 乌杰：《系统哲学》，人民出版社2008年版，第2页。

的系统形态是由相互联系、相互作用的各类事物起源神话结合而成的解释世界基本构成的有机整体。所谓创世神话的系统形态，就是完整系统解释世界起源的神话形态，它的构成要素应该包括世界起源神话、人类起源神话、文化发明神话三类神话相组合，就构成了一个基本的世界释源系统，即创世神话系统形态，这种系统形态反映了当时人们对世界构成或基本面貌的一种幻想性的认识。

组成创世神话系统形态的三类释源神话，又可自成系统。这是系统构成要素的特性所决定的。乌杰指出："任何系统中的要素都不是一个简单的存在，它仍然是潜在可分的。要素自身的可分性又使它同时就是一个系统。这样任何事物在外在联系中成为要素，其内在联系又使其成为系统。"[①] 创世神话系统形态中的每一类释源神话都是可以再分的系统，由此，中国创世神话系统形态又可以分为三个子系统，即宇宙起源神话系统、人类起源神话系统、文化发明神话系统。综合中国创世神话的材料，可以将三个子系统的基本构成做如下概括。

（一）世界起源神话

作为释源性的创世神话，首先要解释世界的起源，因为这是人类得以生存的空间与环境。世界起源神话主要包括天地开辟、万物起源等内容。

天地开辟。天地开辟神话是原始人幻想出的人类生存空间天地如何形成的神话，包括天地的初次形成、天地形态的完善等内容。

1. 天地的形成

（1）自然形成：混沌分开形成天地；两片云彩形成天地；浊气与清气形成天地；岩石分成两块形成天地；宇宙卵破裂形成天地；通常也从中生出人类和

---

① 乌杰：《系统哲学》，人民出版社2008年版，第51页。

其他物。

（2）躯体化生：人的躯体或动物躯体的某部分化为天地，通常其他部分也同时化生人类和万物。

（3）神人制造：天神降临造天；男女神造天；众神造天；天神杀动物使其化生来造天地；是化生神话与神人制造神话的结合。

2. 天地的改造

天地形成后，往往还存在诸多缺陷，如天地离得太近，天盖不住地，天地不稳固等，因此需要进一步完善。

（1）将天地撑开：巨人用身体撑开天地；神人用柱子顶开天地。

（2）将地托住：神人将地托在龟、鱼等水生动物的背上。

（3）缩地合天：由于种种原因，天小地大合不拢，神人将地缩小，形成皱褶，变为山川；又将天扯宽，才使天地合拢。

（4）天地稳固：用金、银、铜、铁四柱撑住天的四方；用动物四脚撑住天的四方；用山撑住天。

在神话中，天地的开辟往往要经历一个曲折的过程，反映了人们对天地形成认识的发展，也表现了人类对自身生存环境与社会环境由混乱到稳定、由无序到有序的认识过程。这类神话反映了先民朴素的进化论思想，是历代先民智慧的结晶。所以，此类神话的存在，是一部创世神话成熟的标志之一。

3. 万物起源

万物起源神话是解释世界各种自然现象和自然物的成因或来历的神话，包括对天体、气象、季节、地貌、动物、植物以及一切自然物起源的解释。这类神话往往和天地开辟神话紧密结合，在神话中往往是天地的开辟导致了万物的形成，如盘古化生天地万物即是典型的一例，所以将其归入宇宙起源神话系统。万物起源神话中最为主要的类别有日月神话、雷电神话、动植物神话、四季神话、谷类起源神话等。其中，日月起源神话最为常见，它包括：

（1）日月形成：巨人眼睛化生；巨兽眼睛化生；神人制造。
（2）日月完善：射掉多余的太阳和月亮；擦洗太阳和月亮使其发光。
（3）其他天体起源神话。

（二）人类及族群起源神话

人类及族群起源神话是讲述人类的诞生、进化、早期发展过程包括族群的形成的神话，由如下几类神话组成：人类起源、人类进化（包括洪水遗民神话和其他灾难遗民神话）、族群起源（包括族群的迁徙）等。

1. 人类起源

人类起源神话是讲述人类最初如何诞生，从何而来的神话。各民族关于人类诞生的幻想千奇百怪，归结起来主要有四类：

（1）自然演化：包括自然物、动植物生人、变人等内容。此类神话影响较大的有：兽类变人或化生人、蛋生人、葫芦生人、竹生人、树生人、花生人、水生人、石生人、洞生人。

（2）大神创造：大神创造包括大神造人、化生人，以及大神无婚生人。

（3）异性婚配：异性婚配类神话主要有兄妹婚与人兽婚两种形式，也有少量的母子婚神话。

（4）女子感生：女子感生神话，或称贞洁受孕神话，多是叙述女子未经与男子结合而只是与某种神物或神灵相感应便怀孕生子的神奇事件的神话。女子所感对象多为植物、动物、自然物等，带有图腾崇拜的印记。

2. 人类进化

人类的诞生，经历了漫长的演化，这在神话中也有曲折的反映。在神话中，人类的进化往往要经历几代人才能完成。所以神话中多有灾难母题，使得人类在灭绝中不断更新，其中，洪水遗民神话是典型的灾难型的人类进化神话，其基本结构如下：

（1）洪水发生原因：洪水发生的原因有多种，其中多数与人的素质有关：或是人种不良，天神要换人种；或是人性不善，天神要惩罚。

（2）洪水灭绝人类。

（3）兄妹得以逃脱，在洪水中逃脱的工具有多种，但多数异文显示是葫芦，以为葫芦是生命的象征。

（4）兄妹经过种种曲折成婚，一般是经过三次占卜，得到了天神的启示，兄妹才得以成婚。

（5）婚后生人，生怪胎变人，包括变成男人与女人，甚至包括变成不同族群的人。

洪水过后的再生人类则表现了人种的改良，洪水神话反映了先民朴素的进化观。其他灾难遗民神话与洪水神话意义相同，同属人类进化神话。人类进化神话是人类起源神话的核心部分，成熟的创世神话往往都有这部分内容，其中，又多以洪水神话来表现人类进化的历程。所以成熟定型的创世神话又多包括洪水神话故事。

3. 族群起源

族群起源神话是讲述氏族、部落、民族的来历或始祖诞生的神话。人类是以群居的方式生存并延续下来的，族群的起源与人类的起源密不可分，所以将族群的起源神话划入人类起源神话范围。我国还有不少民族有族源神话，如彝族、傈僳族、白族、纳西族、黎族、珞巴族、柯尔克孜族、哈萨克族等。

（三）文化发明神话

文化发明神话是指发明火、劳动工具、狩猎、种植、手工与各种技艺以及制定社会组织、婚丧典章、礼仪节令等的过程的神话，还包括反映文明进程的神话。文化发明神话系统由事物发明、技术发明、文化制度发明、文明历程等几类神话组成。

（1）事物发明神话。事物发明神话是讲述与早期人类生活生产活动密切相关的事物被发现或被创造的过程的神话。如火的发明，有燧人氏钻木取火神话；住宅的发明，有有巢氏构木为巢神话；此外，尚有弓箭、谷物、医药等的发明神话。此类神话关涉早期人类衣食住行等基本生活条件，是文化发明神话中的核心部分，其有无也是判断创世神话是否成型的标志之一。

（2）技术发明神话。该类神话讲述各种技艺如养蚕、制陶、纺织等的发明经过。

（3）文化制度发明神话。文化制度发明神话是讲述政治、宗教制度以及日常生活礼俗等如何被制定或被创造的神话。如女娲制造笙簧，就是礼乐政治仪式被制定的神话；伏羲作八卦，是宗教仪式发明神话；伏羲制定嫁娶之礼，属于日常生活发明神话。

（4）文明历程神话，反映文明历史的发展，是神话历史化的产物。

以上是对我国系统形态创世神话（其中主要是创世史诗）三大系统情节结构的总体概括，具体到每一部系统神话，不一定都包括三大系统所有情节结构，但必然都包括三大系统的大部分情节。总之，包含了以上三类主要情节的创世神话，都可以判定为系统型创世神话，同时又包含了三类核心情节的创世神话，就可称之为成熟的系统型创世神话。三类核心情节即世界起源神话中天地改变情节、人类起源神话中的人类进化情节、文化发明神话中的衣食住行等发明情节，三类情节是创世神话成熟的显著标志。以上情节结构表明，我国的系统形态创世神话规模宏大，结构完整，内容丰富，包含了创世的全部内容，是自有创世神话产生以来的集大成之作。根据系统形态创世神话的构成方式不同，又可以将其分为四种类型：系列型、复合型、谱系型、开放型。

二　系统形态创世神话子系统构成要求

系统型创世神话的构成表明：系统形态的创世神话不仅要求包含三个子系统，而且要求三个子系统也要具备完整性与系统性，以此展现事物起源的丰富复杂的过程。这是因为子系统既然称为系统，也必须具备完整性、丰富性。其一，宇宙起源神话系统在讲述天地万物建立后，还要讲述天地万物的形态与功能的逐渐完善。因为天地万物的创立不是一蹴而就的，而是逐渐完善，有一个由混沌到有秩序的发展过程。其二，人类起源神话系统，则涉及人类逐渐进化的历史，神话往往要讲述人类的二次起源、多次起源，人类的多次起源则是因为人类的体质与精神需要得以进化，当然，也包括族群的多次起源。其三，文化发明神话子系统，要包含涉及早期人类基本生活的物质文化与习俗文化。由此可见，三个子系统不仅要具备各自的基本内容，而且还要具备丰富性、完整性、复杂性的情节，才能构成真正意义上的系统神话。创世神话系统形态的三个子系统必须具备下列标志性内容。

（一）世界起源系统必须包括世界的完善与重建

世界起源神话不仅讲述世界的形成，而且要讲述世界的完善与重建，通常包括如下情节：天地分离、天地稳定、天地秩序建立、天地毁灭与重建。

天地分离神话在中国各民族创世神话中比较常见。天地分离的原因主要是天地离得太近，人们活动不方便，往往不能直起身子行走，当然也有其他原因，比如人类的恶劣行为导致惩罚，产生了所谓绝地天通故事。

佤族神话《司岗里》载：天地形成之初，天和地是用铁链拴在一起的，离得很近。地上的万物都过得不自在了，不停抱怨。里（"磨"的意思，传说中的天神）与伦（"堆"的意思，传说中的地神）派达能用巨斧砍断了拴着天地的铁链，天高高地升上去，地低低地降下来，从此天地分开了。①台湾排弯族神话说：天地隔得很近，以至于人们不能直立行走，所以要将天地分离。远古的时候，天空是很低很低的，像一口倒扣的大锅。那时，排湾人都住在山洞里，出门得弯着腰走路，不然头就会碰着天，一天一个叫嘎拉斯的女人在洞口舂米，舂米的杵子很长，一提起，就碰着天了，有力无处使。她丈夫就叫她把天捅开。嘎拉斯一边舂米一边捅天。由于力气小，怎么也捅不开。她就喊丈夫过来帮忙。两人一起捅，终于听得一声巨响，天被捅出一个大洞来。紧接着，一阵哗哗啦啦的响声，天慢慢升起来了，升得很高很高。②仫佬族神话说，天地分离之前，人可以随便上天，结果误传上天旨意，而且常常臭气熏天，所以玉皇大帝就把天升高了。神话说：从前天很低，低到竹子都没法直着长，长到一定高度就垂下来了，时间长了，就形成生长习性，所以竹子至今垂着头。那时候，人们随意搭个梯子就可以上天玩耍。一个叫达伙的年轻人在天上玩的时候，遇上玉皇大帝。玉皇大帝交给他一包东西教他给大伙去种。达伙在回到地面途中，心急地打开了那个包，谁知刚打开，就被一阵风吹散了，撒满大地。不几天，大地就长出了稻谷、玉米，也长出了不少青草。大地有了粮食，玉帝又托人传话叫人们三天吃一餐，结果传话的人把话传错了，把三天吃一餐传成了一天吃三餐。吃得多了，粪便就多了，到处臭气熏天。结果玉皇大帝闻到了臭气，怒不可遏，不仅处罚了传话的人，还把天升高了，从此以后，地上的人再也不能到天上去玩了。③

布依族神话将天地相距很近的距离都说得很清楚：很古老的时候，天和地只隔三尺三分三寸。舂碓的时候，碓脑壳碰到天，挖地的时候，锄头碰着天；挑水的扁担，只能横着放，竖着放就会碰到天。人们干活，成天弓着个腰，不

---

① 参见尚仲豪、郭思九、刘允是编《佤族民间故事选》，上海文艺出版社1989年版，第2页。
② 参见姚宝瑄主编《中国各民族神话·畲族、高山族、黎族》，山西出版传媒集团·书海出版社2014年版，第4页。
③ 参见姚宝瑄主编《中国各民族神话·仫佬族、壮族、京族》，山西出版传媒集团·书海出版社2014年版，第4—6页。

第七章　中国创世神话系统形态分析

敢伸腰。人们怨声载道。有个叫力嘎的年轻人，浓眉大眼，膀大腰圆，身长九尺九分九寸，力大无比，九十九头犀牛都斗不过他。决心要把天撑高。力嘎用力把天一撑，天地只是晃荡了一下，没有撑开。然后，力嘎发动大家一起来撑天。力嘎一声号令，大家齐心协力，将天撑高了三丈多。力嘎觉得还不够高，狠狠吸了一口气，将榕树叶、木棉树叶、茶花、夹竹桃都吸进肚子里去了。眼睛鼓得海碗大，浑身肌肉胀得像楠竹那么粗。他使尽吃奶的力气，两手擎住天往上一撑，天就被撑去九万九千九百九十九丈高。天虽然撑高了，但是不稳定，一松手天就会掉下来。力嘎一手撑天，一手拔下自己的牙齿当钉子，把天钉稳了。钉天的牙齿成了星星，拔牙流出的血，成了彩虹。[①] 苗族神话《创世纪》讲述最初的天地是紧紧连在一起的，"天没有人开，地没有人辟"，半人半兽的巨人那罗引勾来开天辟地。他用手将天地劈成两半。他用脚踩地，地陷千尺，用手撑天，天高五里。另一位巨人仍雍古罗竖起木柱，把天撑起。可是天不高，地不矮。天地依旧想连在一块。结果木柱被虫蛇咬坏，木柱断裂，天塌下来，天地又紧紧合在一起了。仍雍古罗又搬来铁柱撑天，可是不久铁柱锈蚀了，天又塌下来。仍雍古罗又搬来石柱撑天，结果石柱断裂，天又塌下来。仍雍古罗没有办法了。那罗引勾去找好心肠的务罗务素婆婆。婆婆告诉他：你脚虫不蛀，你脚锈不蚀，你脚压不碎，你脚好当柱。于是，仍雍古罗用自己的四肢来当撑天柱撑天，柱子再也没有坏损，天再也没有塌下来。看来，撑天柱多半用人物或动物的肢体，可能与早期人类崇拜生命的实体有关。[②]

壮族神话《布洛陀》先讲述天地自然形成，然后讲述布洛陀带领众人将天地分离。神话说：远古时，天地重叠成一块岩石。后来一声霹雳，大岩石裂成两大片，一片上升，成为雷公的天，一片下落，成为人类居住地。那时天很低，爬到山顶，伸手就可以摘下星星和云朵。太阳一照，热得烫死人。雷公轻轻打鼾，就吵得人们睡不着觉。雷公大喊大叫，则犹如天崩地裂。人们就去请

---

① 参见姚宝瑄主编《中国各民族神话·仫佬族、壮族、京族》，山西出版传媒集团·书海出版社2014年版，第4—6页。

② 同上书，第168—170页。

智慧老人布洛陀将天撑开。布洛陀身材魁伟,体魄强壮,虽已年迈,但仍红光满面,精神矍铄。住在山清水秀的洛陀山的山洞里。布洛陀接受了人们的请求,他要人们去砍一棵最高大的铁树做顶天柱。人们砍了树的左边,右边长齐了,砍了树的右边,左边长齐了,砍了九十九天九十九夜,怎么也砍不动,就喊布洛陀来砍。布洛陀挥起大板斧,一阵狂风卷起,"嚓"的一声,斧子深深砍进铁树中。布洛陀连砍两下,铁树"轰隆"一声倒下了。接着,布洛陀马步一蹲,将铁树扛上肩,众人帮着扶头抬尾,将铁树抬到洛陀山山顶。布洛陀在山顶竖起铁树,往上一顶,就把天顶上去了,再顶两下,天地就隔得很远很远了。然而天地大小合不拢,布洛陀就轻轻将地皮一抓,地皱起来,就缩小了,天就盖得住地了。皱起来的部分就成了山坡。[①] 用一根擎天柱撑起天的情节源于古代中柱式房屋的想象,擎天柱观念由此而生并延绵后世,民间至今有将大树或大山称为擎天柱的习俗。

　　壮族另一则天地分离神话是让撑天的柱子长高,自然将天地分开。神话说:很古很古之时,天地离得很近,竹子都长不高,因为稍长一点就触着天了,所以竹子一直是低着头的。天空出现十二个太阳,热得像火炉。天神从宗爷爷派人射掉了多余的太阳后,大地仍然很闷热。从宗爷爷就想着要将天撑高。他发现天是被十二根天柱撑着的,这十二根天柱是可以生长的。从宗爷爷就和他的妻子每天给天柱浇水,天柱就越长越高,最后终于将天撑得高高的了。这则神话的独特之处,在于将天柱说成是可以生长的树木之类,说明神话这一情节与天梯树崇拜有着密切联系。[②] 天地分离神话情节往往与天地稳定神话情节紧紧相连,天地分离后,就是天地的稳定,以上天地分离神话实际上已经包含了稳定天地的内容;当然,在不少神话中,天地原本是分离的,但是不够稳定,摇摇晃晃的,需要撑住。天地稳定神话情节常常出现在天地分离神话情节之后。苗族神话说,古时候的天,没有柱子撑,摇摇晃晃,天地常常相

---

　　① 参见姚宝瑄主编《中国各民族神话·仫佬族、壮族、京族》,山西出版传媒集团·书海出版社2014年版,第74—76页。
　　② 同上书,第120—121页。

第七章 中国创世神话系统形态分析

碰。人们生怕天塌地陷,过着担惊受怕的生活。四个巨人公公商量用金子、银子打造柱子来撑天。他们从东海龙王宫殿运来了金子和银子,放在一个大石坑里炼金柱、银柱。可是不知道天有多高。就请风郎去测量天高。风郎来来回回跑了好几趟,测得天有万丈高,天柱也要打造万丈高。天柱要打造成什么样子呢?人们说,只能打成高山模样,才能撑得住天。要打造天柱了,两个公公夹起炼好的金银,另两个公公抢起大锤,你一锤,我一锤。一锤下去,百鸟惊飞,两锤下去,吓得野兽东奔西逃,三锤下去,漫天刮起了大风暴,四锤下去,平地变成了山坳。四个公公打造了十二个昼夜,终于打造了十二根撑天柱。天柱造好后,又有巨神用推天刨来刨,将天柱刨得光光滑滑。但是,天柱虽成,无人能扶起来。公公们把全村老百姓喊来撑天,只将天提高了脚背那么高。府方巨人跑过来,用力一推,一根金柱就立起来了,正好将天撑住,大家欢呼歌唱。然后又将其余十一根金银柱安顿好,天地才稳稳当当了。① 这些天地分离神话在突出个体神灵的重要作用的同时,也强调了众人的作用。所谓一个好汉三个帮,超凡的神灵也只有在众人的帮助下,才可以建立创造天地的伟业。可见,神话已融入文明社会的民众意识。

在神话中,天地的稳定通常是用撑天柱来实现的。彝族史诗《阿细的先基》:云彩形成天地之后,天地像云彩一样不稳定。阿底神拿来四四一十六根柱子,四根金柱子、四根银柱子、四根铜柱子和四根铁柱子,分别竖在东南西北四个方向撑着天,并在柱子根部分别压上金、银、铜、铁包,柱子就稳固了,天也就稳固了。可是地还在动,原来大地是铺在三条大鱼背上的。鱼没有吃饱,就会动起来,鱼动,地就会动。阿底神就拿了虾子来喂大鱼,大鱼吃了虾子还是在动,因为有鸡啄鱼的眼睛。天上的银龙神,放下铁链子,叫阿托去把大鱼拴住,但是刚开始鱼还是在动,阿托再拴紧一点,大鱼就不动了,地也就稳定了。② 在此神话中,天地的稳定又加进了大鱼背托大地的情节,动物背

---

① 参见姚宝瑄主编《中国各民族神话·仫佬族、壮族、京族》,山西出版传媒集团·书海出版社2014年版,第119—124页。

② 同上书,第131—132页。

托大地神话，在多个民族中都有存在；同时，在神话中，动物背托大地现象，又往往成为地震发生的原因。

天地的稳定还包括天与地的连接。由于某种原因，天地不能衔接，处于不稳定状态，于是有大神缩地或缩天，完成天地的稳定。彝族《梅葛》：很早很早以前，盘颇派九个儿子去造天，七个女儿去造地。九个儿子偷懒，把天造小了，七个女儿很勤劳，把地造大了。结果天地合不拢。盘颇又派大力士阿文去合拢天地。阿文拉起地筋，用力一抖，大地就皱起来，缩小了，就能与天相合了，由于大地有了皱褶，就出现了山岭与平川。① 天地相连神话，既讲述天地稳定过程，也关联地貌的起源。

世界起源神话还包括世界重建的内容。之所以要重建世界，是由于某种原因世界遭到毁灭或破坏，需要重建或修补。女娲补天就是一个重建的故事，《淮南子·览冥训》："往古之时，四极废，九州裂；天下兼覆，地不周载。火爁炎而不灭，水浩洋而不息；猛兽食颛民，鸷鸟攫老弱。于是女娲炼五色石以补苍天，断鳌足以立四极……"世界发生了毁灭性的灾难，天塌地陷，水火之灾泛滥，人民处于水深火热之中，时时有可能遭到飞禽猛兽的侵害。女娲于是炼五色石来补天，并且用鳌足当四根柱子撑稳天。彝族神话《天生地产》说：天地日月造成后，天空突然开裂了；大地上出现了许多洞。天开地裂导致树木枯死，水流干，人死绝。结果有神人来补天、堵地上的洞。天地重建后，月亮和太阳飞得不见影了。一个叫诺线也阿他的神，拿了绳子，把太阳和月亮捆住，并请来利恒利赛吐来掌管，利恒利赛吐一天放一把绳索，从春天放到秋天。到了第二年夏天，就把绳子一把一把收起，冬天便变短了。这样就形成了一年四季的变化。② 天地经过这样一番重修与整治，就基本上稳定了。

彝族《梅葛》在传唱过程中还吸收了佛教文化因子，让观音成为重建世界的创世大神：蜘蛛用蛛网造成的天不牢靠，风一吹就破，巴根草铺的大地不坚

---

① 参见姚宝瑄主编《中国各民族神话·仫佬族、壮族、京族》，山西出版传媒集团·书海出版社2014年版，第95—96页。

② 同上书，第163—164页。

实,风一吹就烂了。大神观音来补天造地。她吩咐把天种撒在天上,把地种撒在地上。天上撒了九里,生出九个太阳;地上撒了七里,生出七个月亮。九天算一天,七夜算一夜,日夜分不清。观音又请身手灵巧的盘古凿太阳和月亮,把太阳和月亮一个个凿下来,落到了山坡上。太阳和月亮被凿落了,天和地都没了。世界又需要重建了。又是观音来造天,又是观音来造地。观音杀了牛,用牛皮来造天,把牛血变成地,用牛的左膀子做成太阳,用牛的右膀子做成月亮。把牛的眼睛变成星星,把牛肚子变成大海,大肠变成江河,小肠变成井沟,把牛的毛变成草木。牛尾巴上的虱子变成了种子。[①] 观音整顿世界秩序的过程,也是造万物的过程,她造万物的方法,是借助于动物尸体的化生,是人物制造神话与化生神话的有机结合。

(二)人类进化与族群起源

人类起源神话不仅讲述人类的多种起源,而且还要讲述人类产生后的曲折进化历程及发展过程,往往包括人类进化,导致人类进化的洪水神话以及其他灾难神话,族群的起源及族群的迁徙。

人类进化是成熟的创世神话系统必不可少的内容,表明古人对于人的逐渐形成与智能的发展有一种朴素直观的认识。在创世神话中,人类的进化既包括外形,也包括内在素养。彝族创世史诗《查姆》用很大的篇幅谈到人类自身的历史发展,讲述了由独眼睛人到直眼睛人再到横眼睛人的过程,随着人的外形的变化,人的心智逐渐成熟。第一代,独眼睛时代。世界之初,"雾露飘渺大地,变成绿水一潭,水中有个姑娘,名叫赛依列,她叫儿依得罗姊最先来造人"。儿依得罗娃造出人类第一代祖先,称作"拉爹",这一代人只有一只眼睛长在脑门心,所以称作独眼睛时代。独眼睛这代人,不会说话,不会种田,像野兽一样过光阴。今天跟老虎打架,明天和豹子硬拼;人吃野兽,野兽也吃

[①] 参见姚宝瑄主编《中国各民族神话·仫佬族、壮族、京族》,山西出版传媒集团·书海出版社2014年版,第123—125页。

人。有时还会人吃人。这一代人，深山老林做房屋，野岭岩洞常栖身，石头当工具，木棒当武器。树叶做衣裳，乱草当铺盖，渴了喝凉水，饿了吃野果，草根树皮来充饥，酸甜苦辣不能分。不知过了多少代，独眼睛这代人，用石头敲硬果，溅起火星星。火星落到树叶上野火烧起山林，果子滚进火堆里，熟果味更醇。从此独眼睛这一代人学会了用火来御寒，用火来做熟食吃。在神仙之王及众神的帮助下，独眼睛这代人，世上万物样样有，一颗米有鸡蛋大，谷子长得像竹林；一粒苞谷鸭蛋大，苞谷秆子高过屋顶；一粒蚕豆鹅蛋大，蚕豆苗棵高过人。但是，不过问昼夜，年月也不分；太阳月亮他不看，四季分不清；播种收割他不管，庄稼杂草遍地生。道理也不讲，长幼也不分；儿子不管爹妈，爹妈不管儿孙。饿了就相互撕吃。神仙之王就和众神商定，独眼睛这一代人心不好，要灭掉这代人。于是将天上水门关了，三年不洒一滴雨水。大地干涸烟尘滚滚，独眼睛人被晒死，只留下了一个爱做活的人。第二代，直眼睛时代。仙王找了那个做活的人，派罗塔纪姑娘来帮忙。罗塔纪姑娘舀了四瓢水，递给那个独眼人去洗身子。独眼人一瓢水洗头发，白发变黑发；一瓢水洗手，粗手变嫩手；一瓢水洗脚，脚裂合拢了，行路似风响；一瓢水洗身上，污垢全洗净，独眼睛变成直眼睛，老人变成了少年郎。后来与仙女撒赛歇结为夫妻，并在天上诸神的帮助下，学会了种庄稼。撒赛歇和直眼睛人过着美满的生活，突然一天夜晚，仙女分娩了，却生下个皮口袋。袋里传来"哝哝呀呀"的声音，好像娃娃在说话。撒赛歇听了难过，生了个大口袋，实在是羞人啰。她看着皮口袋，从白天哭到夜晚，从夜晚哭到白天。龙王罗阿玛听到了，就派撒赛萨若埃来查看。撒塞萨若埃拿出大剪刀，把口袋剪成三节，袋里跳出一群小蚂蚱，上节四十个，中节四十个，下节四十个，蚂蚱跳三跳，变成一百二十个胖娃娃。他们是拉爹的后代，名字叫"拉拖"。儿子六十个，姑娘六十个，长大配成家。上节口袋生成的四十个，配成二十家，去高山上种桑麻。中节口袋生出的四十个，配成二十家，去坝子种谷种瓜。下节口袋生出的四十个，配成二十家，去河边打鱼捞虾。这就是直眼睛时代。过了九千七百年，直眼睛一天比一天增多，住的地方一天比一天狭窄。直眼睛这代人呀，不懂道理，经常吵嘴打架，各吃各的饭，各烧各的汤。一不管亲友，二不管爹妈，爹死了拴着脖子丢进山里，妈死了拴着脚杆抛进沟凹。众神之王找来诸神商量：树多不砍看不见青天，草多不割看不见道路，不讲道理的人，不换嘛，看不见善良和淳朴。要重发一代芽，要重开一次花，要重结一次果，要重换一代人。但是毁灭一代人，必须留下人种，于是众神就派捏依撒萨歇去寻找好心人。他走遍九山十八凹，东方去了去西方，南方去了去北方，四方访了四十大户，全都没有好人家。最后找到庄稼人和他的妹妹，告诉他们实话，直眼睛这一代人心肠实在差，要更换一代人，世上只留兄妹二人，重开一次花。天上众神决定发一场大洪水，灭掉直眼睛人。事先，留给了兄妹一颗大瓜种三月种瓜，六月葫芦长成，腊月收葫芦，葫芦有房子大。神给一碗粮，永远没吃完。兄妹俩躲进大葫芦，老龙王才下大雨，龙眼眨一眨，满天乌云翻，龙尾摆一摆，天空就扯闪，龙身抖一抖，狂风暴雨卷万山。雨点鸡蛋大，雨柱似竹竿，下了七天七夜，大地茫茫被水淹。地上波浪滚滚，波涛直冲云天。天连水，水连天，葫芦漂到天边。第三代，横眼睛时代。洪水退后，从葫芦口走出兄妹二人，百里无草木，千里无鸟兽，万里无人烟。大神指点兄妹俩，要让世上有人烟，兄妹必须要成亲。兄妹听了不同意，后来通过滚簸箕看是不是合拢，滚磨盘是不是相合，丢针线于水中是不是能穿过等，知道天意难违，遂结为夫妻。兄妹成婚后，生下三十六个小娃娃，其中十八棵青冈树，十八棵马缨花，他们两眼横着生，都是小哑巴，天天围着火塘边，只烤火不说话。爹妈砍来竹子在火里烧得"噼噼啪啪"，娃娃这个叫"啊嗞嗞"，那个叫"啊喳喳"，有的叫"啊呀呀"，小娃从此会说话。三十六个好儿女，各走一方分了家。啊嗞嗞是彝语，成了彝家；啊喳喳是哈尼语，成了哈尼族祖先；啊呀呀是汉语，成了汉家。抢锄头的是彝家，抢扁担的是傣家，彝族山头烧火地，傣族挑担住平坝。从此个人为一族，三十六族分天下，三十六族常来往，三十六族是一家。在神话中，人类经过了三个时代的演变，完成了形体与内心世界的渐变，最终达到了尽善尽美。[①] 上述神

[①] 参见郭思久、陶学良整理《查姆》，云南人民出版社2009年版，第82—84页。

话中导致人类进化的方法，也即毁灭不良人类的方法，既有旱灾，也有水灾，但是，在我国南方民族创世神话中，多半是通过水灾来毁灭不良人种的，所以洪水遗民神话在我国南方民族普遍存在。可以这样说，绝大部分成体系的创世神话，差不多都包含了洪水神话，也就是说，在创世神话中，天神毁灭人类时，差不多都采用了洪水的方法，所以南方民族洪水神话异常丰富。有无洪水神话，几乎成为判定是否是成熟系统创世神话的重要标准。

族群是人类存在的一种形式，人要在险恶的自然环境和弱肉强食的社会环境中生存下去，必须结成团伙，所以族群的出现是人类生存延续的产物，从更为宽泛的意义上说，族群的起源与迁徙也属于人类起源范畴。

（三）人类生存基本物质文化与早期制度习俗的发明

系统创世神话中的文化发明子系统，主要应该包含了早期人类赖以生存的基本物质文化的发明与基本社会习俗文化的发明。前者如火、粮食、居住与服饰、生产工具与器皿等；后者主要包括婚礼、礼乐、宗教仪式等。

三　创世神话系统形态与非系统形态的区别

创世神话系统形态是在长期口头传承过程中逐渐形成的，但不是所有民族的所有创世神话最终都演变成了系统形态。事实上，由于民族形成过程中的分合交融、民族地域的区别、民族历史长短的差异，有相当大一部分创世神话并没有演变成为系统形态，而是处在接近系统或半系统的状态。这种现象，不仅存在于不同民族，也存在同一个民族。如苗族，有数十种创世神话，但真正成为系统形态的也只有几部，其他大都处于接近系统或半系统形态，这里面，既有地域差异方面的原因，也有神话表演文化场域需求方面的原因。

中国境内的苗族主要分布在南方数省区，可分为三大方言区。在苗族三大方言区都流传着以创世为主体的诗体神话，俗成为"古歌"或"古歌古词"，古歌保存着完整的苗族活态文化体系，表现了万物有灵、生命神圣、众生平等、人与自然共存共荣、和谐发展的哲学思想，与广大苗族群众的生产、生活和思想感情密切相关。苗族没有自己的文字，古歌传唱实际具有传承民族历史的功能。大多在鼓社祭、婚丧活动、亲友聚会和节日等场合演唱，演唱者多为中老年人、巫师、歌手等。酒席是演唱古歌的重要场合。演唱时，分主客双方对坐，采用盘歌形式问答，一唱就是几天几夜甚至十天半月，调子雄壮而苍凉。传承古歌的方式也较严谨，有祖先传授、家庭传授、师徒传授、自学等几种。直到20世纪末，从三大方言区中搜集整理了大量的古歌，主要有：

其一，川滇黔方言区（西部方言区），包括贵州的中部、南部、西部、北部和川南、桂北以及云南全省。已搜集整理出的苗族古歌有：陆兴凤、杨光汉编译《西部苗族古歌》，易扬编《苗族古歌》，杨照飞主编《西部苗族古歌》，吉玉林、陶小平编《四川苗族古歌》，夏阳等整理《苗族古歌》，刘德荣等整理《苗族古歌》《苗族神话史诗选》《蚩尤的传说》。

其二，黔东南方言区（中部方言区），黔东南清水江流域是全国苗族最大的聚居区，大致包括贵州省凯里、剑河、黄平、台江、雷山、丹寨、施秉、黄平、镇远、三穗，以及广西壮族自治区三江和湖南省靖县等地。搜集整理苗族古歌有：田兵编《苗族古歌》《王安江苗族古歌》，杨通胜等编译《开亲歌》《苗族理词》《苗族贾理》，潘定智、杨培德等编选《苗族古歌》，马学良、金旦编《苗族史诗》，燕宝整理译注《苗族古歌》，魏金才主编《祭魂曲》，梁彬、王天若编《广西苗族民间故事选》中的《创世纪》。

其三，湘西方言区（东部方言区），包括湖南省湘西土家族苗族自治州，黔东北的松桃苗族自治县，湖北的恩施、宣恩、来凤、咸丰和重庆的秀山、酉阳、彭水等地。搜集整理苗族古歌主要有：龙炳文、龙秀祥编湘西方言《古老话》，石宗仁编《中国苗族古歌》，龙岳洲编《五岭苗族古歌》。

除此之外，散见于其他歌谣合集、苗族民间文学合集以及内部刊印的苗族古歌为数众多，难以计数。在三大方言区为数众多的苗族古歌中，真正成为系统创世神话的却为数不多，可以列出的有：田兵编《苗族古歌》，梁彬、王天若编《创世纪》，潘定智、杨培德编《苗族古歌》，马学良、金旦编《苗族史诗》。基本上集中在黔东南方言区，也就是苗族主要聚居区。可见，在苗族主要聚居区苗族民风民俗最为盛行的地方，成体系的苗族古歌就更为多见。

第八章 系列型创世神话系统

系列型创世神话，是以某个民族创世大神，多是大母神为核心，不断累积添加创世事迹而逐渐形成的连缀性质的系列故事。这种连缀性故事，经历了漫长的发展历程，最终完成了对世界的完整解释，以至于自成系列。

一 女娲系列型创世神话系统

女娲神话系统，是在女娲抟黄土造人神话基础上经过箭垛式演化而衍生成的神话系列。女娲造人神话形成后，女娲逐渐成为中华民族的始祖神，其神迹也如滚雪球般逐渐增多，从而形成了以创世为主旨的女娲神话系列。

（一）女娲造天地

女娲补天治水。女娲补天反映了天地形成后的秩序的稳定，女娲补天即是稳定天地秩序。《淮南子·览冥训》："往古之时，四极废，九州裂，天不兼覆，地不周载，火爁炎而不灭，水浩洋而不息，猛兽食颛民，鸷鸟攫老弱。于是女娲炼五色石以补苍天，断鳌足以立四极，杀黑龙以济冀州，积芦灰以止淫水。苍天补，四极正；淫水涸，冀州平；狡虫死，颛民生；背方州，抱圆天。"女娲补天，实为治水，因为天地倾塌，导致洪水泛滥，所以要炼石补天止水。补天实际上是堵洪水。其"断鳌足""杀黑龙",是要诛灭兴风作浪的水怪,以平息水患。其"积芦灰",则明确说明是"止淫水"。但是女娲治水与大禹治水有所不同。大禹治水,是因为洪水泛滥,其神话属于英雄神话;女娲治水,是因为天地制造尚未完善,其神话仍具创世性质。从创始的层次而言,女娲补天治水,属于二次创世。中国有多种二次创世神话。这些神话中的二次创世,或者是由于天地离得很近,需要将其撑开,或者是由于天地不稳,需要钉牢,或者是由于天盖不住地,需要合拢,等等。总之,二次创世是对第一次创世的补充与完善。二次创世神话反映事物由不完善到逐步完善的发展规律。女娲二次创世则是由于天地不稳、天盖不住地,所以女娲要立四极、补苍天。显然,女娲二次创世是首次创世造人的发展。

(二) 女娲创造人类与万物

女娲创造人类及万物经历了几个发展阶段,伴随着人类关于生命起源的认识历程,包括女娲造人、女娲化生、女娲与伏羲成婚生人。

1. 女娲造人

女娲造人畜果蔬。中原地区口承神话说:正月初一到初十的十天,每天都是一种物种的诞生日,一鸡、二狗、三羊、四猪、五马、六牛、七人、八谷、九果、十菜。传说女娲降生后,地上没有人,没有鸡、狗、羊、猪、马、牛,也没有蔬菜瓜果。女娲就用泥巴造了这些东西。女娲第一天造的是鸡,第七天造的是人,所以第七天为人日。《荆楚岁时记》已有人日记载:"正月七日为人日。"《北史·魏收传》引董勋答问礼俗提及人日。《谈薮》注说:"一说,天地初开,以一日作鸡,七日作人。"可见,魏晋南北朝时期,正月从鸡日到人日的习俗,就包含女娲造人畜和果蔬的神话。显然,该神话是在女娲抟黄土造人故事基础上添加了造六畜和果蔬情节而形成的,六畜和果蔬与人类生活紧密相关,所以将它们说成是女娲所造,这就使得女娲的创世神迹更为完善。

2. 女娲化生

《山海经·大荒东经》:"有神十人,名曰女娲之肠,化为神,处栗广之野,横道而处。"郭璞注:"或作女娲之腹。""女娲,古神女而帝者,人面蛇身,一日中七十变,其腹化为此神。"女娲一日中有七十种变化,她的腹部化作了十神。这是借用化生神话的创世方式所创造的再生态创世神话。由此神话可见女娲又具有了化生创世的本领。

女娲与伏羲婚配繁衍人类。当人们认识到男女婚配繁衍人类的道理后,就产生了兄妹婚等婚配型神话。女娲神话由此一变,由女娲造人,变成与其兄伏羲成婚生人。伏羲一神原本渊源有自。伏羲即太昊,《世本·帝系篇》:"太昊伏羲氏。"伏羲为雷神之子。《太平御览》卷七十八引《诗含神雾》:"大迹出雷泽,华胥履之,生伏羲。"伏羲神职为东方天帝。《淮南子·实则训》"东方之极,自碣石山,过朝鲜,贯大人之国,东之日出之次,榑木之地,青土树木之野,太暤、句芒之所司者万二千里。"高诱注:"太暤,伏羲氏,东方木德之帝也;句芒,木神。"作为雷神之子的东方天帝伏羲,被放置于兄妹婚神话的框架中,就变成了女娲之兄。将伏羲编派为女娲之兄并与之婚配,恐与伏羲显赫地位有关。因为只有伏羲身份,才有可能与已具有女始祖神性质的女娲相配。伏羲、女娲兄妹婚神话,在汉画像砖和石刻中多有表现,文字记载则见于唐李冗《独异志》卷下:"昔宇宙初开之时,只有女娲兄妹二人,在昆仑山,而天下未有人民。议以为夫妻,又自羞耻。兄即与妹上昆仑山,咒曰:'若天遣我兄妹二人为夫妻,而烟悉合,若不,使烟散。'于烟即合,其妹即来就兄。"我国少数民族众多洪水神话中的再造人类的兄妹,多有被称为伏羲、女娲的。说明伏羲、女娲兄妹婚神话影响广泛。

(三) 女娲发明文化

女娲主要造了婚姻制度与礼俗,有女娲作笙簧神话。《世本·作篇》"女娲作笙簧";"女娲,太昊氏之女弟。……《博雅》引《世本》云:'女娲作笙簧。

笙，生也，象物贯地而生，以匏为之，其中空而受簧也。"这是将笙簧当作一种乐器，女娲作笙簧，有象征生命繁衍的意义。笙簧既为乐器，也为祝子之器。五代后唐马镐《中华古今注》："上古音乐未和，而独制笙簧，其义云何？答曰：女娲伏羲之妹，人之生而制其乐，以为发生之象。"笙，用匏制造，本身包含生命的象征意义。因为匏即葫芦，是神话中繁衍人类之物，也是伏羲女娲的逃生工具。女娲作笙簧，虽是乐器的发明，但其目的不在音乐，而在祈求生殖，此一神迹也是女娲造人神迹的引申。由此女娲又成为祈子之神、主婚姻之神。

以上女娲炼五彩石补天、女娲造人、女娲之肠化生、女娲造人畜果蔬、女娲伏羲婚配、女娲作笙簧等神话共同构成一个女娲神话系列，这一神话系列塑造了中华民族一位伟大的创世女神形象。

二 傣族"英叭"系列型创世神话系统

英叭是傣族神话中的创世大神。英叭创世神话包括了英叭造天地万物、造人类、创造早期文化等部分连缀成神话系统。

（一）英叭的出身与英叭造天地万物

天神英叭的诞生。英叭的诞生主要有两种说法。一种说法是：远古之时，天、地、日、月、星辰及神、人、鬼怪皆无。太空中只有烟雾、气体和狂风，下面是一片汪洋大海。烟雾、气体与狂风翻腾、摩擦、撞击。几千亿年后，这三种东西的精华聚集、凝聚成一蜂窝似的胞胎。胞胎随风游动，随烟雾沉浮。十万年后，气浪给它生命，大海给它血液。又过了十万年，胞胎变成了一个有头，有身，有脸，有嘴、眼、鼻、有手脚的神，它就是第一个天神英叭。另一说法是：太古之时，一切皆无。英叭的母亲是气团，父亲是大风，气团与大风结为夫妻，生下英叭。英叭有人的形象，他是最初的天神。后来，他长成了一个顶天立地的巨神。

英叭造天地。英叭诞生后，要造天地，但不知用什么东西来造天地。他四处查看，见大水的深处有一条巨大的神鱼，正在呼出泡沫、水汽和渣滓。英叭得到启示，他搓下身上的污垢捏成一团，并和神鱼吐出的泡沫和渣滓捏在一起，使这个大团风吹不散，浪打不破。他用神力使这个泥垢神球越增越大，后来就成了地球。显然，英叭造天地神话经过了后人的改造，融入地球的观念。

（二）英叭造人类

英叭造第二代天神。英叭造好天地后，觉得自己老了，需要有个天神来作为最高天神，管理十六层天宫和天宫里的天神，他就用自己头上的污垢造了第二代天神玛哈棒。以后玛哈棒又造了第三代天神。就这样，一代又一代天神依次造下一代天神，一万年后，十六层天宫都住了天神。天神用自己头上的污垢造神人，是神人造人与化生相结合的产物。

英叭救世造风神。地球经过十万年的火烧，又经过了十万年的洪水，大地即将被吞没，英叭不甘心自己造的地球被毁灭，非常着急，就吹了一口大气，这口大气变成大风，吹遍全球，吹散了浪，吹干了水，洪水退回海洋，陆地又才慢慢显露出来。这部分表现傣族先民对世界与人类进化的认识。

（三）英叭发明文化

英叭制定季节。英叭造物之时，天下没有季节，人们不知道什么时候播种，什么时候收获。英叭就派混桑神到人间，帮助人们制定日历和季节。有了季节，万物生长就有了条理。但是不久，季节又乱了。英叭重又派坦米提拉重新制定季节。结果与混桑打了起来,最后猜谜赌生死。混桑输了,他的头自动落到地上,燃起了大火,为扑灭大火,他们就互相泼水。以后,混桑死去这一天都要泼水。次日,就是傣族的新年。

由上述英叭造天地万物和人类以及制定季节等情节可见,该神话是累积多种创世神话而逐渐形成完整系统的。

三　布依族布灵系列型创世神话系统

布依族神话古歌《造万物》,产生年代久远,内容丰富,故事情节曲折动人。全诗以布灵创世大神为中心,讲述他开天辟地、创造万物和人类并发明早期文化的故事,环环相扣,形成系列。全诗三千多行,分为二十一章。

第一章,布灵("布灵"布依语"人猿"之意)出生。宇宙间一个绿扁块和一个红圆坨相碰起火花后生布灵。当时没有天,没有地,布灵用清浊二气来造天地,他像捏糍粑一样造成了十二层天和十二层地。

第二章,布灵造日月。他用红岩石造成了太阳,用白岩石造成了月亮,并叫黄龙把日月托到天上去安放。

第三章,布灵造星星与天河。布灵找来亮晶晶的石头,砸碎,撒上天空,就变成了星星,接着又踩着日月的光柱到天上由东向西来回跑了九十九天,把蓝天踩成了一个大槽,槽里灌满了水,成了天河(银河)。

第四章,布灵命名雷、电。远方飞来一个美丽的姑娘,她和太阳后生"浪哨"(恋爱)成亲,生个孩子脾气很暴,布灵为他取名"雷"。远方又飞来一个英俊的小伙和月亮姑娘"浪哨"成亲,生个姑娘很乖巧,眼睛又大又亮,一眨一眨逗人爱,布灵为她取名"闪电"。

第五章,布灵命名风、雨。远方飞来一群姑娘和星星们"浪哨"成亲,生下的孩子到处乱跑,布灵为他们取名"风",要他们像星星布满天空一样将风吹遍每个角落。又有个后生从远方飞来，与天河"浪哨"成亲，生个姑娘成天哭泣，眼泪不断线，布灵为她取名"雨"。

第六章，布灵造云彩。布灵烧干柴冒轻烟变彩云，烧湿柴冒浓烟变乌云。

第七章，布灵造人。布灵拔光身上的汗毛，丢到地上，根根汗毛冒出青烟后变成一个一个的人。从此地上有了人。

第八章，布灵定四季。布灵以手指节为序，定了四季、十二个月和二十四节气，又定了十二个月为一年。

第九章，布灵造山岭。布灵砍下自己的脚趾和脚丫丢到地上变成山岭。

第十章，布灵造树木。布灵砍下手指丢到地上变成松树、椿树、白杨、枫香和绵竹，手上的筋变成藤蔓。

第十一章，布灵造花草。布灵扯下耳朵变成百花，拔下头发变成百草。

第十二章，布灵造百鸟。布灵割下鼻子变成百鸟。

第十三章，布灵造百兽。布灵拔下槽牙变成狮子和老虎，拔下门牙变成百兽。

第十四章，布灵造江河湖海。布灵挖出胃、肠、肺，胃变成海，小肠变成河，大肠变成江，岔肠变成沟，肺变成湖泊。

第十五章，布灵造鱼虾。布灵拔下眉毛丢在河里变成虾，挖眼珠丢在河中变成鱼。

第十六章，布灵最后的化生。布灵献出全身造了万物，只剩下一颗心、一个舌头和一只右手了，他把心掏出来丢到地上，变成一个勒灵（布依语"像小猴的娃崽"）；右手被月亮捡去栽在后园里，变成了梭罗树；舌头在天上变成了彩虹。勒灵出世后，地上虎豹很多，他就教大家砍岩桑树作弓，扯葛藤作弦，削金竹作箭。又教大家砍青杠树作弩，割兽皮作弦，就能射更大的野兽。勒灵为布灵的心所化，是为布灵继承人。

第十七章，勒灵发明火。勒灵捡来石块相碰，迸发出火星造了火，地上的人从此不再吃生肉。

第十八章，勒灵发明种子。勒灵到天上向天河祖奶讨来谷种，后来因个别人种庄稼偷懒，少数谷种变成了麦种。

第十九章，勒灵发明纺织印染。勒灵带领大家上山采来一种大圆叶的花，捻出长长的细丝线，就是今天的棉花。又带领大家上山割来一种兰草，沤水染布匹，就是今天的蓝靛。

第二十章，勒灵发明音乐。勒灵教大家仿照鸟的叫声造了歌，模仿啄木鸟啄树的声音造了木鼓。

第二十一章，勒灵接续发明音乐。勒灵教大家仿照月亮映在泉水里的影子造了月琴，又教大家学着蜜蜂在搞竹竿上蛰洞眼的情景制成了姊妹箫。

布依族《造万物》叙述了布依族两代始祖接力创造世界的神话，形成了以制造天、创造人类、发明文化为内容的系列创世神话。因为是口头传承，创世顺序比较杂乱，但是稍加整理，即可显现其完整系统。全史诗可分为三个部分：

第一部分，包括第1章至第6章、第9章至第15章。讲述天空所生布灵造天地万物故事。其中，第1章至第6章讲述布灵创造天地及日月星辰、风雨雷电、云彩、银河等，主要是借助自然之物去创造。第9章至第15章讲述布灵身体化生地上万物，他的各个肢体变成了山岭、松树、椿树、白杨、枫香和绵竹、藤蔓、百花、百草、百鸟、百兽、鱼虾、江、河、湖、海。

第二部分，主要包括第7章、第16章。讲述布灵造人。先是布灵用身上的汗毛造人，后是布灵的心化作了其继承人勒灵，勒灵继续创世。

第三部分，包括第8章、第17章至第21章。讲述布灵、勒灵发明文化，先是布灵发明了历法，后是其继承人勒灵做了更多的发明，勒灵的出世仿佛即是为了文化发明。他发明了火、庄稼的种子、纺织印染、歌唱与乐器等。

四　彝族梅葛系列型创世神话系统

彝族创世史诗《梅葛》，主要流传于云南省楚雄彝族自治州姚安、大姚、盐丰等县。"梅葛"一词是彝语的音译，它本是一种曲调的名称，史诗用梅葛调演唱，由此而取名"梅葛"。《梅葛》没有文字记载，靠彝族人民世代口耳相传才得以保存下来。彝族人民把"梅葛"看作彝家的"根谱"，把会唱梅葛的毕摩和歌手，尊为彝家最有学问的人。逢年过节，婚丧嫁娶，起房盖屋，都要请毕摩或歌手演唱梅葛，有时要唱三天三夜。《梅葛》的搜集整理工作始于1957年。1959年，云南省民族民间文学楚雄调查队将搜集到的四份原始材料加以整理、修改，并最终定稿，由云南人民出版社出版，1978年再版。此处引用资料系2009年云南人民出版社根据1978年版本再版版本。[①]《梅葛》分为"创世""造物""婚事和恋歌""丧葬"四个部分。

（一）创世

包括格兹开天辟地与创造人类的内容。

1. 格兹造天地万物

远古时没有天地，格兹天神放下九个金果，变成九个儿子，九个儿子中的五个来造天。格兹天神放下七个银果，变成七个姑娘，七个姑娘中的四个来造地。造天的儿子用云彩当衣裳，拿露水当口粮。造地的姑娘用青苔做衣裳，拿泥巴当口粮。造天的儿子贪玩，造地的姑娘勤劳，飞蛾来量天，蜻蜓来量地，结果天造小了，地造大了。格兹派各路大神拉天、缩地，地缩小了形成高低地形，就有了山河、平坝。

天地造好后，要试试是否牢固，就用打雷来试天，地震来试地。打雷时天破了，地震时地裂了。格兹天神派五个儿子来补天，派四个姑娘来补地。用松毛作针，蜘蛛网作线，云彩作补丁，把天补起来了；用老虎草作针，酸绞藤作线，地公叶子作补丁，把地补起来了。格兹又叫他们用鱼来撑地角、底边，打来山中猛虎，用虎的四只脚来撑天。

[①] 云南省民族民间文学楚雄调查队整理：《梅葛》，云南人民出版社2009年版，第1—250页。

天地稳定后，还要造天地之间的其他物，于是老虎的其他部位被派上用场，此处采用兽体化生创世方式。虎头作天头，虎尾作地尾，虎鼻作天鼻，虎耳作天耳，左眼作太阳，右眼作月亮，虎须作阳光，虎牙作星星，虎油作云彩，虎气作雾气，虎心作天心地胆，虎肚作大海，虎血作海水，大肠变大江，小肠变成河，虎的排骨作道路，虎皮作地皮，硬毛变树林，软毛变成草，细毛变秧苗，骨髓变金子，小骨变银子，虎肺变成铜，虎肝变成铁，腱贴变成锡，腰子作磨石，大虱子变成老水牛，小虱子变成黑猪、黑羊，虱子蛋变成绵羊，头发变成雀鸟。动物或人尸体化生天地万物情节，产生于早期人类以己推物的想象，即将世界当作一个生命个体，就像一个人、一个动物一样，所以将动物或人体的各部分与世界的各个部分相对应。这是化生神话产生的心理基础。

2. 格兹造人

天造成了，地造成了，万物有了，昼夜分了，就是没有人，格兹天神来造人。格兹洒下三把盐，落地上就是三代人。第一把盐撒下生出独脚人，身子一尺二寸长，独自一人不会走，两人手搂脖子快如飞。吃的饭是泥土，下饭菜是沙子。月亮照着活得下去，太阳晒着活不下去。这代人终究被太阳晒死了。第二把盐撒下生出第二代人，身高一尺三寸长。拿树叶作衣裳，拿树叶作裤子。没有水，没有火，吃山果，住山洞。没有春夏秋冬，不分四季四时。天上有9个太阳，9个月亮。这代人最终也被晒死了。格兹用錾子和锤子，錾掉了多的太阳和月亮。格兹撒下第三把盐，变成了两只眼睛朝上长的人。格兹又撒下苦荞、谷子、麦子，人间有了粮食。天上老龙想办法，发明了小火镰，一打两头着，从此人类有了火。什么都有了，日子好过了，但是这代人的心不好，好吃懒做，只知道吃饭睡觉，还糟蹋粮食，谷子拿去打田埂，麦粑粑拿去堵水口，荞面拿去糊墙。格兹天神看不过了，粮食不该这样来糟蹋，这代人心不好，这代人要换一换。他派武姆勒娃下凡来换人种。武姆勒娃首先寻找好人种。直眼人学博若，有五男一女。武姆勒娃变成头大老熊,故意去破坏他们的耕地,结果被口子套住了。老大、老二、老三、老四见了,不但不理老熊的苦苦哀求,反而十分高兴。只有学博若的小儿子与小妹见了,十分同情,解救了武姆勒娃。武姆勒娃说,人心很不好,要换人种了。水要漫金山,大水要发了。大哥打金柜,二哥打银柜,三哥打铜柜,四哥打铁柜,你们四兄弟赶快躲进柜。格兹交给小兄弟三颗葫芦籽,叫他种下去。葫芦长大结了个大葫芦,有囤子那么大。四兄弟杀掉老熊。老熊血流成河,尸体漂河中,脑袋顺水流,淌入东海洋,塞住出水洞,水就涨起来。狂风和暴雨,越淹越厉害,普天之下都淹完。学博若的四个儿子,躲进金、银、铜、铁做的柜子里,四个柜子沉下水。洪水淹了七七四十九天,格兹天神赶紧用手一指退了水。水干了,但是地上没有人烟了。格兹费尽周折找到躲进葫芦里的兄妹俩,要兄妹成婚繁衍人类。兄妹先是拒绝,后来通过滚石磨,石磨相合,滚簸箕与筛子,簸箕与筛子相叠合等占卜活动,兄妹最终通过象征结合方式繁衍后人。属猪那一天,哥哥在河头洗身子,属狗那一天,妹妹在河尾捧水吃。一月吃一次,吃了九个月,妹妹怀孕了。怀孕九个月,生下一个怪葫芦。妹妹趁哥哥不在家,将葫芦丢进河里。天神格兹知道了,急忙顺着河水去找,找到大海边,葫芦漂在水里边。天神派众神将葫芦推到沙滩上。天神用金锥子、银锥子锥开葫芦。戳开第一道,出来是汉族,住在坝子里,盘田种庄稼,读书学写字,聪明本事大。戳开第二道,出来是傣族,傣族办法好,种出白棉花。戳开第三道,出来是彝家,彝家住山里,开地种庄稼。戳开第四道,出来是傈僳,傈僳力气大,出力背盐巴。戳开第五道,出来是苗家,苗家人强壮,住在高山上。戳开第六道,出来是藏族,藏族很勇敢,背弓打野兽。戳开第七道,出来是白族,白族人很巧,羊毛擀毡子,放线弹棉花。戳开第六道,出来是回族,回族忌猪肉,养牛吃牛肉。戳开第九道,出来是傣族,傣族盖寺庙,念经信佛教(第二与第九均为傣族,显然为歌者偶尔遗忘而导致的重复)。出来九种族,人烟兴旺了。

（二）造物

包括盖房子、狩猎和畜牧、农事、造工具、制盐、发明蚕丝。

（三）婚事和恋歌

包括婚事全过程中的仪式，如相配、说亲、请客、抢棚、撒种、芦笙、安家等。

（四）丧葬

包括对死亡的认识及其祭祀仪式。

彝族《梅葛》没有形成有机结构的完整故事，而是由格兹及其后人的一个个创世故事组合而成，看似散乱，实则相互联系。各个故事以格兹及后人为线索，围绕创世主题展开情节，形成了关于天地万物、人类起源及发明的系统性神话。第一部分讲述天地开辟、人类与族群的起源，主要围绕天神格兹展开，是由天神格兹事迹累加而成，显现出系列创世神话的特点，也是史诗的主体部分。第二至第四部分主要讲述文化的发明，虽然不再是以格兹天神为中心，但也反映了格兹后人的创造。这部分内容相对分散，恐怕也与该文本是由四份材料综合整理而成有关。总之，《梅葛》包容了系统创世神话三大系统的内容，而且关于天地万物起源的复杂性、人与族群起源的曲折性、文化发明的多样性，都有详细描述，说明该文本属于典型的系统型创世神话。

五 壮族布洛陀系列型创世神话系统

壮族史诗《布洛陀》主要流传在红水河流域的巴马、东兰、凤山、天峨、南丹、河池、宜山、都安、马山，以及右江流域的百色、田阳、田东、平果等地。除了一般的口头传唱外，有的地区还有"土方块字"的手抄本，多为"道公"和"巫公"以及民间歌手所保存，通常在重大节庆的仪典上演唱与传播。史诗长达万行，分为四个部分，共十九章。

（一）开头歌

这部分是史诗的开头部分，讲述天地尚未形成之前，布洛陀与天神、龙神的存在。算是介绍主人公的来历，引出故事。

世界最初什么也没有，漆黑无边。后来不知从哪里吹来黑、黄、白三种气体，相混后变成浓浆，又逐渐凝固成团，外壳越来越坚硬，像个大石蛋。"蛋"里有三个蛋黄，千万年后逐渐孵化成三个不同模样的神兄弟，即雷王、龙王和布洛陀。他们在蛋里半醒半睡，梦游天上地下、五湖四海。雷王迷恋天上的神仙日子；龙王羡慕地下的水晶宫殿；布洛陀则喜欢地上的劳动生活："上中下三界，中界最称心；昼有太阳照，夜有星月映；日里去耕种，晚间去打猎；耕种得吃米，打猎得吃肉，安乐逍遥事，莫过中界人。"三兄弟各有各的性格和爱好，梦醒后都想从蛋壳中出来。

（二）创造歌

其一，讲述蛋生三界故事，突出主人公创世大神、祖先神布洛陀及其配偶神姆六甲的地位。

三个神兄弟怎么挣扎也出不了蛋壳,便请大仙来破"蛋"。大仙派使者黑甲郎来帮忙,又咬又推,终于,一声巨响之后,石蛋爆开成三片,一片上升成天,一片下沉成地,一片不动成世间。紧接着,雷王被九十九只彩凤簇拥着上了天;龙王被九十九条鲤鱼抬往海底;布洛陀被九十九朵鲜花团团围住,鲜花慢慢聚拢来,变成了美女姆六甲。雷王得到神斧,能劈云造雨;龙王得到水斗,能翻江倒海;布洛陀得到神符,能创造万物。从此,三界皆有主,各主司其事。

其二,讲述布洛陀与女神姆六甲合作创造人类。

天地形成后,布洛陀一心"要把大地来打扮,要把万物造出来"。但地上只有他和姆六甲,再无人相帮,事情不好办。于是,他找姆六甲商量要造人,姆六甲听着不觉羞红了脸,笑而不答。布洛陀见她老不说话,便发气跑到东海去,找老弟龙王商量,久久不归。姆六甲感到孤独寂寞,日夜思念着布洛陀,天天登山望归。布洛陀离开姆六甲久了,心里也很想念她。一天,他在东海远远望见姆六甲站在山顶翘首盼他,不禁情思激动,便含了一口水,使劲朝着她喷过来。不料,这口水一喷,竟"变成七彩虹,彩虹跨万里,横挂在天空,一头出自布的嘴,一头连着姆的身",姆六甲因此怀孕了。不久,布洛陀也被催了回来,九十天后,姆六甲口中吐出黄泥浆。他俩便用这种黄泥浆捏成一个个泥人,再用艾蒿、木叶、干草来裹着,放进醋缸里,天天用水浇淋。又过了九十天,泥人开始蠕动,姆六甲"用身子去吸,拿舌头去舔",日夜不停地呵护着这些小泥人。又过了九十天,小泥人终于完全地变成了真人,爬出来见了天日。姆六甲吃酸品时,挟着酸辣椒和杨桃片,这些尚未分出性别的小孩子也跑过来抢着吃,结果,抢到杨桃片的变成了女孩,抢到酸辣椒的变成了男孩。布洛陀把好孩子留了下来,将差孩子遣上山;把勤快的留作人,将懒的化作兽,笨的化为虫,奸的化为禽;并让其各自去找活路,繁殖后代。

其三,布洛陀造太阳与发明火、农耕。

世上没有太阳,也没有月亮,分不出白天与黑夜,"人类难生息,万物无生机"。众人问布洛陀该怎么办?布洛陀告诉大家说:造太阳来兴白天,造月亮来兴夜晚！一个名叫甘歌的人，按照布洛陀的嘱咐，拿簸箕来做模子，挑来神仙土和神仙水，搅成泥巴，捏成簸箕样，然后甩到天上去挂。可是这个挂上天空的"簸箕"不很明亮，只能照夜晚，变成了月亮。太阳没有造出来，人们又去问布洛陀该怎么办？布洛陀告诉大家说：要用金砂嵌在里面，要用睫毛去擦外面，太阳才能亮堂堂，才能光闪闪。甘歌设法找来金砂镶嵌上去，找来睫毛摩擦其外表，太阳果然大放光芒了。甘歌用铁链去钩，铁链都被烧红了；甘歌将太阳甩到了天上，但因用力过猛，铁链断成了碎块，一颗颗地散布在天上成了星星。从此，世间便有了日月和星辰。

世上没有火，什么东西人们都生吃，所以人人"脸上长黄毛，屁股长尾巴"。大家去问布洛陀，布洛陀告诉大家：拿枯木来钻，把火造出来，枯枫树长在天角山，金刚钻藏在地角坳。大家都争着要钻火，结果让冬汗去了。冬汗费尽力气钻出了火，叫萤火虫拿着火种，让花蝴蝶跟在后面不断地扇风，这样才将火种取了回来……

原来人们吃的都是生肉、生鱼、野果、草根，没有米吃，个个都弄得面黄肌瘦。布洛陀告诉大家要到很远很远的甘埃和甘安去取谷种回来耕种。长腿牙嘉在大家的推选下去取回了一把糯谷和一把稻谷，分给大家去栽培。起初人们没有经验，几次都收获无几。后来布洛陀亲自教会大家耘田、施肥，便获得了丰收。龙王与雷王嫉妒世人的生活，便造洪水来淹没大地，使得人们又陷入饥荒，连谷种也颗粒无存了。这时，人们又得到布洛陀的指点，派鸟和老鼠翻山过海去寻找新谷种。谁知鸟和老鼠到达后只顾自己吃饱，迟迟不归。最后总算是取了一些种子回来，却将有限的谷种拿回自己的窝里，害得人们白等。人们只好按布洛陀的方法编笼结网来捕捉自私的鸟、鼠，剖开其嗉子取出了谷种，恢复了耕种。

最初耕地没有牛，人们是靠猪、狗来拖犁耙的。后来，猪、狗拖不动了，也不愿再拖了。狗推诿说："四只脚能跑，四只脚能跳，生来能打猎，犁地办不到。"人们去请教布洛陀。布洛陀要人们去造牛来犁地。浪英听了后，立即"挖来红泥土，用它做牛肉；砍来白皮木，用它做牛骨；捅来马蜂窝，用它做牛肚……"泥牛做成了型,便放进坑里,用树叶、青草盖上,天天让露水淋,用潲水浇。九天以后,泥牛变成了活生生的真牛,但它待在坑里不肯出来。人们怎么也拉不动它,反倒把牛弄成了断角断尾的样子,结果,断了角的变成马,断了尾的变成羊。最后,人们按布洛陀的方法,穿了牛鼻一拉就拉了出来。一次,有一头牛因滚了浪加的田而被杀,牛群惊了,死的死,逃的逃。布洛陀又告诉失去耕牛的人们:这是牛魂飞了,要将牛魂赎回来。于是,人们为牛赎了魂,牛回来了,而且听使唤了,勤犁勤耙勤生崽,为人们做尽了好事。

(三) 治理歌

这部分主要叙述布洛陀整顿自然与社会秩序,涉及天地开辟的完善与社会秩序的建立,也表现了创世的复杂与曲折。

其一,讲述天地秩序的整顿。最初,天和地距离很近,人们活动十分不便,人拉的屎都臭到了天上,引起天上与地上的人们相互埋怨。雷王要解决臭气熏天之事,派黑甲郎下到世间要求人们三天只吃一餐,以减少粪便。结果黑甲郎传话时误传为一天吃三餐。布洛陀却想到更好的办法,叫来众儿孙,重新造天地。起初,儿孙们把地皮拉得很宽,天篷又被太阳烤焦变硬,扯也扯不动,因此盖不住大地。布洛陀便亲自动手,把天篷扯宽,同时将地皮收拢了一些。接着,他又带领儿孙们"找来金刚树,砍做顶天柱,合力往上顶,把天来顶高"。这样,人们终于有了一个理想的生活天地了。

其二,讲述社会秩序的建立。

那时人们无名无姓,分不清,认不明,"父找不到子,子找不到孙"。布洛陀派卜黄给大家分派姓。卜黄想破脑袋想不出方法,结果得了一场大病。大家都来看望他,有的送来吃的,有的送来用的。看到这情形,卜黄突然有了灵感,想出了分姓的方法:他根据大家所送的东西给人们派姓,送来李子果的就叫他姓李;送来黄牛的就叫他姓莫(壮语"牛"发音作"莫");送来鸟的就叫他姓"陆"(壮语中"鸟"与"陆"同音);送空者姓蓝,送砧板者姓覃……

"从此天下人,分成百家姓"。

布洛陀年老寿终,化身成仙。"山崖的瀑布,悬云又挂雾;山间的流水,好比流珍珠。是谁在山顶,倒水下山谷?无人在山顶,倒水下山谷。那是布洛陀,为人造的福。布洛陀老了,胡须万丈长,拿去红河洗,漂到南大洋……布洛陀好心,胡子留山梁,大绺成瀑布,小绺成山泉。从此深山里,处处有清泉,从此壮乡里,处处有人烟。"

壮族史诗《布洛陀》以红水河与右江流域的壮族祖先布洛陀创世经历为线索,讲述了他创世的一系列故事:其一,创造天地。宇宙卵破裂形成天地后,依旧是一片黑暗。布洛陀教人制造了发光的太阳与月亮。原始的天地相距太近,布洛陀带领儿孙们找来金刚树,将天撑高。其二,创造人类。布洛陀与女神姆六甲共同创造了人类,同时也创造了其他动物。其三,文化发明。布洛陀教人们发明了火与熟食,找来了粮种,学会了农耕。布洛陀还教人们发明了姓氏,建立了社会秩序。布洛陀死后化作了山脉溪流。全篇史诗通过一个一个的故事讲述了布洛陀创世历程,构成了一个完整的世界释源神话,显现出了系列型创世神话的特点。[①]

[①] 参见欧阳若修等编著《壮族文学史》第一卷,广西人民出版社1986年版,第54—59页。

第九章 复合型创世神话系统

复合型创世神话系统,是指融合各种零散的创世神话而形成的情节井然有序的整体性的叙事系统,一般包括天地开辟、日月星辰与山川地貌等的形成、人类起源、洪水灭绝人类、兄妹成婚繁衍人类、文明起源、族群的迁徙等内容。复合型创世神话系统是一个有机整体,各部分情节已经高度融合。

一 布依族创世史诗《造万物》

全诗21章,可分为如下几个部分。

(一)天地开辟(第一章至第六章)

宇宙间一个绿扁块和一个红圆坨相碰起火花后生出布灵,布灵,布依语音译,意为人猿。布灵出生后,来造天和地,他将清浊二气如同捏糍粑一样捏成了十二层天和十二层地。接下来,他用红白岩石造出日月,叫黄龙把日月托到天上去安放。他将亮晶石砸碎撒上天,就变成了满天的星星。他踩着日月的光柱登上天,由东向西来回跑了九十九天,把天空踩成了一个大槽,在槽里灌满了水,就成了天河(银河)。以上是一至三章的内容,叙述天地日月的形成,接下来三章叙述气象的形成,即雷、电、风、雨、云的形成。

远方飞来一个美丽的姑娘,她和太阳后生"浪哨"(恋爱)成亲,生个孩子脾气很暴躁,布灵为他取名"雷"。远方又飞来一个英俊的小伙,他和月亮姑娘"浪哨"成亲,生个姑娘很乖巧,眼睛又大又亮,一眨一眨逗人爱,布灵为她取名叫"闪电"。

远方飞来一群姑娘,她们和星星后生们"浪哨"成亲,生下成群的孩子到处乱跑,布灵为他们取名叫"风",要他们像星星布满天空一样将风吹遍每个角落。有个后生从远方飞来,他和天河"浪哨"成亲,生个姑娘成天哭泣,眼泪不断线,布灵为她取名叫"雨"。布灵烧柴火,干柴燃烧冒出的轻烟变成彩云,湿柴燃烧冒出的浓烟变成乌云。

(二)人类及万物的起源(第七章至第十五章)

此部分将人类起源与万物起源相结合。首先叙述人类的起源,讲述布灵造人。布灵造人是神人造人与化生的结合。布灵拔光身上的汗毛来造人,其方式既是神人造人,也是神人化生。布灵拔下的汗毛丢到地上后冒出青烟,然后变成一个一个的人,从此地上有了人烟。接下来,布灵又造万物。他用手指节为序,定了四季、十二个月和二十四节气,又定了十二个月为一年。他砍下自己的脚趾和脚丫丢到地上变成山岭;砍下手指丢到地上变成松树、椿树、白杨、枫香和绵竹,手上的筋变成藤蔓;扯下耳朵变成百花,拔下头发变成百草;割下鼻子变成百鸟;拔下槽牙变成狮子和老虎,拔下门牙变成百兽;挖出肠胃和肺,胃变成海,小肠变成河,大肠变成江,岔肠变成沟,肺变成湖泊;拔下眉毛丢在河里变成虾,挖出眼珠丢在河中变成鱼。以上布灵造万物,实为布灵身体化生万物,其中包含了盘古垂死化生的原型。从中也可见大无畏的献身精神。

（三）文化发明（第十六章至第二十一章）

布灵献出全身造万物，只剩下一颗心、一个舌头和一只右手了，他把心掏出来丢到地上，变成一个勒灵（布依语"像小猴的娃崽"）；剩下的一只右手被月亮捡去栽在后园里，变成了梭罗树；舌头在天上变成了彩虹。布灵至此完成了最后的创世工作，世界格局已定，万物齐备，接下来便是人类文明的发明，文明的发明由布灵的后代勒灵来担当。

其一是发明了弓箭。勒灵出世后，虎豹很多，他就教大家砍岩桑树作弓，扯葛藤作弦，削金竹作箭。还教大家砍青杠树作弩，割兽皮作弦，后一种方法制造的弓箭能射更大的野兽。

其二是发明了火，这一点与前面有矛盾，因为布灵时代就有烧柴火的行为了。这是史诗在聚合各种单一创世神话时没有完全融合的缘故。从另一个角度来看，也可见其自然天成、无人为痕迹的特点。勒灵捡来石块相碰，迸出火星造了火，地上的人从此不再吃生肉。

其三是发明了稼穑。勒灵到天上向天河祖奶讨来谷种，教人种谷。因为有个别人种庄稼偷懒，少数谷种变成了麦种。

其四是发明了纺织。勒灵带领大家上山采来一种大圆叶的花，捻出长长的细丝线，就是今天的棉花，又带领大家上山割来一种兰草，沤水染布匹，就是今天的蓝靛。

其五是发明了音乐。勒灵教大家仿照鸟的叫声造了歌，模仿啄木鸟啄树的声音造了木鼓。教大家仿照月亮映在泉水里的影子造了月琴，又教大家学着蜜蜂在楠竹竿上蛰洞眼的情景，制成了姊妹箫。

长诗充满神奇瑰丽的幻想，情节曲折离奇，内容包罗万象，涉及早期人类生活的方方面面，可谓复合型创世神话系统的奇葩。但本史诗不足之处在于虽然包含了系统创世神话的主要内容，但对于天地形成与人类进化过程缺乏细致描述，使得史诗的释源不够完善。

二 彝族创世史诗《阿细的先基》

《阿细的先基》是彝族支系阿细人所唱的歌,"先基"为阿细彝语音译,意即歌或歌曲。该史诗为云南省弥勒县西山一带的阿细人长期口耳相传。长诗可分为如下几个部分。

(一) 世界起源

本部分包括天地形成与稳固、万物起源等内容。

1. 天地形成

长歌认为天地是云彩形成的。"最古的时候,没有天和地。"天地由云彩自然演化而成。"云彩有两层,云彩有两张,轻云飞上去,就变成了天","重云落下来,就变成了地"。神话讲述的天地形成属于自然演化方式。

2. 天地稳固

天地形成后还不稳固,天神阿底拿了四根金柱子、四根银柱子、四根铜柱子和四根铁柱子,竖在东西南北四方顶住天,"把天抵得高高的"。再用四包金宝、四包银宝、四包铜宝、四包铁宝,压住天的四方,"天就压稳了"。天稳了,但是地还没有稳。因为地是压在三条大鱼背上的。"鱼会跳起来,地也跟着动。"天神就放下银链子叫阿托把鱼拴住。鱼不跳了,大地就稳定了。天地的雏形为自然演化而成,但还必须经过人的改造,表现了人的自我意识的觉醒。这也是成熟的创世神话必须包含的内容。

3. 万物的起源

天地稳固了，但是天上还没有日月星辰和云彩，于是，"最古的阿洛"，在虎年安上太阳；"最古的纳巴"，在兔年安上月亮；"最古的阿耐"，在龙年安上星星；"最古的涅姐"，在蛇年安上云彩。但是太阳、月亮、星星还不亮，云彩还不平。于是，金龙男神与金龙女神、银龙男神与银龙女神、铜龙男神与铜龙女神、铁龙男神与铁龙女神、锡龙男神与锡龙女神，就来把太阳、月亮和星星洗亮，然后又把云彩洗平。金姑娘用金棍像擀面一样擀出高山和平坝，金小伙用金板锄、金钉耙挖成山。这一部分讲述日月星辰等为众神所造，是典型的制造型创世神话。但是其制造又不是一次完成的，造好的日月星辰需要用水洗才能发光，又表现出阿细人的奇思妙想。史诗讲述神人造日月星辰，还涉及十二兽纪年，显然是后世传唱者所添加的内容。

(二) 人类的起源

1. 人类最初的起源

史诗认为人类是由神人制造的，但是神人最初所造之人又不是健全的人，所以史诗还叙述了人类不断进化的历程。与女娲用泥土造人相似，这里是男神阿热与女神阿咪用黄泥和白泥来造人。"要想造人嘛，山就要分雌雄，树就要分雌雄，石头就要分雌雄，草就要分雌雄，不分出雌雄来嘛，就不能造人……尖山是雄山，团山是雌山；山腰的麻栗树是雄树，山脚下的竺树是雌树；路上的尖石头是雄石，路下的扁石是雌石；山尖上的红草是雄草，山腰下的黄草是雌草。"万物分雌雄，造人也要分男女。阿热用黄泥造出的男人叫阿达米，阿咪用白泥造出的女人叫野娃。造人分男女，说明神话暗含男女婚配生人的观念。可见长诗关于人类起源的观念是矛盾的，显露出将神人用泥土造人神话与男女婚配神话相拼凑的痕迹。这也表明，神话的发展主要是对已有单一神话的吸收。

2. 人类进化

两神造出的男女即是蚂蚁瞎子这一代人,眼睛像蚂蚁一样看不远。他们住山洞,采野果,打野兽,开始用火。后来,天上出现一个太阳,把这一代人都晒死了,仅留下男女两人。他们传下又一代,即是"蚂蚱直眼睛"这一代人。后来发起山火,世上的人都死光了,只剩下男女两人。他们躲过了这场大火。他们传下来第三代,为蟋蟀横眼睛时代;后来这一代人被水淹死了,这就出现了洪水神话,洪水神话几乎是系统创世神话所必须具备的组成部分。

洪水暴发,淹没大地,人尽淹死,只剩下兄妹二人。他们在神的启示下,经过曲折的占卜,终于结为夫妻繁衍人类。他们将瓜种到地里,瓜长大了。兄将瓜剖成四瓣,人、动物、花种、牲畜就从里面走出来了。史诗这一情节无疑是来自瓜生人神话。这一代人为第四代人,称为筷子横眼睛十代。这一代才会分年月,才会种庄稼。

(三) 文化发明

第四代筷子横眼睛时代的人,有了大量的发明,推进了生产生活的改进。创世大神阿热、阿咪用树皮石皮给人们做衣服做裤子。最初,人们住在树上。为了防备野兽的攻击,后来人们就搬进了山洞,他们靠采野果、打野兽为生。他们的儿女渐渐长大了,学会了砍树盖房子,用石头木棒打野兽,他们将兽皮披在身上,裹在腰上御寒。在撬老树皮时,撬出火来,人们从此开始用熟食。这里火的发明又与前面的叙述相矛盾,前述第一代生活时,已说他们开始用火。接着,人们开始打造铁叉、砍刀,来狩猎野兽。再后来,人们又打出撬锄、板锄、镰刀、斧子,并向蜂蜜学会了种庄稼。可见,此时已经是铁器时代,而且已经进入农耕文明。[①]

[①] 参见云南省民族民间文学红河调查队搜集翻译整理《阿细的先基》,人民文学出版社1960年版,第274页。

史诗叙述的内容时间跨度很长,既有原始生活的史影,又有文明时代农业文明的写照,可谓神话式的人类进化史与文明发展史。史诗体系恢弘,结构庞大,内容丰富复杂,是一部十分成熟的复合型系统创世神话。

三 傣族创世史诗《巴塔麻嘎捧尚罗》

《巴塔麻嘎捧尚罗》意为"神王开创世界",全诗长1.5万余行。据考证,《巴塔麻嘎捧尚罗》产生于傣族原始社会,是举行原始宗教祭祀活动时所使用的一种祭词,以解释天地万物和人类的起源为主要内容,在民间日常生活中也有口头传唱。佛教传入后,傣族僧侣将民间传承的解释天地万物起源的创世神话搜集起来,进行加工整理,并用韵文的形式改编成创世长诗,即为佛教经典收藏的贝叶创世史诗。全诗十四章,可划分为三大部分。

(一)世界起源

天地尚未形成以前,宇宙原是一片混沌的世界,"只有烟雾在滚动,狂风在汹涌",后来,气体、烟雾和大风聚集在一起,渐渐凝结,渐渐孕育成了一个生命——英叭创世神。诗中唱道:"气浪供给他生命,海水供给他血缘","他的母亲是气团,他的父亲是大风,大风和气团偷偷结为夫妻,他们是远古时代众神之源"。大风和气团生出了英叭,英叭则是"众神的始祖",是"开创天地万物的神"。

英叭神诞生后,"整日腾云驾雾,去来无踪"。此时的世界只有天空和大海。主宰天空的是英叭,主宰大海的则是一条巨大的水神鱼,鱼吐出的气,成了太空里的烟雾。英叭搓下身上的污垢,与海中的泡沫和渣滓糅在一起,经过几万年的混合、磨砺,终于捏成一个圆形的实体——罗宗补,即大地,并将地与天分开了。但是，这时的天地都不稳定，也不牢固。英叭便又造了一头"月朗宛神象"，来镇天定地，天地从此才稳固下来。英叭神开好天辟好地之后，天上空荡荡的，什么也没有，地上也空荡荡的，什么也不见。因此，英叭神又创造出各种天神来帮助自己管天管地。

（二）人类起源

"万物都有了，可就是没有人"，人是怎样起源呢？天上守神果园的神吃名叫"麻奴沙罗"的果树变成了最初的人，名叫古丽曼和古里玛。随后他俩又用泥巴拌和身上的污垢，捏出三十对泥人，并对着泥人做了七次祷告，吹了七次仙气，泥人便有了生命，人类便开始繁衍。

天地、万物和人类形成后，大地一片肮脏，到处是死蛇，八方是死人，世间充满了腥气、腐气和臭味。英叭神发怒了，认为他造的天不好，他造的地不纯，要惩罚大地，毁灭人类。于是，他把火神七兄弟招来，燃起熊熊烈火，"天被烧通了，地被烧烂了，人类和万物都毁灭了"。因为烧通了天，大火过后，又连续不断地下起暴雨来，引起洪水泛滥，淹没了被烧焦的大地。这便是大地受难的时代。

此后，"大地光秃秃的，什么也没有，只有风，只有水，只有雾，一片凄凉"。重新造地补天并再造万物和人类的使命落到了以捧玛甲和玛哈捧为首的第二代神"众捧"的肩上。诸神从天上飞到地上时，只见"被烧焦的土地，像熟透的芒果，像烤干的麂肉"。众神个个垂涎三尺，因贪吃而失去了神力，失去了神圣性，眼前一片漆黑，众神方感到心惊胆战，难以完成重新开创大地的任务。

于是，新造物主布桑该雅该破开藏有万物种子的仙葫芦，将万物的种子朝大地抛撒，顿时大地长出各种各样的植物，第二代的人类也是从仙葫芦中出来的。而谷种来自天上，落到地面时，老鼠和麻雀先得到，吃下肚后又出来，掉在树下又发出嫩芽。后来才被人类发现，移种在河边，才归人所有。人类虽然找到了谷种，但仍然很苦恼，很忧虑。因为天底下的大地仍很混乱，不知道什么时候会冷，什么时候会热，什么时候刮风，什么时候下雨。这样，万物都难以生存。于是，创世神只得派一位天神来为人间制定年月日和季节。创世主最初派来的这位天神骄横而又贪婪，没有完成创世主交给他的任务，而被英叭神革去了神职。另一位天神下到世上后，才完成制定年月日和季节的使命。

（三）文化发明

帕雅桑木底原是天上的神，名叫嘎古纳。由于人间不太平，天神便派他下界来做人类的首领。他带领着先民开始建寨造屋，驯养动物，制作陶器，并制定婚配制度与土地分配制度，人类开始兴旺起来。帕雅桑木底是一位智者，什么都看得见，什么都想得出，他先后发明锄头、犁头、碗、锅、筷等各种生产工具和生活用具，创造了制作陶器的工艺。帕雅桑木底还是盖房建寨的创始人，那时人类兴旺，土洞里容纳不下，他便决心造房子。他看见下雨时，"芋叶一片片，宽大像簸箕，把雨水挡住"。于是他找来四根木杈，搭起了棚屋；因棚屋漏雨，他又从"雨水顺着狗毛淌"得到启发，仿照狗的坐姿，盖了间草棚，但草棚进风。他并未灰心，继续观察，从雨中凤凰的身上又找到了改进的方法。他砍来许多树木，做成许多柱。柱子有高有矮，又拔来茅草，仿照凤翅膀，编了无数片草排，回想凤站立姿势，盖出一间新屋。帕雅桑木底就这样不断探索、不断创新，从芋叶房、狗棚到凤凰房，终于摸索出了房屋建造的经验和真谛。后来，智者帕雅桑木底被傣家尊为始祖。

后来，世上人口繁盛，土地有限，生存又面临危机。人们得到天神的神谕，便开始了大迁徙，经过漫长的跋涉，历尽艰辛，最后才定居下来。

《巴塔麻嘎捧尚罗》除口头流传外，还有许多不同的缅纸手抄本流传在民间，有繁有简，有长有短，内容大同小异，并有贝叶经本收藏在佛寺中。1961年云南省民族民间文学调查队搜集到两部手抄本；1980年西双版纳州民委和有关单位又陆续搜集到20多部手抄本；1986年西双版纳州民委根据勐欣手抄

第九章 复合型创世神话系统

本,由岩温扁翻译、万维良校译,内部编印。史诗流传在云南省怒江州贡山县独龙河流域的独龙族聚居区。全诗长700余行,分为人类的起源、人与鬼的斗争、洪水滔天、祭神的由来、娶媳妇、卡雀哇(年节)6部分。

四 哈尼族创世史诗《十二奴局》

《十二奴局》是哈尼族长篇创世史诗,通过"哈尼"(唱传统歌)的形式,在哈尼族各支系世代流传。"奴局"为哈尼语,近似于"篇""章"或"曲目"之意,"十二奴局"即为"十二路歌"之意,相当于十二个曲目。每一个"奴局"包含若干相对独立又相互联系的小节,哈尼族称为"哈巴",有所谓"十二奴局,七十二个哈巴"的说法。《十二奴局》包含了天地的形成与万物的起源、人类的起源与发展、哈尼族历史文化的解释等方面的内容,完整地反映了哈尼族先民对于世界构成的整体认识。

1979年,由哈尼族歌手张牛朗演唱,李家顺翻译,赵官禄和郭纯礼记录整理成《十二奴局》。其后,《红河文学》发表了其中的三个奴局。1985年至1986年,黄世荣、郭纯礼邀请哈尼族歌手涂伙沙、白祖博、李克明演唱补充了1979年的版本,并于1989年10月由云南人民出版社出版,2009年云南人民出版社根据1979年版本再版,搜集整理者为赵官禄、郭纯礼、黄世荣、梁福生。这里即采用此版本。[1]

"十二奴局"各曲目之间没有严格的排列顺序,在具体的演唱活动中,往往是根据实际需要而选择其中的有关部分来进行演唱,如节日与祭祀活动,所选择演唱的内容就有不同。各曲目可单独演唱,也可合起来演唱,全部合起来,就成为一个体系"十二奴局"。

---

[1] 赵官禄、郭纯礼、黄世荣、梁福生搜集整理:《十二奴局》,云南人民出版社2009年版,第1—208页。

(一) 牡底密底（开天辟地）

很古很古的时候，天地混沌不分，属龙的那一天，大神朱比阿龙，把天一片一片劈出来；属蛇的一天，大神朱比拉沙，把地一块一块开出来。天劈出来了，但是高高低低不整齐，地开出来了，但是开出的地，坑坑洼洼不平坦，必须要用耙子耙才能耙平。他们借来天神的金耙与水牛，一天耙三遍，一遍耙三道，把天耙平了。他们借来天神的银耙与水牛，同样三遍又三道地耙，把地耙平了。他们用金子做成太阳，用玉石做成月亮，用银子做成星星，从此天地有了光亮。天上的叫俄求的龙想霸占地，地上的动物卑甲阿玛想霸占天，互不相让打起来，俄求呼出的气变成云雾，卑甲阿玛呼出的气变成了山风，它们的后生变成了雷鸣，它们的汗水变成了雨点，它们的刀碰到一起，溅起的火星变成了闪电。

天地造成了，就要造人了。天神莫米从天上派下两个人种，男的叫依沙然哈，女的叫依莫然玛，只有一只独眼。依沙然哈与依莫然玛结成夫妻，生下一个葫芦团。过了七天七夜，葫芦里响起了声音；把葫芦花开，跳出七十七种人，一个模样，独眼睛长在后脑壳上，脚手在一边，要倒着走路，干起活来像扯羊肚肠。莫米换了一代新人种，新人种长着两只眼睛了，可是这两只眼睛分开长在两个膝盖上。只顾脚不顾手，干起活来东倒西歪。莫米又要换人种，人种换了一代又一代，直至有一天换出的人种两只眼睛齐齐地长在鼻子上方，长得和现在人一个样，干起活来也方便。人种有了，他们又来创造飞禽走兽。依沙然哈把兽种撒在地上，就变成了螃蟹，螃蟹进水抱蛋，抱出九十九种走兽。依莫然玛把鸟种撒到天上，变成了蝙蝠，大风把蝙蝠吹碎，变成了七十七种飞鸟。接下来，他们又来创造植物。依沙然哈撒下草种，草种很快长成谷子，一颗谷子像拳头一样大，马蹄踏碎谷子，变成了七十七种粮食。依莫然玛撒树种，很快长成大树，一个果子像磨盘一样。鸟雀啄破果子，变成七十七种树木。哈木（鹌鹑）划出地界，戛卡（一种动物）辟出大路，欧卡开出水沟，螃蟹分出水，鸭子引来水，喝泽美膀（一种动物）造出田来，阿妣仰遮（建寨子的始祖）建立寨子，欧巴、欧牛为寨子命名，遮衣遮车未出水井，欧比吉莫、龙冲牛斗管理水井，可阿、可遮盖起房子，收洛阿秋燃起火种。天地样样都有了，天神高兴了，地神高兴了。

（二）牡普谜帕（天翻地覆）

天风吹来了，地风冒出了。天风与地风碰到一起，天地摇晃轰隆作响。天地间没有柱子支撑，天塌下来了，地翻上来了。洪水淹没了大地，涌上了天空。大人小孩、男人女人都淹死了，世上只剩下躲在大葫芦里的莫鲁豫沙崩两兄妹。洪水退去后，葫芦挂在大树上，兄妹钻出葫芦，发现上不沾天、下不着地。树上又有个老鹰窝，三只小鹰嗷嗷待哺。一条毒蛇爬上树，要吃掉小鹰。兄妹用树枝打死毒蛇，将毒蛇掐成一截一截给小鹰喂食。老鹰飞回知道了这件事，非常感激，要将兄妹二人从山崖的树上救下来。公鹰展开翅膀将哥哥背下了地。母老鹰展开翅膀将妹妹背下了地。兄妹俩到了地上，哥哥往东边去找男人，妹妹往西边去找女人。找遍了九座山，找遍了九条冲，找遍了东西南北、四面八方，没有找到一个人。眼看世间快要绝人种，兄妹来到河边，要测测天意。哥哥用一片冬瓜叶子，轻轻丢进河水里，妹妹也摘片冬瓜叶子，随后丢进河水里。叶子漂上沙滩，两片叶子合拢粘在一起了，哥哥的叶子在上面。妹妹的叶子在下面。又是一个晴朗的天气，兄妹来到一座高山上，妹妹捡了一块石头抛出来滚下坡，哥哥也跟着把石头滚下坡。石头滚到山脚下，两块石头摞在一起了。哥哥的石头在上边，妹妹的石头在下边。最后兄妹俩又询问天神莫托库鲁舍，天空闪出一道金光，发出话来同意兄妹二人成婚繁衍人类。兄妹二人成亲后生下了三个儿子，三个姑娘。儿女们长大了，为了快快繁衍人类，去了四面八方。大儿子住高山，与大女儿成亲。二儿子住半山，与二女儿成亲。三儿子住平坝，与三女儿成亲。人类又开始繁衍起来了。天神莫托库鲁舍见了很高兴，为了保证人类的安全，派阿朗、阿旺去稳固天地。阿朗用金银铜铁四根柱子，竖在东南西北四个方位；阿旺用金银铜铁四把大锁，锁住了东西南北四个方位。从此天地稳固，再也不会天翻地覆。

(三) 昂煞息思（杀鱼取种）

洪水过后，大地一片光秃秃，草木五谷一样也不长。草木五谷的种子哪里寻？天神葛麻告诉人们，各种植物的种子都在大鱼的肚子里，杀死大鱼，就可以取出种子。九个姑娘去找葛根，织张渔网好捕鱼。走了三天路，倒钩刺把衣裳撕成碎片。九个姑娘九把刀，天河边上采葛藤。剥下葛藤皮，撕出麻丝纺成线。用线来织网，千眼万眼织成大渔网。十个小伙子撒渔网，织成的渔网撒不开，原来渔网需要铅巴坠。十个小伙子去赶街，转去转来找铅巴。最终请到傣家师傅打网坠，渔网加上网坠沉甸甸。选择了好日子，大河里头打大鱼。头网撒下没动静，二网撒下只见树叶和渣子。三网撒下有动静，十个小伙子拉起网，网着一条大鱼了。鱼头黄得闪金光，鱼尾花得刺眼睛，鱼眼睁得碗样大。大鱼怪样无人识，只有巫师阿福根勒阿搓与阿车可什也莫阿玛（善识者）知道这种鱼。请教了两位大神后，人们才知道这条大鱼叫黄花鱼，鱼肚子里藏着草木和五谷的种子，只有当它闭上了眼睛才能拿得到。人们将大鱼抬到江边去杀，杀了鱼不死。抬到森林去杀，杀了鱼不死。抬到田边去杀，还是杀不死。抬到井边、猪槽边、灶门前，都杀不死。抬到一个叫哈扎比堵机阿勒去杀，红彤彤的血流淌成河，大鱼死了。剖开第一层鱼肚，里面装着三颗谷子，种在龙潭边。剖开第二层鱼肚，里面装着三颗荞子，种在山坡上。剖开第三层鱼肚，里面装着三颗高粱，种在芦苇高山上。剖开第四层鱼肚，里面装着三颗棉花籽，种在矮山上。一直剖到第十层鱼肚，分别剖出苞谷、黄豆、南瓜籽、麻籽、树种、草种，种在不同的地方，世上就有了各种粮食作物，漫山遍野披上了绿装。

（四）阿资资斗（砍树计日）

远远的烘阿（地名）宗娘地方，九个哥哥成了亲，小妹的名字叫尖收。九个哥哥把小妹尖收当牛做马，不给饭吃，不给衣穿，动不动就打骂。尖收不堪欺凌，拿起讨饭棍外出去讨饭。她从高山讨到江河汇集的海边，又从海边讨到江河源头的高山。有天来到阿姆山，她拄着讨饭棍过田埂，拄棍生了根，变成一棵大青树。大青树遮住了天，盖住了地，太阳月亮都不见，天地只有黑夜。庄稼不生长，秧苗不结谷，世上的人们不得活。大家一起来商量，决定派百兽去找回太阳和月亮。猴子去了贪玩三年不回转；松鼠被太阳的光芒迷住，一去三年不转路；野鸡见了太阳好喜欢，三年不回返；蝙蝠被太阳光芒刺瞎了眼睛，三年无回音；燕子去了三天打回转，吱吱叫着半天说不清；蜜蜂去了才知道原因，是茂密的树叶挡住了日月的光辉。神箭手阿嘎来开弓箭射向大树，射下一张牛皮大的树叶，人们终于见到了一线阳光，欢呼声响彻山冈。哈尼、彝家、汉人、傣家来商量，要砍倒大树见日月。九千人拿刀砍，九千人用斧劈，九千人拉大锯，大家齐心合力，砍伐的声音传百里。可是次日一看，砍下的口子又长齐，连砍七天都一样。人们回家去背粮食，留下一个傣家人守工具。半夜三更梦中醒，原来是鬼神在议论：不抹鸡屎砍不倒树。人们知道了这个秘密，在刀口上抹上鸡屎，砍树就像切萝卜，天崩地裂树倒地。遮天大树砍倒了，阳光普照新天地。百丈高的大树，共有十二权，后来人们就把一年定为十二月；每一权上三十根树枝，就把一个月定位三十天；每根树枝上长有三百六十片叶子，后来人们就把一年定为三百六十天。大树倒地，将原本平整的大地砸出数不尽的坑坑洼洼，就变成了数不尽的江河湖海。

（五）阿扎多拉（火的起源）

远古时代，人们不会养家畜，饥饿时就将马鹿麂子逮。马鹿麂子被打死的多了，就往远处跑。人们又只好跟着跑。到了有马鹿麂子的森林里，马鹿麂子又跑了。马鹿麂子被赶得不得安宁，就天天向莫米控诉人类的罪行。莫米被吵得发了怒，就丢下几颗巨大的火雷，无边的森林着了火。人们继续追赶马鹿麂子，追到雷火烧过的地方，发现了被烧死的马鹿麂子，人们赶走乌鸦，撕碎烧熟的马鹿麂子肉来吃，发现味道比生肉美。人们就去寻火种，到处只剩下草木灰。男女老少就去求莫米将火种赐给人类，莫米一点火也不给人类。有个叫锐腿雷的先人领着大家追马鹿麂子，在山上滚石头驱赶马鹿麂子，石头滚下坡时砸在一棵枯树上，枯树冒起了火焰。人们往火上添干柴，火堆日日火焰飞。人们有了火，吃得好来睡得香，但是忘记了莫米的好心肠，猎到的马鹿麂子不献祭，莫米发怒降大水，红彤彤的大火被浇熄了。男女老少齐跪下，将马鹿麂子肉献上，祈求莫米将火种赏。莫米要人们守规矩，下功夫去找火种。人们经过一次又一次失败的寻觅，终于在一蓬火绒草上找到了火种。人们把火藏在石洞里，埋在火灰里，好好保藏。人们在搬家时，首先不忘将火种带上。到了新住处，先要把火引着烧燃。小小的火塘，一代又一代，将火传到我们手上。

（六）阿匹松阿（能人——头人、工匠与贝玛）

遥远的天边，有三块宽宽的平地，分别为白、花、红三色，长有白、花、红三棵大树，分别开着白、花、红三朵花，三朵花上有三个窝，窝里有三个神奇的蛋，分别为白、花、红三色。寨中的老人告诉说：那是三个神蛋，装着三个能人，一个是头人，一个是工匠，一个是贝玛。人们拿回三个神蛋，用母鸡来孵，一百天不见效果。后来男人、女人孵过了，狗、猫、鹅、鸭都孵过了，仍不见裂壳。后来请天上的太阳、月亮轮流来孵，孵了足足九十天，才孵出了三种能人：头人、工匠、贝玛。三种人各司其职，头人断事管理地方，工匠制造用具与房屋，贝玛驱鬼治病。

第九章 复合型创世神话系统

(七) 觉麻普德（建寨定居）

远古的哈尼师厄，住着一家三兄弟。深林密不透风不见天日，野兽毒虫常侵扰。他们要去寻找富饶的土地。他们走了九天九夜，来到一个河坝，河坝谷米一年两熟，泉水四季流淌。但是吃了谷米发瘴气，喝了泉水肚子疼。他们认出这不是好地方，又离开河坝去寻找。他们又走了九天九夜，来到一块平地。这里的山四季常青，这里的水天天流淌。觉麻三兄弟停下了，要在这里扎寨安家。觉麻在山顶上转来转去，看见一条弯弯的河边上，有一道歇着白云的梁子，梁子上森林密密麻麻，森林中间有块洼地，洼地里有清澈的龙潭。觉麻觉得这是个好地方，要在这里建寨。他们找遍东西南北的山坡，最后在南山找了最好的木料；找遍了山山岭岭，找到了黄生生的茅草；找遍了每一条箐沟，找到了牢实的藤子；找遍了每一片竹林，砍到了俏生生的竹子；找遍了每一个山坡，找到了打土基的红土；找遍了每一块土地，在一块朝阳的山坡上，选好了牢固的地基。地基踩好了，杀只大红公鸡祭天地，三个兄弟择了个吉日盖房子。新新的房子盖好了，立起三个石头作锅脚。拿了三把干干的柴火，燃着柴火暖和和。灰蓝蓝的火烟升上了天，四面八方都知道这里安了寨。

后来，人们又在寨子边的洼地里找到了一眼清澈的龙潭。大家挖去旁边的泥土，周围砌起硬硬的石板，龙潭成了水井。杀一只公鸡祭祀天地，求天神好好保佑龙潭，一年四季都冒清清的泉水。寨头封起一片树林，世世代代不要砍。安一座普玛作护寨神，每年杀 次猪鸡作献祭，保佑全寨无灾无难。草坪上，安座欢乐的磨秋场。每年六月矻扎节到了。牵来肥壮的黄牛，在磨秋场上杀翻，点亮松明火，门头扎上松绿树，男女老少敲锣打鼓，迎接神仙威咀到寨上，给寨子带来幸福和吉祥。庄稼收完了，黄生生的谷子收回来了，杀翻肥肥的大猪，踩好白白的糯米粑粑，烧一甑香甜的焖锅酒，宰杀大大小小的鸡鸭，请天神来过年，请地神来过年，接祖先回来过年。寨门盖好了，寨子的名字叫

— 257 —

麻密。觉车到各地建寨子去了，觉冲到别处建寨当首领，觉麻留在麻密安家创业。世间的寨子一寨一寨建起来。

(八) 牡实米戛 (生儿育女)

天上有滴红彤彤的血，忽然落在大地上，猪去拱草地，血粘在猪身上。狗去咬猪，血又粘在狗身上。女人去打狗，血又粘在了女人身上。粘在女人身上的血，红得像朵大红花，那不是猪血，那不是狗血，是人要发展兴旺的血。血使得女人怀孕了，怀了九个月，娃娃生出来了。生下孩子，一家人都很高兴，要煮糯米饭，招待寨里的长老乡亲。杀只鸡给孩子取名字，男孩的名字要连着阿爸的名字，女孩的名字不与阿爸的名字相连。孩子一天天长大，像竹子一节一节升高，背着鸭笼会到寨脚放鸭子了，别着镰刀会上山放牛了，唱着山歌会挖田了。

(九) 杜达纳嘎 (祖先迁徙)

在那遥远的地方，有一条宽阔的大江，江畔宽宽的平地是个美丽富饶的地方，那是哈尼阿甫最先生活的地方。诺玛阿美，哈尼人好吃好住的地方，每一寸土地，浸透着哈尼人的心血，每一棵草木都是哈尼人的命根子，这里是哈尼人先祖安居乐业的天堂。异族的进入，哈尼人只好举族迁徙，寻找新的安居乐业的地方。哈尼人来到洪阿地方，宽宽的坝子，地平草嫩好养牛羊，水好土肥好栽谷子，哈尼人开始了新的生活。又遭遇异族入侵，哈尼人又被逼迫走他乡。来到窝里坝子，土肥得像猪板油一样。哈尼人在这里栽谷子种棉花，吃得饱穿得暖。但是天降大雨七天七夜，窝里坝子变成了一片汪洋。大家一起走，爬上坝子后面的大山，又找到了一个宽阔的坝子，人们叫它勒昂。男女老少齐动手，在坝子中间盖起了新房。一块块地开出来了，撒下玉米和高粱；一丘丘田地开出来了，栽下绿茵茵的谷秧。一年比一年发展，人多勒昂坝子住不下，哈尼要开辟新的地盘。勒昂坝子的哈尼人,分成十二路去开辟新地盘。朝着东边、南边、西边去找幸福的地方。还有一部分留下守勒昂。仰者车叶祖先先后到过腊萨、额咪,在南洼定居。仰者妻亡再婚,生下八个儿子。八个儿子长大后,仰者告诉十二子,要牢牢记住祖先与老家:诺玛阿美是故乡,洪阿是老寨,窝你、勒昂、腊萨我们住过,额咪有子孙后代,还有在勒昂分开走出十二路,东南西北处处有哈尼人,有机会要认祖互相往来。

(十) 旺咀达玛(孝敬父母)

天上的星星是太阳和月亮生的,地上的大树是种子长出来的。世间的男男女女是阿爸阿妈生的。世间的儿女,要时时刻刻记住:爸妈的恩情重如山,要尽力服侍孝敬到底。阿爸阿妈尽心养育你,盼你像春笋一样快长。阿妈的心血操干了,阿爸的力气使尽了,你已长大成人,讨了媳妇当家立业,像转磨一样轮到你了,你切莫把爸妈的恩情忘记。爸妈挣伤了腰,切莫叫爸妈上山下地干活计。磨损的刀难砍柴,上了年纪的人牙脱落。饭要煮得泡软,菜要切细煮烂。家里好吃的东西要先给爸妈尝。爸妈老来怕风寒,防寒保暖记心上。孝敬爸妈的道理,一天也不能让它打失,一代一代传下去,世世代代兴下去。

(十一) 觉车里祖(觉车赶街)

觉麻三兄弟建起了麻密寨,安了家,要出去赶街。最先建起来的是烘阿欧德额里街,最热闹的是汉人地方的斗楚街。觉车来到了屯特地方赶龙街。龙街热闹,赶街的人像蚂蚁一样多,赶街的声音像打雷一样响。觉车高兴了,又到车叶赶羊街。赶街的人有一升芝麻那样多,赶街说话的声音像雨天暴发的洪水一样响。觉车高兴了,可是他还是不满足,要赶更多的街。觉车转遍了各个地方后,在世间建起七十七个街子,七十七个街子七十七个名字,各个街子赶起来,世间一天一天热闹起来了。

（十二）伙及拉及（四季生产）

从冬月到十月为一年，一年到头，忙碌不停。冬月与腊月，高山飘雪花，寨旁的梨树、蒿枝、茅草又死了一回了，草枯根不死，蛆虫冬眠人不要贪闲，快离开火塘，修好田间的水沟，积满寨边的粪塘。正月大地醒来了，万事万物醒了，万事万物动了，春耕的时节到了来。筛子筛好谷种，簸箕簸好谷种。清水泡谷种，三天三夜盖被子，根芽生出白生生。背出谷中撒秧田。二月山上桃花开，妇女忙着种棉花，男人忙着栽秧。三月上山砍栗木、滕树，做成木耙好薅秧。四月梨树结出嫩嫩的绿果，仰阿娜节日来到了。女人包头角，像老鹰翅膀扇动，姑娘腰带亮闪闪。老人小孩，姑娘小伙子，都来到山上过仰阿娜节，敲起铓锣仰阿娜，不上山欢乐的人没有了，脸上没有笑容的人没有了。五月竹笋节节冒土了，矻扎节到来了。砍棵直苗苗的松树安磨秋，背来绿绿的松枝撒马路。哈尼人忘不了磨秋场，七十岁的老人来了，三岁的小娃来了，小伙子一对对骑磨秋，小姑娘一个个打秋千。秋千高高地飞，把病害甩开，磨秋团团转，把鬼魔撵走。男人女人平平安安，大寨小寨热热闹闹。过完磨秋节，水田要薅二遍草。六月树林里的蝉子叫了，要砍掉天边的杂草，把田埂铲光滑，铲下杂草沤肥料。杀只小鸡祭谷神，谷神常在秧苗旺。七月吹热风，谷子抽穗谷花香，达休处处叫了，一年的粮挂在嘴边了，七月吃新谷的节日到了。挖来甜甜的竹笋，摘来嫩嫩的豆荚，榨出白生生的花米花，再祭一次谷神，愿谷子的脸转向寨子，望着哈尼的大门。八月达休不停地叫，秋收的季节来到了。栽在河坝里的棉花开了，快背上布包拾棉花。种在山冈上的高粱红了，快背着背篓去采。梯田里的谷子黄了，锯镰快快地割，谷船重重地打，庄稼收到家。杀一只母鸡，杀一只公鸡，蒸甑糯米饭献祭守仓的谷神。九月样样庄稼收回来了，家里满满的了。吃着新米要想着明年，锄头要加钢，乘天气好要挖田，挖过头道田，哈尼要过十月年。十月旧的一年过去了，新的一年来到。哈尼年在十月间，吃新谷的那一天算一年。最先吃年饭的是腊米阿母，最先踩粑粑的是欧红然依，车叶最先煮年饭的是阿皮火白火谷阿妈。哈尼过年最好的一天是属兔的那一天。天神保平安,地神保平安,寨神保平安,寨寨热热闹闹,家家喜喜欢欢。①

《十二奴局》是一部在哈尼族地区长期流传的创世史诗,在传唱过程中不可避免地吸收一些非创世的内容,但是全诗并没有偏离创世的主线。史诗主要讲述了如下内容:第一,天地的开辟与重造,包括第一章、第二章的部分内容。第二,人类的多次起源与民族迁徙,包括第一章、第二章的部分内容,第八章、第九章。民族迁徙的内容虽属历史范畴,但也与族群形成关联,民族的迁徙完成了族群的最终形成与定格,所以算是族群起源神话。本诗讲述人类起源,前后有重复。第一章、第二章讲述了人类最初起源与洪水过后的二次起源,在第八章又讲了女子感天血生儿育女故事,显然系讲述过程不断吸入其他内容所致。第三,文化发明。史诗十二章,除上述各章外,其他各章的内容几乎都可以纳入文化发明的范畴。史诗在这个方面的内容最为丰富。讲述了谷子及其他种子的发明、历法的发明、火的发明与保存、工匠的产生(也有像帝王出生一样的神秘化出生情节)、村寨的建造、集市的发明、农业生产的发明与相关季节性节日的发明。此外,孝敬父母显然是属于伦理道德范畴的内容,但也含有家庭习俗发明的性质。本部分关于农业生产与相关节日的描述,生动丰富,情趣横生,展现了哈尼族一幅幅农业文明的风俗画,民族特色鲜明。以上三部分以其丰富的内容构成了一个复合型创世神话的完整系统。

五 纳西族创世史诗《创世纪》

纳西族创世史诗《创世纪》不仅在纳西族东巴经中有完整的记载,在民间也以口头形式广为流传。千百年来经过不断加工、提炼,逐渐成为一部成系统

---

① 赵官禄、郭纯礼、黄世荣、梁福生搜集整理:《十二奴局》,云南人民出版社2009年版,第1—208页。

的创世神话。云南人民出版社出版的《创世纪》是以经书翻译出来的文本为基础，融合口头调查材料整理而成。内容包括天地开辟、人类起源、洪水之后再造人类、文化的发明、族群的迁徙等内容，表现了纳西族先民对世界构成的认识，对人类、族群起源及曲折历史的理解，还表现了他们对早期文明创造的赞美。全诗由如下几个部分组成。

(一) 开天辟地

很古的时候，天地混沌未分。人还未出生，石头在爆炸，树木在走动，天地摇晃又震荡，有天地、日月、山谷水渠的影子。三生九，九生万物。万物有真有假，有虚有实。真与实相配合，就产生了光亮亮的太阳；假与虚相配合，就产生了冷清清的月亮。太阳光变绿松石，绿松石变白气，白气变成美妙的声音，声音变成依格窝格善神。月亮变成黑宝石，宝石变成黑气，黑气变成声音，产生了依古丁那恶神。依格窝格作法变化，变出一个白蛋，孵出一只白鸡，自己取名为恩余恩曼。恩余恩曼想开天辟地无法实施，就生下九对白蛋。一对白蛋变成天神，一对白蛋变成地神，一对白蛋变成开天的九兄弟，一对白蛋变成辟地的七姊妹……依古丁那作法又变化，变出一个黑蛋，黑蛋生出一只黑鸡，自己取名叫负金安南，生下九对黑蛋，孵化出九种妖魔，九种鬼怪。天神九兄弟去开天，开出峥嵘倒挂的天，地神七姊妹去辟地，辟出坎坷不平的地。天像要塌下来，地像要崩裂开。九兄弟与七姊妹又去开天辟地。用白螺柱、碧玉柱、墨珠柱、黄金柱，撑起天的东南西北边，又在中央竖起一根擎天大铁柱。天不圆满，用绿松石来补，地不平坦，用黄金来铺。天补得圆圆满满，地铺得平平坦坦。谁知天地开辟又出新故障：恩余恩曼生下最后一对蛋，春夏秋冬孵不出，恩余恩曼生了气，将蛋扔到大海里。海水汹涌起巨浪，白蛋飞出大海洋，一下撞在岩石上。蛋裂震天响，一条野牛出世上。野牛角太大，会把天顶垮；野牛蹄太重，会把地踏破。东神色神说，要用天上的宝石斧来砍，要用地上的黄金斧来砍。宝石斧砍了三下，野牛叫三声，声震如雷；黄金斧砍三下，野牛大喘气，气喘震山冈。天又在晃，地又在摇，不重新开天辟地不行了。要使天不晃地不摇，要把山神造。所有的人从四面八方赶来，用各种材料建成了若倮神山，若倮神山用头顶住天，天再不摇晃了，用脚镇住地，地再不震荡了。若倮山上美妙的声音与美好的白气相混合，生出三滴白露水，三滴露水成大海。天上下来一个蛋，天蛋泡在大海里，孵出恨矢恨忍来。恨矢恨忍传后代，一代一代传下来，传到第九代便是从忍利恩若。利恩兄弟有五个，利恩姊妹有六人。

（二）洪水翻天

天下除了利恩五兄弟，再也找不到男的了，天下除了利恩六姊妹，再也找不到女的了。利恩兄弟姊妹成了亲。利恩兄弟犁田犁到天神地方去了，天神劳阿普气愤了，他要用洪水淹没大地，毁灭人类，但他还要最后试探，才好下决心。天神派一头野猪去破坏利恩兄弟犁田，结果其他四兄弟套住了野猪。天神来到人间，遭四兄弟殴打。唯有利恩前去关心天神的伤情。天神决心发洪水毁灭人类，但是要保留利恩。天神叫他用牛皮做一个皮囊，待发洪水时将多样物种装进去，自己也躲进去。三天刚过，洪水翻天，利恩的兄弟姊妹全淹死。唯有利恩存活下来，可是世间没有了人烟。利恩白天去挖草根，挖完草根转回来，闻到棚里米饭香。接连两天都这样。第三天利恩转回来，躲在棚子外边看，一只白鹤飞来了。白鹤变成一个美丽的姑娘，在棚里烧火做饭。利恩与其相见，是天上仙女衬红褒白。相约上天取种，再回人间。

（三）天上烽火

衬红带利恩来到天上的家中，利恩被藏在大竹箩下。衬红的父亲子劳阿普闻到有生人味，整天磨刀杀气腾腾。经衬红求情，子劳阿普答应放过利恩并与其见面。利恩经九条河水的洗礼，又翻过九座有利刃的梯子，见到子劳阿普，要求娶其女。子劳阿普设置重重难关，利恩在衬红和众多生灵的帮助下终于一一破解。包括：一昼夜砍完九十九片森林，一昼夜烧光九十九片森林砍倒的树木，一昼夜把种子撒遍九十九片田地，一昼夜将撒遍九十九片田地的种子全捡回，高山岩拿岩羊没有跌死，江边捉鱼没有被淹死，挤老虎奶没有被老虎吃掉。这些可以说都是渔猎、刀耕火种时代的考验仪式，最终利恩完成了仪式，阿普勉强同意将姑娘嫁给利恩。

（四）迁徙人间

利恩与衬红结成夫妻，在天上度过了冬、春、夏三季，选择秋天回到人间。他们带上粮食种子和六畜走上漫漫归途。晚上，他们戴着露水帽，点起松柴火把照路。他们来到星宿坡，凶星冲吉星，天阴下大雨，洪水满地淌。走路不见路，过河不见桥。利恩与衬红，高山深处祭龙王。天降白露，天晴水干。利恩与衬红继续赶路，来到白银坡。银坡路上滑，利恩衬红用银子搭成银梯，走下白银坡。来到黄金坡，捡起黄金搓成索，二人顺着金索往下滑。可兴可洛要来抢畜群。天神要利恩、衬红扮作天神样，可兴可洛阴谋没得逞，又砍倒三棵树、引来三股祸水，拦截归乡的路。天神东神一声吼，三棵祸树没有了。天神色神一声吼，三股祸水没有了。可兴可洛请妖精来帮忙。妖精去拦星路，三星领星路，星路拦不住。又去拦草路，灵芝带草路，草路拦不住。又去拦树路，花木带树路，树路拦不住。又去拦水路，青龙带水路，水路拦不住。可兴可洛绕到居那若倮山施法，利恩、衬红用鹿角、獐子骨、公鸡的叫声将可兴可洛赶跑了。利恩、衬红来到一个名叫北石塔布当的地方，利恩搭棚帐，衬红烧火塘，从此定居在这个地方。他们犁田栽秧，繁殖牲畜，衬红生下三个男孩。三年过去了，三个孩子不会说话。他们派麻雀、大雕去问衬红的天神子劳阿普，都失败了。蝙蝠巧施计谋，偷听到了使孩子说话的秘方，原来是要祭天。利恩、衬红来祭天，结果三个孩子说出三种不同的声音，长子说的是藏族话，幼子说的是白族话，次子说的是纳西族话。藏族的后代像树叶一样繁盛，白族的后代像雪花一样多，纳西族的后代像星星一样繁多，像青叶一样茂密，像多籽的植物一样滋长，像马鬃一样昌盛。①

史诗在传承的过程中吸收不同时代不同社会的创世观念，描述了曲折复杂的创世历程。

1. 天地开辟

天地的形成是一个漫长演化链：三生九、九生万物。万物有真假、虚实，真实相配生太阳，虚假相配生月亮。太阳的光变成绿松石，绿松石变成白气，白气变成美妙的声音，声音变成善神。月亮的光变成黑宝石，黑宝石变成黑气，黑气变成恶神。善神变出一白蛋，孵出一白鸡，白鸡生出九对白蛋。孵出九个开天的兄弟，七个辟地的姊妹。在开天辟地善神诞生之际，破坏开辟的恶神也在形成破坏势力。九兄弟与七姊妹初开成的天地不够完善，就用柱子来撑牢，用黄金铺平大地。但是天地的创造之路并非平坦。生下的第九对蛋孵出一条野牛，顶天立地，破坏着天地的稳固。人们砍掉野牛的角和蹄，威胁取消了，但天地又动摇了。人们建成若傈神山，才将天地重新稳固。

2. 人类与族群的起源

若傈山上的三滴露水变成大海，大海孵化天上掉下来的一枚蛋，生出利恩兄妹五男六女，自相婚配。兄妹因耕地惹怒天神，发洪水毁灭人类，只留下利恩。利恩与天上的仙女成亲，其成亲情节即为天鹅型故事，显然由后世吸纳而来。他们经过种种曲折定居繁衍后人，生下了藏族、白族、纳西族的祖先。可见，在史诗中，人类与族群的繁衍经历了曲折的历程。

3. 文化发明

史诗表现文化发明的部分掺杂在利恩与衬红繁衍人类的过程中，成为繁衍

---

① 参见史纯武、朱世铭、景文连、张俊芳整理《创世纪》，云南人民出版社2009年版，第1—94页。

人类的必要条件。其中，特别是关于农业制度文化方面的发明显得尤为突出。天神在利恩娶衬红时设置的多重难题，多属于与农业生产相关的考验仪式，这些考验仪式应该是针对部落酋长的，考验是一种农业部落首领的遴选制度。因此，史诗中的文化发明，主要是农业制度文化的发明。当然除此之外，史诗也描写了纳西族先民披荆斩棘，不断迁徙，寻找水源充足、土地肥沃的农耕世居之地的历程，这可以说是风水文化的发明。以上三部分构成了纳西族独特的创世体系神话。

第十章　谱系型创世神话系统

谱系型创世神话，将创世与宗族世系、朝代更迭相联系，讲述世界形成与发展的故事，是神话历史化的产物。典籍记载的三皇五帝世系，具有谱系型创世神话的部分特征，但由于省略或简化了创始内容，不能算作标准的谱系型创世神话系统。我们所述谱系型创世神话，主要是在民间口头流传的创世史诗，如湖北神农架地区流传的《黑暗传》，一般从盘古开天地讲述到大禹治水，按时代演绎创世历程，谱系清晰，堪称谱系型创世神话系统的典型代表。

一　汉族创世史诗《黑暗传》

《黑暗传》是一部以口头形式流传于湖北神农架区域的汉族创世史诗，该史诗与我国西南少数民族地区的创世史诗有很大不同，它不仅包括天地万物的形成、人类起源、文化发明等内容，还包括从盘古开天到三皇五帝的出现，有的甚至延续到尧舜的历史，形成世界开辟之后的帝王代续谱系，故称其为谱系型创世神话系统。《黑暗传》在长期口头流传过程中，融入了多方面的内容，如典籍记载神话、文人小说神魔故事、民间口头神话、佛道故事等，内容丰富驳杂，但全诗始终没有偏离释源主线，仍具创世神话性质。结合系统创世神话的构成要求，对张忠臣藏抄本《黑暗传》的构成进行分析。

(一) 世界起源

1. 开天辟地

文本也有典籍记载的盘古开天辟地内容,并有细致描绘,混沌之时,阴阳二气搅一团。是盘古分开了二气,气之轻清往上升,气之重浊往下沉,才形成了天地。文本在叙述盘古开天辟地同时,还追溯了盘古出身,盘古混沌所孕育:混沌之中,天心地胆在中心,长成盘古一个人。

2. 万物起源

文本叙述盘古身躯化作万物,与典籍记载相似。文本叙述:由于天皇的出世,盘古隐匿而不见,浑身配与天地形,头为五岳,目为日月,身上毫毛为草木,血成为江河等。

(二) 人类起源

最初是天皇与地皇的出世,然后才是人皇的出世,其间不知过了多少万年。其间叙述多有重复芜杂之处,这与《黑暗传》的口头传承有关。叙述人类起源也表现了进化的观念。

(三) 文化发明

文本从三皇一直叙述到尧舜时代,虽有战争与政治方面内容,但主要是讲述历代文明的发现与发展:燧人氏钻木取火,有巢氏造屋,仓颉造字,祝融氏发明音乐,女娲造芦笙,伏羲作八卦,神农尝百草,发明医药,黄帝造指南车,颛顼驱鬼,发明巫术,尧帝命羿射日稳定天下秩序。禹则治理洪水,再定天下秩序。所述内容芜杂，但帝王谱系清晰，且多涉及文化发明与发展，间或也穿插天地完善之内容，所以称之为谱系型创世神话。

《黑暗传》谱系神话并不是一种孤立的文化现象，在湖北还有不少类似的长诗。流传于湖北随州大洪山一带的《涢山祭祀歌》[①]，从天地形成一直唱到颛顼时代，其中多有矛盾重叠之处，讲述天地开辟，先说是气体自然形成，后又说是盘古开辟；讲述人类诞生，先说是肉球所化，后又说是女娲所化。长诗既有远古帝王人物，也有道教、佛教及民间信仰中的神灵，还有一些无法考证的神灵。内容庞杂无序，显见是在传唱过程中不断累加而成。这说明，以帝王谱系为线索，以创世为主要内容的一种创世神话在一定的范围内有长久而广泛的流传，系统型创世神话类别中应该有谱系型创世神话一种类型。

二 景颇族《勒包斋娃》

《勒包斋娃》，是流传于云南德宏边境的景颇族的创世史诗，在缅甸克钦邦人中也有流传。"勒包"意为"历史"，"斋娃"意为"诗歌，创世诗"，或者专指吟唱这种诗歌的人。"勒包斋娃"在景颇族人心中享有崇高的地位，因为它被视为神圣的历史。现在搜集到的《勒包斋娃》约一万行，是由景颇族大经师斋娃在本族最大的宗教祭典目瑙纵歌中世代吟诵传唱而逐步形成。目瑙纵歌是景颇族的传统民族节日，这一节日的一项目主要内容便是吟唱《勒包斋娃》。吟唱之时，有大型的群众性集体舞蹈、雄壮的民族音乐哦啦调与之相配合，同时以木鼓声、象脚鼓声为节奏，并伴随着锣声、群众的呐喊声和鸣枪声，整个场面热烈欢腾、气势宏伟。史诗的吟唱保持了远古歌乐舞合一的形式，显得原始古朴。《勒包斋娃》的搜集整理翻译者萧家成指出：《勒包斋娃》是"宗教经

[①] 张大业主编：《涢山祭祀歌》，中国电影出版社2003年版，第31—90页。

师们,在本民族广大人群中的亲身参加下,通过世世代代的吟唱活动所做出的集体创造。随着时间的推移,社会的发展,在整个一个历史时期内,其内容不断修改、增删,不断丰富、发展,最后形成自己的体系"。正是经由经师们漫长时间的不断完善,才形成体系化的创世神话《勒包斋娃》。这部创世史诗分为三十章,包含二百九十三个创世主题,可谓纷披繁复。萧家成先生将其分为自然神话、社会神话、洪水神话、英雄神话、族系神话、生产生活神话、宗教神话等七类。[①] 下面概括该诗的主要情节,并进行分析。

宇宙的原始是朦胧、昏暗的混沌一片,后来不断演变,像树枝、树干、树叶,又像竹丛,最后又从昏暗中透出一丝光线,并形成雾露与云团。这是宇宙起源的基础。

雾露与云团是一对夫妻,孕育了野天、野地、野太阳和野月亮、白昼和黑夜,还生下蚂蚁、蟋蟀、四脚蛇、青蛙、辣子虫、蝙蝠、夜鸣鸟和穿山甲。还孕育了创造神、智慧神。其中孕育野天、野地神话包含了天地开辟的主要内容:制服野天、野地,开天辟地,治天理地,秀天织地,拜天访地,植树造林等。

雾露与云团生下的白昼与黑夜,也结为夫妻,生下支劈石山、隆朗石山;生下猕猴之祖先;生下口舌鬼、复仇鬼;生下鸡之母、鸟之母、小燕、大燕;生下男仙、女仙;生下龙母、龙王;生下松鼠、黄鼠狼;生下莽汉与武夫;生下家神和野鬼;生下疯鬼和狂神;生下山神和土地神;生下纺织女神和旱地女神;生下胎神和难产神;生下灾难鬼和诅咒神;生下野蜂、野猴、野猿,制服野天、野地的英雄,以及造出种种生产工具和战争武器,尤其生下了创造神潘宁桑与智慧神捷宁章,创世之祖彭干吉嫩与造物之母木占威纯。

创世之祖彭干吉嫩与造物之母木占威纯继续其父母白昼与黑夜的事业,结为夫妻,孕育天地万物:生下天与地;生下大小山岭;生下药王药婆等。诗中叙述了他们四次返老还童,孕育了天地鬼神、知识技艺、畜牧业、农业及人类

---

① 参见萧家成译著《勒包斋娃——景颇族创世史诗》,民族出版社1992年版,第1—412页。

万物，死后又尸体化生，变成人世间的各种财富。

创造神潘宁桑与智慧神捷宁章也继承其父母白昼神与黑夜神的事业，继续创世。他们先支好天地，缝补天地，让天地牢实。

宁贯杜是创世祖与造物母的幼子，诸天神的幼弟，他继承父母遗志，继续治天理地。他带领治理野天、野地的队伍，先后治理了日旺山与孙康坝、阿弄山与文壤坝、浪速山与腊皮坝、坎底山与开蒙坝、萨姆山与辛娃坝、景颇山与文崩坝、吉力山与康康坝、蒙嫩山与锐扎坝、阿缅山与科康坝、目瓦山与天朝坝、蒙林山与蒙旁坝。宁贯杜遵从父母的遗嘱，沿着野象的足迹行走，去到了野象安息的地方。挖出了活牛、金银财宝。宁贯杜娶龙女，夫妻恩爱，生活美满幸福，生儿育女，其子女又相互婚配。宁贯杜治天理地有功，人们尊重他，向他敬献牛腿和蔬菜，还为他做义工。大哥史瓦朋娃之子，人称九兄弟，心生嫉妒，要杀掉宁贯杜，取而代之。宁贯杜放野太阳、野风、野雨，都难不倒九兄弟。宁贯杜放洪水，让与独妹所生的兄妹坐在短鼓里逃生。洪水发了一百四十天，人间万物都淹没。只有兄妹二人得以逃脱。

宁贯杜的一对儿女走出木鼓，来到丁腊顺老人处。丁腊顺是个吃人的老头，兄妹得到神的帮助，顺着夜猫的足迹跑，来到吴库昆老人处，得到收留，兄妹结合生下一子。小儿终日啼哭。吴库昆老人将小儿剁成九块，扔到九个岔路口，结果变成一群儿女。兄妹又生下一个女儿。女儿长大后，要去寻找兄弟与姊妹。来到格兰寨，为格兰寨小伙所娶。

宁贯杜发洪水后，一直住在天宫。人间为了繁荣发展，要将他请回人间当首领。请回了宁贯杜，又去请回了景颇族王子德如贡禅。

先民逐步积累了盖房、取火、取水、制长刀、制竹水槽与竹水筒、制土锅、种稻谷、酿酒、做服饰、制民具等等生产生活经验。史诗还描写了先民刀耕火种、农田管理、过"吃新"、喜获丰收的情景。

史诗又叙述了景颇族由母系氏族社会到父系氏族社会的婚俗的变化，可以说是叙述了婚姻习俗文化的发明与发展。史诗还叙述了目脑盛会的起源及仪式。

史诗以创世为主要内容，包括天地的开辟与不断治理、人类反复诞生、物质文化与习俗文化的发明等，创世的主体则是一代又一代成谱系的创世之神：混沌生成雾露与云团。雾露与云团创造野天、野地等，并生下白昼与黑夜。白昼与黑夜创造了更多的世间之物，包括飞禽走兽等，并生下了创世祖与创世母。创世祖与创世母扩大创世成果，创造了更多世间之物，并生下众多儿女，其中幺儿宁贯杜是重要的创世大神。宁贯杜治理野天、野地，发掘了大量财宝，发洪水惩罚大哥的九个黑心肠的儿子。洪水过后，只有宁贯杜与其独妹所生一对儿女存世。兄妹逃过洪水，成婚繁衍人类，生一子，被剁成九块，扔至九个岔路口，变成人，人类又开始繁衍发展，并创造了更多的文化，包括婚姻习俗与目脑节节日习俗。由此可见，史诗中的创世主体，为一代又一代有血缘关系的创世大神构成，形成了一个十分清晰的谱系结构，所以我们称《勒包斋娃》为谱系型创世神话。

结　　论

冯·贝塔朗菲在他的著作中还提出了封闭系统与开放系统的观念，封闭系统是平衡稳定不变的系统，开放系统则是不断变化的活态系统。实际上，在冯·贝塔朗菲看来，开放性才是任何系统的本质，其封闭性的特性只是基于我们对事物的短暂时间段的考察所得出的认识。他说："虽然有机体中可能有一些系统处于平衡状态，但是这样的有机体并不能看作一个平衡态系统。有机体不是封闭系统，而是开放系统。我们把没有物质输入或输出的系统叫作'封闭'系统，而把有物质输入或输出的系统叫作'开放'系统。"又说："在一个较短的时间间隔内考察有机体，它表现为一个通过交换其组分而维持稳态的构造。"[①] 据此可知，以上对创世神话系统形态的讨论，只是基于其特定历史阶段的考察，所论系统形态是一种停止发展的封闭系统。事实上，在我国民间一直存在创世神话系统形态的活态传承，活态传承中的创世神话系统形态从来就没有停止发展。人们在祭祀仪式中讲述或吟唱创世神话时，不断添加朝代更迭的内容，有的甚至从开天辟地一直讲述到今天的时代。对这种创世神话历史化现象，不能简单地斥之为讹变，因为创世神话本身就包含追溯事物进化的诉求，天地的形成要经过完善的过程，人类的起源更是要历经多次反复，所以在创世神话中，不断加进后代的历史，是创世神话释源诉求的延续。另外，活态创世神话总是在带有宗教色彩的祭祖活动中传承的，所以往往要受到宗教的影

---

① ［美］冯·贝塔朗菲：《一般系统论——基础、发展和应用》，林康义等译，清华大学出版社1987年版，第112—113页。

响，融入宗教的内容，其中主要是佛教、道教的影响。经过历史化和宗教化的创世神话系统，内容较为纷繁芜杂，但是其释源的主题并没有发生改变，只不过是所解释对象已经极大地拉长了时间的跨度，并带上人为宗教的色彩。流传于鄂西北地区的《创世歌》先讲述天地开辟，然后讲述朝代更迭，一直讲述到新中国建立，结构呈开放性发展状态。总之，创世神话的活态性越强，其开放性就越强，其内容就更为丰富驳杂，其传承活力也就越强！

后　记

写一本书，总觉得一行一行的文字，连续不断，是那么长，没有头，没有尾，何处是个尽头！但是写着写着，不知不觉突然就完成了，敲完最后一个字，倏然归于宁静，就像一个艰难跋涉的旅人终于到达目的地，一下子如释重负，真有那种感觉：蓦然回首，那人却在灯火阑珊处。

2005 年前后，我就开始了关于中国创世神话形态的研究。这项研究还是缘起于一个老话题：中国究竟有无系统神话？20 世纪 80 年代以前，多是持否定观点。20 世纪 80 年代以来，虽然肯定的声音逐渐多了起来，但是面对着典籍上那些零碎、短小的神话记载，面对田野调查收集起来的那些长长短短的神话故事，有些人还是有些惶惑，免不了时常有人重弹中国神话不成体系的老调。究其原因，还是没有从根本上了解中国神话特别是创世神话活态传承不断发展的特点，不了解中国神话在不同时代、不同历史发展阶段都留下了相应的文本这一事实。事实上，中国的神话主要是少数民族神话，从来没有离开活态传承，所以从来就处于不断变化之中。在这种不断变化的过程中，留下了万千文本，纷繁复杂，一团乱麻。只有厘清这一团乱麻，才能澄清中国神话的真实面目。神话中的主要部分为创世神话，所以本研究就聚焦于创世神话。

为厘清漫长历史长河中留下的创世神话的万千文本，研究从两个维度展开。首先，从历史的维度，将不同时期的创世神话进行分类，分成了原生型创世神话、衍生型创世神话、系统型创世神话。三类神话分别对应于采集狩猎经济的单一思维时期、原始农业经济的综合思维时期、民族与国家形成阶段的系统思维时期。其次，从空间的维度进行研究，将同一时期的创世神话再进行分类。原生型创世神话分成自然生成型、制造型、女子生人型、化生型、婚配型等。衍生型创世神话分为串联型、化合型、箭垛型、派生型、化生型、采借型、变异型等。系统型创世神话分为系列型、复合型、谱系型等。这种纵横交织的分类，目的是要认清中国创世神话的多种形态，说明中国的创世神话多种形态中的一类是成体系的神话，它是中国创世神话发展到一定阶段的产物。书稿完成后，不敢说先期预设的目的已经达到，但是却可以说，这是一项完完全全的关于创世神话形态的研究，此项研究基本上厘清了中国创世神话的形形色色的形态，揭示了中国系统型创世神话的面貌。

当然，为了揭示中国创世神话的多种形态的形成，本书还从外部因素与内部因素两方面对中国创世神话的发展演变的历程及其动因进行了论述。论述了中国创世神话随着社会历史的发展而发生的变化，论述了中国创世神话内在深层心理矛盾对创世神话演化发展的推动，有了这样的论述，中国创世神话多种形态的形成似乎就容易理解了。

本研究断断续续用去了大约十年时间，期间也陆陆续续发表了一些相关成果，但是成体系的成果应该还是要通过著作才能体现，现在终于完成了这一体系的建构，总算可以暂时松一口气了。至于这一体系建构是否完美，甚至是否成功，还要就正于大方之家！

做完这项研究，我就已经完全陷入神话学研究领域了，这还不是一般的陷入，可以说是深陷其中，我已经深深爱上了这一领域的研究。正好，前年又获得了一项关于神话研究的国家社科基金项目，这也促使我不得不在神话研究的道路上继续前行了。

我觉得人的一生最大的幸福就是能做自己想做的工作，我现在就处于这样的幸福之中。从来没有这样好的精神状态，从来没有这样好的环境，我还有什么理由不继续努力呢！背起行囊又出发，阳光正好，照耀着诗意的远方！

向柏松

2017 年 4 月 17 日